Karl Chun

Die kanarischen Siphonophoren in monographischen

Darstellungen

Karl Chun

Die kanarischen Siphonophoren in monographischen Darstellungen

ISBN/EAN: 9783743322967

Hergestellt in Europa, USA, Kanada, Australien, Japan

Cover: Foto ©Thomas Meinert / pixelio.de

Manufactured and distributed by brebook publishing software
(www.brebook.com)

Karl Chun

Die kanarischen Siphonophoren in monographischen Darstellungen

Die Canarischen Siphonophoren.

in monographischen Darstellungen

von

Carl Chun.

I. Stephanophyes superba und die Familie der Stephanophyiden.

In seinem „Report on the Siphonophorae collected by H. M. S. Challenger, 1888" entwarf Häckel in grossen Zügen ein Bild von dem vielgestaltigen und reichen Organismus der Siphonophoren, das, weit über den im Titel angedeuteten engen Rahmen hinausgreifend, nicht nur eine Schilderung der wunderbaren Tiefseesiphonophoren enthält, sondern auch die von ihm lebend bei Ceylon und an den Canarischen Inseln angetroffenen Formen in Betracht zieht. So hat sich der „Report" zu einer Monographie der Siphonophoren erweitert, in welcher die an den Canarischen Inseln entdeckten herrlichen Arten einen breiten Raum einnehmen und durch die virtuose Darstellung fesseln.

Wenn ich es nun wage kurz nach dem Erscheinen eines für die Formenkenntniss der Siphonophoren grundlegenden Werkes gerade die Canarischen Siphonophoren monographisch darzustellen, wie ich sie während des Winters 1887 88 an den Gestaden der „Islas afortunadas" beobachtete, so bedarf ein solcher Versuch um so mehr der Rechtfertigung, als meine Mittheilungen im Vergleiche mit dem stolzen Material, welches ein Altmeister unserer Wissenschaft vorführt, recht bescheiden ausfallen müssen.

Ich glaube denn zunächst darauf hinweisen zu dürfen, dass trotz der grossen Zahl von von Häckel[1] an den Canaren beobachteter und in dem Report ausführlich dargestellter

---

[1] In der kurzen Uebersicht „System der Siphonophoren auf phylogenetischer Grundlage" von Häckel (Jen. Zeitschr. für Naturwissensch. Bd. XXII, 1888, Sitzungsber. v. Juli und November 1887) sind keine Diagnosen der Arten angegeben. Ich war daher nicht im Stande zu beurtheilen, welche der von mir in meinem Berichte aufgeführten Canarischen Siphonophoren identisch mit den von Häckel unter den Namen

Formen ich doch noch auf manche neue Siphonophore aufmerksam zu machen vermag, welche durch die Eigenart ihres Baues allgemeineres Interesse beansprucht.

Dazu kommt aber vor Allem der Umstand, dass ich nicht nur bezüglich der Auffassung der Siphonophorenkolonie, sondern auch bezüglich ihrer phyletischen Ableitung und der darauf begründeten Classification in principiellem Gegensatz zu Häckel stehe.

Ich kann den Versuch nicht billigen, einen diphyletischen Ursprung der Siphonophoren anzunehmen und ein „System der Siphonophoren auf phylogenetischer Grundlage" aufzubauen, bei dem nach meiner Ansicht äussere Aehnlichkeiten und Analogien den Ausschlag dafür gaben, dass die „Disconanthen" (Velellen und Porpiten) als modificirte Trachomedusen den „Siphonanthen" als modificirten Anthomedusen gegenübergestellt werden. Ist nach meiner Auffassung die Grundlage des Häckel'schen Systems anfechtbar, so habe ich auch mannigfache Bedenken gegen die specielle Durchführung der Classification zu äussern. Im Allgemeinen tritt bei Häckel die Neigung hervor, die Categorien des Systems durch Schaffen neuer Familien, Gattungen und Arten zu vermehren. Insoweit die Aufstellung durch die Entdeckung eigenartiger Formen berechtigt ist, werde ich sie gern und rückhaltlos anerkennen, aber ebenso energisch muss ich mich gegen eine unnöthige Complication des Systemes aussprechen, wie sie durch den Versuch, die sich loslösenden Stammgruppen als eigene Familien neben den Mutterkolonien aufzuführen, bedingt wird. Die Neigung, auf geringe Unterschiede hin, wie sie durch verschiedenes Alter und durch die oft weitgehende Variabilität herbeigeführt werden, neue Arten zu begründen, mag auch dazu Veranlassung gegeben haben, dass viele Formen als neue beschrieben werden, welche längst eine Darstellung gefunden haben. So werden nahezu sämmtliche Calycophoriden der Canarischen Inseln als neue Arten eingeführt, die ich in meinem Berichte auf längst bekannte und namentlich durch Huxley zutreffend charakterisirte Arten zurückführte.

Es liegt in der Natur der Sache, dass Häckel bei der Bewältigung eines so überreichen Materiales ein Eingehen auf feinere Structurverhältnisse vermeidet. Ich hoffe in dieser Hinsicht Manches bieten zu können, was zum Verständnis des morphologischen Aufbaues förderlich sein dürfte. Auch soll die Entwickelung der Stammanhänge und die postembryonale Entwickelung der jungen Colonie ab und zu in den Bereich der Darstellungen gezogen werden.

nach erwähnten Arten seien. (C. Chun, Bericht über eine im Winter 1887/88 nach den Canarischen Inseln ausgeführte Reise. I, Die Siphonophoren der Canarischen Inseln. Sitzungsber. Akad. d. Wissenschaft. Berlin 1888. XLIV. p. 1142—1173).

I. Stephanophyes superba, Chun.

Die Schilderung der von mir an den Canarischen Inseln beobachteten Siphonophoren beginne ich mit einer Form, welche zu den glanzvollsten Erscheinungen unter den duftigen pelagischen Organismen zählt. Stephanophyes superba, wie ich die neue Art benannt habe, nimmt zudem unter den Calycophoriden eine eigenartige Stellung ein. In ihrem Habitus an eine Praya oder, genauer gesagt, an die von mir begründete Gattung Lilyopsis sich anschliessend, zeigt sie nicht nur unter allen Calycophoriden den complicirtesten Bau, sondern auch gleichzeitig Anklänge an Struktureigenthümlichkeiten der Physophoriden. Fangfäden mit verschieden gestalteten Nesselknöpfen und mundlose Tasterpolypen: das sind Auszeichnungen, welche man bisher als ausschliessliche Charaktere der Physophoriden in Anspruch nahm. Nun treten zweierlei Fangfäden auch bei Stephanophyes auf; die einen in gewohnter Weise an der Basis der Magenschläuche sich inserirend mit den für die Calycophoriden charakteristischen nierenförmigen Batterien, die anderen an mundlosen polypoiden Anhängen befestigt mit ganz aberrant gestalteten eichelförmigen Nesselknöpfen. Grund genug, einer so eigenartigen Gattung eine eingehendere Untersuchung zu widmen, zumal sie für die Kenntniss des feineren Baues der Nesselknöpfe und der Geschlechtsthiere ein geradezu klassisches Object abgibt.

Allgemeiner Theil.

1. Vorkommen.

Stephanophyes superba erschien im Winter 1888 vor Orotava von Januar bis März vereinzelt und selten. Zwei jugendliche Colonien zeigten sich am 13. Januar und am 10. März; ein grösseres Bruchstück, welches ich auf Taf. I, Fig. 2 und auf Taf. III, Fig. 1 dargestellt habe, fischte ich am 28. Februar. Am folgenden Tage gelang es mir die einzige intakte Colonie zu erbeuten: ein wahres Prachtexemplar mit wohl erhaltenen Hauptschwimmglocken, das ich auf Taf. I, Fig. 1 in natürlicher Grösse abbilde.

Es fällt demnach die Erscheinungszeit der Stephanophyes an den Canarischen Inseln zusammen mit dem reichlicheren Auftreten pelagischer Organismen an der Oberfläche. Während von September bis Anfang Januar die Ausbeute an auffälligen Formen, nicht minder auch das Quantum von Organismen recht geringfügig war, so begann erst nach Eintritt des neuen Jahres die Oberfläche sich zu beleben.

Zu besonderer Genugthuung gereicht es mir indessen, den Nachweis führen zu können, dass auch dem Mittelmeer diese seltene Siphonophore nicht fehlt. Durch den unermüdlichen

Conservator der Zoologischen Station in Neapel, Salvatore lo Bianco, erhielt ich Bruchstücke einer Calycophoride zugesendet, welche am 9. December 1884 und am 27. Januar 1887 im Golfe von Neapel gefischt waren. Eine genaue Prüfung der conservirten Stammstücke ergab eine bis in das Detail gehende Uebereinstimmung mit der an den Canaren lebend beobachteten Stephanophyes.

2. Gesammthabitus.

Taf. I.

Die Colonie wird in ihrer ganzen Länge von einem Stamme (tr) durchzogen, der auf der Ventralseite die mannigfachen Anhänge trägt. Er kann nicht, wie der langgezogene Stamm der meisten übrigen Siphonophoren, bei der Contraction zu einer engen Spirale aufgerollt werden, sondern verstreicht gestreckt von Gruppe zu Gruppe in sehr flachen Schwibbogen. Die eigenthümliche dachziegelförmige Anordnung der Deckstücke setzt zudem der energischen Contraction des Stammes ein Hinderniss entgegen, ähnlich wie das für die von mir als Lilyopsis rosea beschriebene Calycophoride und für die Gattung Crystallodes unter den Physophoriden zutrifft.

An dem vorderen (oberen oder proximalen) Ende des Stammes inseriren sich die Hauptschwimmglocken (n). Die einzige Exemplar, an dem ich die letzteren erhalten fand, besass vier kranzförmig in einer Ebene gelagerte Glocken (n¹—n⁴) von mützenförmiger Gestalt. Drei derselben waren von ungefähr gleicher Grösse, während die vierte (jüngste) Glocke (n⁴) kaum halb so gross war, wie die übrigen. Die Schwimmglocken ähneln jenen von Praya und Lilyopsis; sie sind abgerundet und entbehren im entwickelten Zustand scharfer Firsten auf der Exumbrella. Die subumbrellare Schwimmhöhle ist von ungewöhnlicher Tiefe; auf ihr verlaufen die beiden seitlichen Gefässe in arabeskenähnlichen Windungen. Mehrere Reserve-schwimmglocken auf verschiedenen Entwickelungsstadien finden sich am Ende des Stammes zwischen den grossen definitiven Glocken. Eine hervorragende Auszeichnung der letzteren beruht auf der merkwürdigen Gestaltung des Oelbehälters (c. ol.). Der obere Ast desselben löst sich nämlich durch regelmässige dichotome Gabelung in zahlreiche Seitenzweige auf, die meist knopfförmig anschwellen und hochroth gefärbt einen kleinen Oeltropfen bergen.

Die übrigen Anhänge des Stammes sind in Gruppen vertheilt und zwar besteht jede Gruppe aus einem Magenpolyp mit ansitzendem Fangfaden, aus einem Deckstück, aus mehreren, entweder männlichen oder weiblichen Gonophoren und aus einer Specialschwimmglocke. Dazu gesellen sich noch in den Internodien zwischen jeder Gruppe tasterartige Polypen mit heteromorphen Nesselknöpfen.

Die Magenschläuche (p) lassen schöner als bei irgend einer der mir bekannten Siphonophoren die Theilung in vier Abschnitte, nämlich in einen auffällig langen Stiel (ped.) in einen engen Basal- oder Vormagen (b. g.), in den eigentlichen verdauenden Hauptmagen (st.) und in den Mundrüssel (pr.) erkennen (Taf. III, Fig. 1). Sie sind durchsichtig: der Vormagen schillert an den jungen Polypen zart smaragdgrün, bei den älteren gelbgrün, während der Hauptmagen mit dem Rüssel einen leisen Stich in das Violette anweist.

An der Grenze zwischen Stiel und Vormagen inseriren sich die Hauptteutakel (t.) mit ihren lang gestielten nierenförmigen, zart fleischroth gefärbten und mit einem Angelfaden versehenen Nesselknöpfen (n. m.).

Die Deckstücke (br.) sind auffällig gross und gleichen ungefähr einer Seemannsmütze (Südwester). Sie schieben sich dachziegelförmig übereinander und decken mit ihren Seitentheilen die übrigen Stammanhänge. Ein aus dem Stamme entspringendes Hauptgefäss durchsetzt sie auf der Unterseite und gibt lange Seitenäste ab (c. br.¹—c. br.⁴). Die Aeste schwellen ebenso wie die Gabeläste des Oelbehälters an ihrem mit einem kleinen Oeltropfen ausgestatteten Ende knopfförmig an. Drei dieser Anschwellungen sind an den älteren Deckstücken hochroth gefärbt.

Die Geschlechtsthiere oder Gonophoren (go.) sitzen zu 5—8 traubenförmig vereint an der Basis der Magenschläuche und zwar an der distalen (den Schwimmglocken abgewendeten) Seite. Männliche und weibliche Gonophorentrauben alterniren an demselben Stocke: jede Geschlechtstraube besteht entweder nur aus männlichen oder nur aus weiblichen Individuen in verschiedenen Altersstadien. Die erwachsenen männlichen Gonophoren (go. ♂) weisen eine kleine Umbrella, aus der ein ungemein langes fleischroth oder orange gefärbtes Manubrium (ma. ♂) hervorragt. Die weiblichen Gonophoren (go. ♀) haben ebenfalls die Gestalt einer kleinen Meduse, deren Manubrium durch drei oder vier grosse durchsichtige Eier mächtig geschwollen erscheint. Die ausgebildeten männlichen und weiblichen Gonophoren sind deutlich gestielt.

Mit der Gattung Lilyopsis theilt Stephanophyes das Auftreten von sterilen Specialschwimmglocken (n. sp.). Dieselben inseriren sich ebenfalls distal neben den Magenschläuchen. Sie sind bilateral gebaut, entbehren eines Manubriums und besitzen einen relativ grossen, schräg gestellten Schwimmsack, dessen mit einem Velum versehene Mündung distal gewendet ist. Sie werden ebenso wie die Hauptschwimmglocken durch Reservespecialglocken ersetzt, welche an ihrer Basis knospen.

Mitten in den Internodien (in.), d. h. in den Zwischenräumen zwischen zwei benachbarten

Gruppen sitzen die unter den gesammten Calycophoriden bis jetzt allein bei Stephanophyes nachgewiesenen mundlosen Polypoide (pa.) (Taster) mit den heteromorphen Tentakeln (t. pr.). An den jüngeren Gruppen tritt nur ein Polypoid mit zugehörigem Fangfaden auf, an den älteren findet man dagegen deren zwei oder drei. Meist sind letztere dann an einem gemeinsamen aus dem Stamm entspringenden Stiele befestigt; gelegentlich sind sie jedoch getrennt. Die Polypoide sind sehr klein und mundlos: die Fangfäden entspringen an der Grenze von Stiel und Taster. Sie sind mit zahlreichen kleinen, ganz kurz gestielten eichelförmigen Nesselknöpfen besetzt, die eines Angelfadens entbehren.

Selten treten neben den Polypoiden auch Gonophorengruppen (Taf. III, Fig. 8 u. 9) oder gar junge Magenschläuche mit zugehörigen Fangfäden (Taf. I, Fig. 2, p. in.) auf.

Eine Loslösung der einzelnen Gruppen, die dann als Eudoxien längere Zeit fortleben, kommt Stephanophyes nicht zu. Dagegen trennen sich gelegentlich grössere Stammstücke mit zahlreichen Gruppen los, die dann offenbar noch längere Zeit hindurch in der See flottiren und auch an Grösse zunehmen. Die Ausbildung von Specialschwimmglocken ermöglicht es ja solchen losgelösten Stammtheilen aktive Schwimmbewegungen auszuführen. Fig. 2 auf Taf. I und Fig. 1 auf Taf. III sind derartigen Bruchstücken entnommen, wie sie bis jetzt allein auch im Mittelmeer zur Beobachtung gelangten.

Stephanophyes superba ist die zarteste aller mir bekannten Siphonophoren. Nach wenigen Stunden beginnt die eingefangene Colonie trotz aller Vorsichtsmassregeln sich aufzulösen. Nur die Gonophoren und die Nesselbatterien liessen sich leidlich conserviren und zu nachträglichem Studium verwerthen.

Ihre vollendete Zartheit und Durchsichtigkeit, der Reichthum ihrer Anhänge, das graziöse Spiel der heteromorphen Fangfäden, die energischen Pumpbewegungen der Haupt- und Specialschwimmglocken, die hochrothe Färbung der knopfförmigen Anschwellungen mit ihren glänzenden Oeltropfen in den Schwimmglocken und Deckstücken, der smaragdene Schiller der Magenpolypen, die wie hingehaucht erscheinenden grossen kugeligen Eier und die leicht fleischroth gefärbten Manubrien in den zarten weiblichen und männlichen Gonophoren — das Alles vereinigt sich, um Stephanophyes bei ansehnlicher Grösse zu einer der pompösesten und duftigsten Erscheinungen in der pelagischen Thierwelt zu stempeln.

3. Die Familie der Stephanophyiden und ihre Stellung im System.

Es unterliegt keinem Zweifel, dass unter allen bekannten Calycophoriden die von mir begründete Gattung Lilyopsis der Gattung Stephanophyes am nächsten steht. Unter dem

Namen Lilyopsis vereinigte ich[1] jene früherhin zu Praya gerechneten Diphyiden, welche durch abgerundete, scharfer Firsten entbehrende Hauptschwimmglocken und Deckstücke, durch das Auftreten von Specialschwimmglocken und am Stamme reifender Gonophorentrauben charakterisirt sind.

Das sind Auszeichnungen, welche durchweg auch der Gattung Stephanophyes zukommen. Dazu gesellt sich eine ähnliche Gestaltung der dachziegelförmig angeordneten Deckstücke, welche bei beiden Gattungen von sechs Gefässästen durchsetzt werden. Wenn ich dem noch hinzufüge, dass die jugendliche Stephanophyes nur zwei Hauptschwimmglocken mit einfachem gabeltheiligem Saftbehälter aufweist (Taf. II. Fig. 1), so hätte ich der wesentlichen übereinstimmenden Charaktere Erwähnung gethan.

Diesen gemeinsamen Zügen im Aufbaue der beiden Colonien stehen aber andererseits wichtige unterscheidende Merkmale gegenüber. Stephanophyes besitzt im erwachsenen Zustande mehrere kranzförmig in einer Ebene angeordnete Schwimmglocken mit vielfach dichotom getheiltem Saftbehälter. Die merkwürdigste Auszeichnung bilden indessen die heteromorphen Tentakel, welche an kleinen mundlosen Polypoiden in den Intermedien sich inseriren. Mehrere in einer Ebene angeordnete Schwimmglocken mit einem in zahlreiche Aeste aufgelösten Oelbehälter, heteromorphe Tentakel und mundlose Polypoide; das Alles sind Charaktere, welche keine bis jetzt beschriebene Calycophoride aufweist. Letztere sind überhaupt nur von Physophoriden bekannt geworden. Wenn ich nun vorschlage, für die Gattung Stephanophyes die neue Familie der Stephanophyiden zu begründen, so lege ich hierbei auf den letzteren Charakter mehr Werth, als auf die Mehrzahl der Hauptschwimmglocken. Seitdem es mir gelungen ist den Nachweis zu führen, dass bei allen Diphyiden am Anfangstheile des Stammes zahlreiche Reserveschwimmglocken auftreten, welche successive die beiden grossen Glocken verdrängen und ersetzen[2], ist zudem ja die scharfe Grenze zwischen Diphyiden und Polyphyiden verwischt, wenigstens insoweit, als sie auf der Zahl der Schwimmglocken basirt. Die Beziehungen zwischen Diphyiden und Polyphyiden werden noch innigere durch den Nachweis, dass bei Stephanophyes mehrere in einer Ebene gelagerte Glocken auftreten und dass dieselben bei der interessanten von Häckel bei Ceylon entdeckten Gattung Desmophyes[3]) sich zu einer zweizeiligen Schwimmsäule gruppiren.

---

[1] C. Chun. Ueber die cyklische Entwickelung der Siphonophoren. Sitzungsber. Akad. Wissensch. Berlin. 1885. XXVI. p. 528 (18).

[2] C. Chun l. c. p. 522 (12).

[3] E. Häckel. Report Siphonophorae Chall. 1888. p. 170. Taf. XXX.

Die Stellung, welche ich der Familie der Stephanophyiden im Systeme der Calycophoriden anweise, ergibt sich aus der folgenden tabellarischen Uebersicht, wie sie im Wesentlichen bereits früherhin von mir mitgetheilt wurde[1]).

Calycophoridae Leuckart.

I. Fam. *Monophyidae* Claus.

    I. Subf. Sphaeronectidae Huxley.

    II. Subf. Cymbonectidae Häck.

II. Fam. *Diphyidae* Eschsch.

    I. Subf. Epibulidae (Diphyopsidae) Häck.

    II. Subf. Abylidae L. Agass.

    III. Subf. Amphicaryonidae Chun.

                    1. Gen. Amphicaryon Chun.

                    2. Gen. Mitrophyes Häck.[2])

    IV. Subf. Prayidae Köll.

                    1. Gen. Praya Blainv.

                    2. Gen. Lilyopsis Chun.

III. Fam. *Stephanophyidae* Chun.

Schwimmglocken abgerundet, nicht kantig, mit vielfach dichotom getheiltem Oelbehälter; zu mehr als zwei in einer Ebene gelagert; Stammgruppen mit dachziegelförmig übereinander gelagerten abgerundeten Deckstücken, die von 6 Gefässästen durchsetzt werden; mit Gonophorentrauben und Specialschwimmglocken. In den Internodien sitzen heteromorphe Tentakel an kleinen mundlosen Polypoiden. Die Gruppen lösen sich nicht als Eudoxien los. . . . . Gen. Stephanophyes Chun.

---

[1]) C. Chun, Die Canarischen Siphonophoren. Sitzungsber. Akad. Wissenschaft. Berlin. 1888. XLIV.

[2]) Die Gattung Mitrophyes ist von Häckel (l. c. p. 131, Taf. 26) entschieden unrichtig beurtheilt worden. Er stellt sie zu den Monophyiden und zwar zu der Unterfamilie der Sphaeronectiden. Das Hauptmerkmal der neuen Gattung beruht nach Häckel in dem Auftreten eines eigenthümlichen schildförmigen Deckstückes, welches die einzige Schwimmglocke von oben deckt. Ich werde indessen nachweisen, dass dieses vermeintliche Deckstück einer atrophirten Schwimmglocke entspricht. Bei der nahestehenden Gattung Amphicaryon treten an jugendlichen Exemplaren zwei gleich grosse Schwimmglocken auf, von denen die eine sich schildförmig abplattet, ihre Subumbrella zurückbildet und wie ein Deckstück in die intakt bleibende Glocke sich einsenkt. (S. Chun, Canar. Siph. p. 27.)

IV. Fam. *Desmophyiden* Häck.

Gen. Desmophyes Häck.

V. Fam. *Polyphyiden* Chun.

1. Gen. Hippopodius Quoy u. Gaim.

2. Gen. Vogtia Köll.

Vergleicht man das hier aufgestellte System der Calycophoriden mit dem von Häckel begründeten, so fällt zunächst der Mangel der beiden Häckel'schen Familien: Eudoxidae und Ersaeidae auf. Ich habe diesen merkwürdigen Versuch Häckel's, die als Eudoxien sich loslösenden Anhangsgruppen des Stammes als selbständige Familien neben den Muttercolonien aufzuführen, bereits früherhin zurückgewiesen[1] und werde im Verlauf der späteren Darstellungen noch mehrfach Gelegenheit finden, auf das Unhaltbare einer solchen Gruppirung hinzuweisen. Nicht minder energisch hat sich auch Claus[2] gegen eine derartige Eintheilung ausgesprochen.

Im Grunde genommen gehen ja in dem Calycophoriden-Systeme Häckel's zwei Systeme einander parallel, von denen das eine auf die Gestaltung der Schwimmglocken, das andere auf die Anhangsgruppen des Stammes basirt ist. In morphologischer Hinsicht ist es vollkommen gleichgiltig, ob diese Anhangsgruppen sich successive loslösen oder ob sie sessil bleiben. Bei consequenter Durchführung des Eintheilungsprincipes hätte man diesem Umstande Rechnung tragen müssen, aber dann würde auch bald das Widersinnige einer solchen Systematik in die Augen gefallen sein. Häckel bleibt auf halbem Wege stehen und nimmt nur ab und zu einen Anstoß die Anhangsgruppen als getrennte Genera und Arten aufzuführen, indem er für diejenigen der Gattung Praya die neue Gattung Eudoxella[3] und für diejenigen von Lilyopsis die Gattung Lilaea[4] schafft.

In den beiden letzten Fällen muss ich die Berechtigung, dass die Gruppenanhänge von Praya und Lilyopsis überhaupt als ächte Eudoxien aufgefasst werden, durchaus bestreiten. Ich habe früherhin darauf hingewiesen, dass wir nur dann von einer Eudoxienbildung sprechen können, wenn die Gruppen von dem Stamme sich loslösen lange bevor die Geschlechtsprodukte in den Manubrien völlig heranreifen.[5] Stets warfen diese frühzeitig sich loslösenden

---

[1] Chun l. c. Claus, Siph. p. 12. (1872.)
[2] Claus, Zur Eintheilung des Organismus der Siphonophoren. Arb. Zool. Inst. Wien. Tom VIII. p. 15 u. 17.
[3] Häckel, Report etc. p. 108.
[4] Häckel, Report p. 120.
[5] Chun. Ueber Bau und Entwickelung der Siphonophoren. Sitzungsber Berl. Akad. Wissensch. 1882. XXXVIII. p. 8 (688).

Endoxien unter oft wesentlicher Umbildung der Deckstücke ansehnlich heran, um dann in den successive sich loslösenden Genitalschwimmglocken die Geschlecht-producte zur Reife zu bringen.

Für Praya sowohl wie für Lilyopsis gelang es mir den Nachweis zu erbringen, dass in weiter Ausdehnung an dem Stamme die Geschlecht-producte in den sessil bleibenden Medusoiden heranreifen. Allerdings kommt es vor, dass solche Colonien nach dem Einfangen sich bald in einzelne Gruppen, bald in grössere Bruchstücke auflösen, die man gelegentlich auch im freien Meere antrifft. Selbst von Stephanophyes fand ich ab und zu eine einzelne Gruppe, die dann nach Häckel als „Stephanaea" einer neuen Gattung und Art zuzurechnen wäre. Eine derartige zufällige Loslösung der Anhangsgruppen, wie sie durch äussere Insulte (Wellenschlag etc.) oder nach dem Einfangen durch Mangel an absorbirter Luft in den engen Gefässen bedingt wird, kann unmöglich mit dem wahren Prozesse der Endoxienbildung in gleiche Linie gestellt werden. Mit demselben Rechte, mit dem für diese zufällig sich lostrennenden Gruppen neue Gattungen und Arten geschaffen werden, müsste man auch für alle Physophoriden, deren Stammanhänge in Gruppen vertheilt sind, die sich gelegentlich lostrennen (ich erinnere nur an die häufig isolirt zur Beobachtung gelangenden Gruppen der Apolemia) neue systematische Kategorien aufstellen.

Schwer fasslich ist es mir, dass in einem Systeme, welches den stolzen Namen „System der Siphonophoren auf phylogenetischer Grundlage" führt, neue Familien gebildet werden, deren einzelne Arten sich als Abkömmlinge von denkbar verschieden gestalteten Familien erweisen. Bricht denn nicht der berühmte Verfechter des biogenetischen Grundgesetzes mit allen seinen Anschauungen, wenn die Entwickelungs-geschichte so völlig in den Hintergrund gedrängt wird, dass man die Familien der Endoxien und Ersaeiden aufstellt, in welchen beiden Abkömmlinge von Monophyiden, Diphyopsiden und Prayiden neben einander figuriren? Was würde man dazu sagen, wenn bei sämmtlichen in cyclischem Wechsel sich fortpflanzenden

---

*) Die Häckel'sche Familie der Ersaeiden umfasst vier Arten, nämlich Ersaea Gaimardi, E. compressa, E. dispar und Lilaea medusina, die alle durch den Besitz einer sterilen Special-Schwimmglocke charakterisirt sind.

Ersaea compressa Häck. ist identisch mit der durch Huxley zutreffend beschriebenen Endoxia Lessonii Eschsch. Sie wird, wie ich nachwies, von Diphyopsis campanulifera Quoy und Gaim. der gemeinsten Canarischen Diphyide, die freilich Häckel unter dem neuen Namen Diphyopsis compressa beschreibt, aufgeamt.

Für Ersaea dispar Häck. ist der alte Speciesname Endoxia Bojani Eschsch. willkürlich geändert worden. Auch diese Endoxia Bojani hat Huxley zutreffend beschrieben. Ich wies nach, dass sie von einer andern Monophyide, nämlich der Doramasia pieta Ch. aufgeamt wird.

Lilaea medusina endlich ist keine ächte Endoxie, sondern die Anhangsgruppe einer Prayide, Lilyopsis.

Organismen die auf ungeschlechtliche Weise erzeugten Generationen neben den heteromorphen durch geschlechtliche Thätigkeit entstandenen als selbständige Familien aufgeführt würden, ohne dass man sich um ihre Abstammung kümmert? Wie würde sich ein System der Bandwürmer ausnehmen, in dem einerseits die Proglottiden neben den Scolices als eigene Familie figurirten und in dem andererseits diejenigen Formen, deren Proglottiden sich nicht lösten (entsprechend den Calycophoriden mit sessil bleibenden Gruppenanhängen), scharf den auf die Scolices und auf die Proglottiden begründeten Familien gegenüber gestellt würden?

Wenn Häckel geltend macht, dass man die Eudoxien aus praktischen Gründen ebenso getrennt im System aufführen müsse, wie die Hydromedusen und ihre Hydropolypen-Ammen, so halte ich dem entgegen, dass ein System der Medusen ohne Berücksichtigung ihrer Abstammung stets ein künstliches und einseitiges bleiben wird. Insofern hat allerdings ein System der Medusen eine gewisse Berechtigung, als viele derselben sich direkt fortpflanzen. Wir kennen aber keine Eudoxie, deren Brut sich wiederum zu einer identisch gestalteten monogastrischen Colonie ausbildet, sondern wir vermögen für den allerwiegend grössten Theil der Eudoxien jetzt mit Sicherheit die Muttercolonie anzugeben.

So erblicke ich denn in dem Versuch, die Eudoxien als selbständige Familien neben den polygastrischen Siphonophoren aufzuführen, nur einen Rückschritt bis zu den Zeiten Eschscholtz's, der sicherlich die monogastrischen Formen nicht als selbständige Gattungen würde aufgefasst haben, wenn ihm die genetischen Beziehungen zu den polygastrischen Calycophoriden bekannt gewesen wären.

Spezieller Theil.

4. Die Hauptschwimmglocken.
Taf. II.

Im Gegensatz zu den an jeder Gruppe auftretenden Specialschwimmglocken bezeichne ich die am Vorderende des Stammes ausgebildeten grossen Glocken als Hauptschwimmglocken. Was ich über deren Struktur mitzutheilen vermag basirt auf der Untersuchung des einzigen am 21. Jan. 1887 erbeuteten Exemplares, an dem vier Hauptschwimmglocken — drei grössere und eine kleinere — ausgebildet waren (Taf. I. Fig. 1. n^1—n^4). Man erwarte daher keine histologischen Details über Glocken, welche nach wenigen Stunden sich auflösten und dabei immerhin volle Aufmerksamkeit behufs Feststellung des Gefässverlaufes und des eigenartigen Verhaltens des Oelbehälters erforderten.

Die drei Glocken waren von relativ ansehnlicher Grösse, insofern sie eine Länge von etwas über 4 Centimeter und eine Breite von 2½ Centimeter erreichten; die vierte, jüngste Glocke war kaum halb so gross. Sie sind von mützenförmiger Gestalt; ihre weiche Umbrellargallerte ist an der oberen axialen (dem Stamme zugewendeten) Seite mächtig entwickelt und bei seitlicher Ansicht zipfelartig ausgezogen (Taf. II, Fig. 3. und 4). Von vorn gesehen zeigt die Kuppe der Exumbrella eine leichte Einsenkung (Fig. 2). Eine ventrale dem Stamme zugekehrte Grube (Hydroecium), welche von zwei seitlichen Gallertwülsten begrenzt wird, ist nur sehr schwach ausgebildet (Fig. 4 hy).

Der glockenförmige Schwimmsack, welcher von der quergestreiften Subumbrellarmuskulatur ausgekleidet wird, ist ungewöhnlich gross. Der Längsdurchmesser (von der Mitte der Mündung bis zum Eintritt des Stielkanales gerechnet) ist kürzer als der Querdurchmesser. Zwei seichte Strikturen, die eine hinter der Mündung, die andere vor dem zipfelförmig ausgezogenen oberen Ende (sie sind am deutlichsten an der Schwimmglocke u.[?] Taf. I. Fig. 1 ausgeprägt) sind charakteristisch für die ausgebildeten Glocken. Das Velum ist breit; auf der Ventral-seite jedoch schmäler als auf der dorsalen.

Die vier Subumbrellargefässe entspringen aus dem Stielkanal (c. ped.), welcher bei der kleinen Glocke fast horizontal, bei den grösseren schräg aufwärts verläuft. Das dorsale Gefäss (c. d.) ist länger als das ventrale (c. v.); beide folgen den Krümmungen der Subumbrella in der Medianebene. Die seitlichen Gefässe sind in zahlreiche arabeskenähnliche Windungen gelegt. Im Grunde genommen lassen sich dieselben auf die zwei Schleifen eines liegenden ⌐ zurückführen, von denen namentlich die aufsteigende Schleife vielfache Buchtungen aufweist, wie sie aus den Abbildungen der Taf. I und Taf. II ersichtlich sind. Die Einmündungsstellen der Seitengefässe in den den Schirmrand umkreisenden Ringkanal (c. c.) liegen der Einmündungsstelle des Ventralgefässes weit näher als jener des Dorsalgefässes (Taf. II. Fig. 2 und 5).

Aus dem Stielkanale entspringen direkt an seiner Ursprungsstelle zwei starke Gefässstämme, welche dorsal und ventral die axiale Umbrellargallerte durchziehen (c. d. und c. p.). Sie kommen bei den Amphicaryoniden und Prayiden ebenfalls vor und werden von Häckel als Mantelkanäle bezeichnet (Report p. 113). Dass der obere Kanal (c. ol.) dem Oelbehälter (Saftbehälter oder Somatocyst) der Monophyiden und übrigen Diphyiden homolog ist, wird von Häckel mit Recht hervorgehoben. Gerade dieser obere Ast zeigt nun eine unter den gesammten Calycophoriden einzig dastehende Configuration, insofern er durch regelmässige dichotome Gabelung sich in ein System von Seitenästen auflöst, die fast durchweg in hochroth gefärbte knopfförmige Anschwellungen enden. In jedem der Endknopfe schwebt ein kleiner lichtbrechender Oeltropfen.

Der Oelbehälter war indessen bei den einzelnen Glocken nicht gleichmässig ausgebildet. Deutlich konnte der Nachweis geführt werden, dass er an den ältesten Glocken einfacher gestaltet ist, als an den jüngeren, welche eine Tendenz zu immer reicherer Entfaltung der Dichotomie aufweisen. Die Zahl der Gabeläste gibt uns geradezu eine Handhabe für die Altersbestimmung der einzelnen Glocken.

Am einfachsten verhielt sich die in Fig. 3 dargestellte grosse Glocke. Der Oelbehälter steigt bogenförmig gekrümmt aufwärts, beschreibt an der Stelle x einen Knick und beginnt dann bei x^1 sich dichotom jederseits in 7 Aeste zu gabeln, von denen 5 in hochrothe Endknöpfe auslaufen. Unter diesen Aesten sind jene beiden am längsten, welche annähernd horizontal (a) resp. ventral (b) längs der Subumbrella verstreichen.

Reicher ist die Dichotomie bei der in Fig. 2 von der vorderen (distalen) Seite dargestellten Glocke ausgebildet. Bei derselben fällt es auf, dass die Gabelung einige Asymmetrieen erkennen lässt, insofern auf der linken Glockenhälfte 10, auf der rechten nur 7 Endäste auftreten.

Die jüngste der 4 Glocken, welche kaum halb so gross war wie die übrigen, ist mit dem am reichsten gegliederten Oelbehälter ausgestattet. Ich habe sie in Fig. 4 von der linken Seite abgebildet. Der ventrale Mantelkanal (c. pa.) ist ebenso wie bei den älteren Glocken relativ kurz und sanft gebogen. Der dorsale Ast steigt schräg aufwärts und wird durch wiederholte Dichotomie in nicht weniger als 14 Seitenäste zerlegt, von denen die oberen neun eine dorsale, die unteren fünf eine ventrale Gruppe bilden. Auch hier fallen in der ventralen Gruppe zwei stärkere Aeste auf, von denen der eine (a) mehr horizontal, der andere (b) ventral verstreicht.

Dass thatsächlich mit dem zuletzt dargestellten Verhalten des Oelbehälters noch nicht das Maximum der Gabeläste erreicht sein möchte, lehrt die Configuration der ältesten Reserveglocke (Fig. 6). Bei dieser wird der Oelbehälter durch ein Wurzelwerk kurzer Ausstülpungen repräsentirt, von denen nur zwei ventral gerichtete (a u. b) kanalartig ausgezogen sind. Die übrigen beginnen erst stummelförmig sich anzulegen, deuten aber hier und da die Tendenz zu einer Bifurcation an. Nach den einzelnen knospenartigen Ausstülpungen zu schliessen, müssten wenigstens 16 Gabeläste auf jeder Seite ausgebildet werden.

Dem hier über die Hauptschwimmglocken Mitgetheilten will ich noch die kurze Bemerkung hinzufügen, dass an der Ventralseite des Schirmrandes dem Ringgefäss entlang

eigenartige Bildungen auftreten, welche an die Randkörper der Medusen erinnern. Da die
Glocken sich rasch auflösten, so vermochte ich leider nicht die Struktur dieser an den jungen
Glocken dunkelrosa gefärbten Randkörper (Fig. 1 u. 6) zu studiren. Auf ähnliche Bildungen
werde ich noch bei Schilderung der Special-schwimmglocken hinweisen.

Aus den Darlegungen über den Bau der Hauptschwimmglocken geht hervor, dass die
Colonie eine Art von Metamorphose durchläuft, insofern die älteren Glocken einen einfacheren
Bau des Oelbehälters erkennen lassen, als die jüngeren. Thatsächlich springt denn auch
dieses Verhalten noch mehr in die Augen, wenn man den Bau der Schwimmglocken jugendlicher Colonien in Betracht zieht. Ich habe zweimal solche junge Exemplare von Stephanophyes beobachtet, an denen ebenso wie bei Lilyopsis nur zwei Schwimmglocken ausgebildet waren.

Die Glocken, welche ich in Fig. 1 auf Taf. II abbilde, massen in der Länge einen
Centimeter. Sie waren, abgesehen von einigen unwesentlicheren Verschiedenheiten in dem
Verlauf der arabeskenähnlichen Windungen der seitlichen Gefässe, von ziemlich gleicher
Gestalt. Im Gegensatze zu den Glocken der erwachsenen Colonie ist die Gallerte an der
Axial-seite der Umbrella weniger mächtig ausgebildet. Der Oelbehälter (e. ol.) ist an
beiden Glocken einem V ähnlich gegabelt; beide Gabeläste laufen in ungefärbte kuglige
Anschwellungen aus.

Dass indessen die einfache Gabeltheilung nur der Vorläufer für eine complicirte Dichotomie ist, lehrt der Bau der Reserveglocken, welche zwischen den beiden grossen
Glocken dem Stammende aufsitzen. An denselben treten zudem Strukturverhältnisse auf, die
Beachtung verdienen, weil sie an den ausgebildeten Glocken verwischt erscheinen. Fig. 7 stellt
die Reserveglocken einer jungen Colonie mit zwei definitiven Glocken dar. Zwei Reserveglocken (A u. B) sind in ihrer Entwickelung weit vorgeschritten, während drei weitere noch
nicht über die knospenartige erste Anlage hinausgekommen sind. Ihre Umbrellargallerte ist
noch sehr dünn, der Schwimmsack fast halbkreisförmig. Die Arabeskenwindungen der Seitengefässe sind deutlich angelegt, während der nahe der Kuppe einmündende Stilkanal noch
sehr kurz erscheint. Die Anlagen des ventralen und dorsalen Astes der Mantelgefässe (c. p.
und e. ol.) sind scharf ausgeprägt. Letzterer erweist sich bei der Vorderansicht (Fig. 8)
dichotom gegabelt und distal bruchsackförmig verbreitet. Betrachtet man diese Anlage des
Oelbehälters von oben (Fig. 9), so deuten mehrere Ausbuchtungen die beginnende Dichotomie

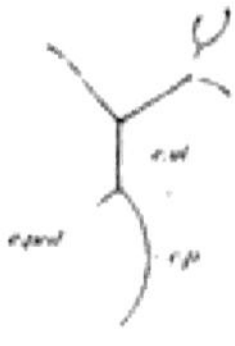

Fig. 1.

an. Thatsächlich habe ich denn auch am 25. Januar eine junge Colonie beobachtet, deren Oelbehälter auf der rechten Seite drei Gabeläste anwies, auf der linken dagegen ungegabelt war. (Vergl. die nebenstehende Figur 1.)

Ein besonderes Interesse beansprucht weiterhin die Art, in welcher die Verdickung der Umbrellargallerte erfolgt. Da ja ein wesentlicher Charakter der ausgebildeten Glocken in dem Mangel von scharfen Firsten liegt, so möchte man erwarten, dass die Umbrellargallerte sich ziemlich gleichmässig verdickt. Die genauere Untersuchung belehrt indessen von dem Auftreten zweier Firsten, welche schräg von dem Gabelende des Oelbehälters bis in die Nähe der Einmündung des Ventralgefässes verstreichen (cr. Fig. 7 u. 8). Die Firsten sind stumpf gezähnt und laufen dorsalwärts in zwei flügelartige Gallertwülste aus (al. Fig. 8), zwischen denen eine tiefe Einbuchtung auftritt. Die der erwachsenen Colonie angehörige älteste Reserveglocke (Fig. 6) zeigt eine ähnliche Anlage. Die gezähnelten Firsten (cr.) haben sich hier ventralwärts genähert, während die dorsalen Gallertflügel (al.), der mächtigen Ausdehnung des Oelbehälters folgend, sich zipfelartig ausziehen. Endlich hat sich als dritte Gallertpartie, von der aus die Verdickung der Umbrellargallerte erfolgt, noch jene abgehoben, welche um den Stilkanal und das ventrale Mantelgefäss ausgebildet ist. Offenbar geben die allmählig nach der Ventralseite rückenden Firsten die erste Anlage für die beiden Ventralflügel ab, die allerdings bei Stephanophyes nur schwach entwickelt sind und nicht zur Aufnahme des Stammes in ein Hydroecium Verwendung finden. Es ist nicht zu verkennen, dass das Unvermögen den Stamm zu enger Spirale zu contrahiren, in Correlation mit der schwachen Ausbildung der Ventralflügel steht.

5. Die Gruppenanhänge des Stammes.

Bekanntlich erfolgt bei den Calycophoriden die Bildung der Stammgruppen an dem oberen Stammende. Dort findet man zunächst die Anlagen für die Reserveschwimmglocken und diejenigen für die jüngsten Stammgruppen. Die distalen Gruppen, welche sich zudem häufig als Eudoxien loslösen, sind die ältesten, während in proximaler Richtung die Gruppen successive an Grösse und Alter abnehmen. Bei keiner Calycophoride ist bis jetzt eine interkalare oder internodiale Neubildung von Gruppen nachgewiesen worden. Eine solche kommt lediglich einem Theile der Physophoriden zu und erfolgt hier, wie ich das speciell für Halistemma nachzuweisen vermochte [1], theilweise nach complicirten, aber streng festgehaltenen Gesetzen.

[1] Chun l. c. Canar. Siph. p. 27—29 (165—176b).

Zeigt nun Stephanophyes in dem Auftreten internodialer mundloser Polypoide mit heteromorphen Fangfäden und Nesselknöpfen einen Charakter, der allen bekannten Calycophoriden fremd ist, so wird wiederum eine Analogie mit Strukturverhältnissen der Physophoriden dadurch bedingt, dass sie die einzige Calycophoride repräsentirt, bei welcher eine internodiale Neubildung von Gruppen nachweisbar ist.

Um diese Thatsache genauer zu begründen, so sei nochmals auf die im allgemeinen Theil beschriebene Anordnung der Gruppen hingewiesen. Dieselben setzen sich aus einem Magenschlauch mit dem zugehörigen Fangfaden, aus einem Deckstück, einer Specialschwimmglocke und einer männlichen oder weiblichen Gonophorentraube zusammen.

Die einzelnen Constituenten einer derartigen Gruppe nehmen aus vier nebeneinander liegenden Knospen ihre Entstehung. Die dorsale Knospe liefert die Deckschuppe, die ventrale den Magenschlauch mit seinem Tentakel. In näherer Beziehung zu der letzteren Knospe stehen die beiden mittleren Knospen, welche stets distal (dem Stammende zugewendet) rechts neben der Anlage des Magenschlauches auftreten. Die eine derselben bildet sich zu der Specialschwimmglocke aus, die rechts neben ihr liegende liefert die Anlage der Gonophorentraube.

Die vier Knospen halten bei ihrer Weiterentwickelung nicht gleichen Schritt, insofern der Magenschlauch mit dem Fangfaden in seiner definitiven Ausbildung voraneilt. Darauf folgt zunächst das Deckstück, späterhin die Specialschwimmglocke, welche in distaler Richtung von dem Magenschlauch abrückt. Zuletzt bildet sich die Gonophorentraube aus, welche stets der Basis des Magenschlauches distal ansitzt.

An einer jugendlichen Gruppe (Taf. III, Fig. 4) beobachtet man daher folgende Anordnung. Der Magenschlauch mit dem Fangfaden (t) ist nahezu völlig entwickelt, das Deckstück (br.) hat die 6 Gefässäste ausgebildet und deutet seine definitive Form bereits an, die Specialschwimmglocke (n. sp.) sitzt distal, noch wenig in ihrer Ausbildung vorgeschritten, dem stilförmigen Endabschnitt des Magenschlauches (p. p.) an, während die Gonophorenanlage (g. pr.) zwar eine weitere Knospe differenzirt hat, aber sonst über ihre erste knospenförmige Anlage noch wenig hinausgekommen ist.

Deutlich lässt es sich nachweisen, dass diese Gruppen in distaler Richtung an Grösse zunehmen. Zwischen ihnen treten nun internodial die kleinen mundlosen Polypoide mit den heteromorphen Fangfäden entweder in der Einzahl oder bis zu Vieren gruppenweise vereint auf. Eine Grössenzunahme, welche auf ein höheres Alter der distalen Gruppen hindeuten könnte, liess sich bei ihnen nicht deutlich erkennen.

Bevor ich nun die Thatsachen anführe, welche eine internodiale Neubildung von Stamm-anhängen beweisen, dürfte es angezeigt sein, die Frage zu erörtern, ob die Polypoide mit ihren heteromorphen Tentakeln den übrigen Stammgruppen homolog sind oder ob sie inter-nodiale Bildungen sui generis repräsentiren. Für beide Auffassungen lassen sich gewichtige Gründe geltend machen.

Betrachtet man die internodialen Polypoide als homolog den übrigen Stammgruppen, so ist man zu der Annahme gezwungen, dass an ihnen die Ausbildung von Deckstücken, Special-schwimmglocken und Gonophorentrauben unterdrückt wird, während gleichzeitig die Mund-öffnung des Magenschlauches verschlossen blieb. So wenig wahrscheinlich auch eine derartige Auffassung von vornherein erscheint, so lassen sich doch Thatsachen anführen, welche in diesem Sinne gedeutet werden können. Neben den Tastergruppen habe ich nämlich in zwei Fällen wohl entwickelte Gonophorentrauben beobachtet. Fig. 8 auf Taf. III stellt eine weib-liche Gonophorentraube dar, welche direkt neben zwei Polypoiden eines Internodiums aus-gebildet ist. Die benachbarten Stammgruppen waren normal entwickelt und mit männlichen Gonophorentrauben neben den Magenschläuchen ausgestattet.

Noch mehr in das Gewicht fällt indessen die Thatsache, dass an den Magen-schläuchen der jüngsten (obersten) Gruppen Fangfäden sitzen, welche ausschliesslich die kleinen eichelförmigen Nesselknöpfe entwickeln, wie sie für die Tentakeln der Taster charakteristisch sind. Erst an den älteren Magenschläuchen treten Fangfäden auf, an denen die für alle Calycophoriden charakteristischen nierenförmigen Nesselknöpfe mit einem Angelfaden knospen. Bei der intakten Colonie und zwar sowohl bei der auf Tafel I dargestellten erwachsenen, wie bei den jugendlichen Colonieen, nimmt man daher an dem oberen Stammtheile lediglich Fangfäden mit den kleinen kurz gestielten, eines Angelfadens entbehrenden Nesselknöpfen wahr. Eine derartige Gruppe, welche dem Anfangstheil des Stammes einer jugendlichen Colonie entnommen ist, habe ich in Fig. 4, Tafel III dargestellt.

Da aus diesem Befunde hervorgeht, dass sämmtliche Magenschläuche, deren Fangfäden mit den grossen nierenförmigen Batterien ausgestattet sind, früherhin heteromorphe Tentakel besassen, so liegt die Frage nahe, auf welche Weise ein Wechsel der Nesselknöpfe bewerk-stelligt wurde. Ich vermuthe aus gleich zu erwähnenden Gründen, dass beiderlei Nesselknöpfe an demselben Fangfaden knospen, nachdem eine Zeit lang die Bildung von Nesselknöpfen überhaupt sistirte. Man trifft nämlich gelegentlich junge Magenschläuche an, deren Fang-faden trotz beträchtlicher Länge keine Nesselknöpfe aufweist Taf. I, Fig. 2, p. m.t. Die

Möglichkeit ist nicht zu bestreiten, dass an diesem Tentakel zunächst die eichelförmigen kleinen Nesselknöpfen differenzirt wurden und dass dann die Neubildung derselben an der Tentakelwurzel eine Unterbrechung erlitt, während allmälig die terminalen Batterien entladen und verbraucht wurden. Einen sicheren Beweis für die Annahme, dass späterhin an solchen Fangfäden die heteromorphen niereuförmigen Batterien mit Angelfäden knospen, würden freilich nur solche Tentakel liefern, an denen distal die primären eichelförmigen und proximal die sekundären niereuförmigen Nesselknöpfe auftreten. Derartige Tentakel sind von mir allerdings nicht beobachtet worden.

Angesichts der Thatsache, dass ein Wechsel der Nesselknöpfe an den Magenschläuchen auftritt, erhält die Auffassung, dass die mundlosen Polypoide rückgebildete oder wenigstens auf einem früheren Stadium verharrende Magenschläuche mit den primären Nesselknöpfen repräsentiren, eine neue Stütze.

Wenn ich nun trotzdem mich der Ansicht zuneige, dass die mundlosen Polypoide mit ihren Fangfäden internodiale Neubildungen repräsentiren, welche sekundär zwischen den Stammgruppen auftreten, so stütze ich mich auf folgende Thatsachen.

An dem Anfangstheil des Stammes fehlen zwischen den jungen Gruppen die Polypoide, in der mittleren Stammregion treten sie im der Einzahl auf (Taf. III, Fig. 2), an dem distalen Stammende findet man häufig zwei oder drei Polypoide in jedem Internodium (Taf. I und Taf. III, Fig. 1). In letzterem Falle sind gelegentlich zwei oder gar auch drei an einem gemeinsamen Stiele befestigt. Diese Thatsache lässt nur die Deutung zu, dass zwischen den älteren Gruppen eine Neubildung von Polypoiden stattfindet.

Unzweifelhaft wird aber die Neubildung von Stammanhängen zwischen den älteren Gruppen dadurch bewiesen, dass ausser den Polypoiden auch junge Magenschläuche mit ihren Tentakeln in den Internodien angelegt werden. Entweder treten derartige Magenschläuche in der Einzahl neben den Tastern auf (Taf. I, Fig. 2, p. in.) oder sie bilden zu mehreren dicht nebeneinander stehend eine förmliche Brut internodialer Magenschläuche. Gerade jene Gruppe, welche bereits oben wegen der Ausbildung einer weiblichen Gonophorentraube neben den Tastern erwähnt wurde (Taf. III, Fig. 8), lässt auf der Hinterseite (ibid., Fig. 9) zwei junge Magenschläuche (p. in.) erkennen, deren Stiel schon ziemliche Länge erreicht hat. Nesselknöpfe fehlen an den zugehörigen Tentakeln. Ein anderes Mal beobachtete ich an einem isolirten Stammstücke im Umkreise von vier mundlosen Polypoiden nicht weniger als sechs dicht nebeneinander sitzende junge Magenschläuche von verschiedener Grösse, deren Tentakel ebenfalls durchweg der Nesselknöpfe entbehrten. Selbstverständlich wird man unter die Kategorie solcher internodialer Neubildungen auch die eben erwähnte Gonophorentraube zu rechnen haben.

Fassen wir alle diese Thatsachen zusammen, so ergibt sich, dass als internodiale Neubildungen zwischen älteren Gruppen sowohl die mundlosen Polypoide mit heteromorphen Tentakeln, Magenschläuche und Gonophorentrauben auftreten. Stephanophyes superba repräsentirt somit die einzige bis jetzt bekannt gewordene Calycophoride, bei welcher zwischen ältere Gruppen neue Stammanhänge secundär eingeschaltet werden.

Sämmtliche Stammanhänge knospen bekanntlich an der Ventralseite des Stammes. An dieser ist die Muskulatur, wie bereits Claus[1] hervorhob, schwächer entwickelt, als an der Dorsalseite. Auf die zierliche Faltung der Längsmuskelblätter, wie sie auf dem Querschnitt entgegentritt (Taf. VII, Fig. 27), hat Claus ebenfalls zuerst hingewiesen. Die Längsmuskeln durchziehen nicht continuirlich den ganzen Stamm, sondern sie sind, wie dies namentlich am contrahirten Stammstücken deutlich hervortritt, in den Internodien unterbrochen. Der ganze Stamm ist demgemäss segmentirt und zwar fallen die Grenzen der Stammsegmente in die Mitte der Internodien.

Auf eine derartige Segmentirung des Stammes hat Korotneff[2] bei Forskåhn hingewiesen, insofern nach seinen Angaben die von dem Stammkanal entspringenden Querkanäle regelmässig durch halbe Querzonen des Stammes getrennt werden.

6. Die Deckstücke.

Taf. III.

Die Schilderung der einzelnen Gruppenanhänge des Stammes beginne ich mit den complicirt gestalteten Deckstücken (br.), den einzigen Anhängen, welche auf die Dorsalseite des Stammes übergreifen. Sie nehmen ihre Entstehung aus jener der vier Knospen, welche dorsal oberhalb der Anlage des Magenschlauches gelegen ist (vide p. 568 [16]). Der entodermale Hohlraum der Knospe treibt frühzeitig fünf Divertikel, welche in einer Ebene gelegen sind. Dazu gesellt sich noch ein sechstes senkrecht auf den übrigen stehendes Divertikel (Taf. III, Fig. 5). Gleichzeitig plattet sich die Knospe ab und nimmt eine nahezu fünfeckige Gestalt an. Auf späteren Stadien (Taf. III, Fig. 4) beginnt sie über die linke Stammhälfte überzugreifen, indem sie sich deutlich in eine linke und rechte Hälfte sondert, welche distal durch

[1] C. Claus, Ueber Halistemma Tergestinum. Arb. Zool. Inst. Wien. Bd. I, 1878 p. 13.

[2] A. Korotneff, Zur Histologie der Siphonophoren. Mitth. Zool. Stat. Neapel 1884 p. 234.

einen tiefen Einschnitt getrennt werden. Nach Art eines Dachziegels mit dem proximalen
Vorderrande sich schräg aufwärts stellend, greift sie über den Hinterrand der vorausgehenden
Deckschuppe über. Die sechs Divertikel ziehen sich zu den sechs Gefäss-ästen des Deckstückes (c. br.¹ — c. br.⁶) aus. Sie entspringen von einem kurzen, auf der Ventralseite des
Deckstückes in der Längsrichtung verstreichenden Hauptgefässstamme, welcher sich in zwei
distale (c. br.¹ und ⁶ und in vier proximale Aeste (c. br. ², ³, ⁴, ⁵) gabelt. Von den letzteren
verstreicht ein Ast (c. br.⁴) nach vorn median in der Richtung des Hauptgefässes, während
jener Ast, welcher bei der ersten Anlage der Gefässdivertikel senkrecht auf den fünf übrigen
angelegt wurde (c. br.⁵) bedeutend schwächer sich ausbildet und späterhin auf den vorderen
medianen Ast (c. br.⁴) überrückt. Die Gallerte verdickt sich nach und nach namentlich auf
der Dorsalseite mächtig, während die Seitenflügel links und rechts so weit über sämmtliche
Stammanhänge übergreifen, dass sie vollständig geschützt innerhalb der vollendet durchsichtigen
Deckschuppe liegen. (Taf. III. Fig. 3.)

Das ausgebildete Deckstück lässt sich nicht unschwer auf das jugendliche in Fig. 4 dargestellte Stadium zurückführen. Isolirt man dasselbe und klappt man seine beiden Lappen
auseinander (Taf. III. Fig. 6, welche ebenso wie Fig. 7 nach conservirtem Material entworfen
ist), so fällt zunächst auf, dass es asymmetrisch gestaltet ist. Der vordere proximale Rand
ist glatt und bogenförmig gekrümmt, der hintere dagegen wird durch eine tief einschneidende
Furche in zwei ungleich grosse Lappen zerlegt (br. d. und br. s.). Der rechte Lappen (das
Deckstück Fig. 6 ist von der ventralen, dem Stamme zugekehrten Seite dargestellt) ist schmäler
als das linke. Letzterer faltet sich nach innen derart, dass er eine Scheide bildet, in welche
der Magenpolyp und der contrahirte Fangfaden zu liegen kommen. (Fig. 3, 6 und 7 vag.)

Die sechs Gefässe sind von ansehnlicher Länge; sie enden in knopfförmige Anschwellungen,
welche einen kleinen Oeltropfen enthalten. Ihre Anordnung ist im Princip die nämliche, wie
die eben von der jugendlichen Deckschuppe geschilderte. Am längsten sind die beiden in
den linken Lappen sich erstreckenden Aeste (c. br.⁵ und ⁶); am kürzesten ist jenes Gefäss,
das sich senkrecht auf den fünf übrigen anlegte (c. br.³) und späterhin wie ein Seitenast von
dem proximalen Mediangefässe (c. br.⁴) entspringt.

Die terminalen Anschwellungen der drei dorsal gelagerten Gefässe (c. br.², ³, ⁴) sind
hochroth gefärbt, während diejenigen der ventral in die beiden Seitenlappen sich erstreckenden
Aeste (c. br.¹, ⁵, ⁶) ungefärbt bleiben.

Die Anordnung der Gefässe bei seitlicher Ansicht ist auf den Figuren 1 und 2 nach
dem lebenden Thier und in Fig. 7 nach einem conservirten Deckstück angegeben. An den

lebenden Stammstücken erscheint die Vertheilung der Gefässe auf den ersten Blick als eine sehr complicirte, weil die Flügel der Deckstücke dachziegelförmig übereinander greifen. Es fällt daher bei der Durchsichtigkeit des Objectes nicht leicht die zu einem Deckstück gehörenden Gefässäste von jenen des vorausgehenden und des nachfolgenden zu sondern.

Die Befestigung der Deckstücke an dem Stamm ist eine sehr ausgiebige. Sie erfolgt vermittelst Muskelbänder, die von dem Stamme sich abzweigend und allmälig sich verschmälernd, sämmtliche Gefässe zur halben Länge oder gar bis zu zwei Dritteln bedecken (Taf. VI, Fig. 1, c. br.¹ man.) Nur das mit c. br.² bezeichnete Deckstück erscheint ohne anliegenden Muskelfibrillen. Auf dem Querschnitt erkennt man, dass das Gefäss excentrisch an der Seite gelegen ist und dass das Muskelbündel in zierliche Muskelblätter sich faltet. Die Gefässmuskeln verstreichen auf der ventralen (dem Stamme zugekehrten) Gefässhälfte.

Die wirksame Befestigung der Deckstücke an dem Stamme, dessen Contractionen durch ihre dachziegelförmige Anordnung wesentlich beeinträchtigt werden, ist allein schon durch ihre ansehnliche Grösse bedingt. Obwohl sie bei der Conservirung etwas schrumpfen, so beträgt doch nach Messungen an conservirten Deckstücken ihre Breite immer noch 16 mm und die Länge des rechten Lappens 13—15 mm.

7. Die Specialschwimmglocken.

Die Specialschwimmglocke (n. sp.) nimmt ihre Entstehung aus einer Knospe, welche an der Basis des Magenschlauches links neben und etwas oberhalb der Geschlechtsknospe gelegen ist (Taf. III, Fig. 4). Die ausgebildete Glocke liegt ebenso wie die Gonophorentraube rechts zur Seite des Magenschlauches (Taf. II, Fig. 3). Nächst den Deckstücken sind die Specialschwimmglocken die umfangreichsten Stammanhänge; mit ihrem Schirmrande bilden sie den ventralen Abschluss der Stammgruppen. Von den Hauptschwimmglocken werden sie um das Vierfache an Grösse übertroffen; Maasse, welche ich an conservirten (allerdings etwas geschrumpften) Specialglocken nahm, ergaben eine Länge von 13—15 mm und eine Breite von 10 mm, von denen 9—10 mm auf die Länge und 6 mm auf die Breite der Subumbrella kommen. Schon von ihrer ersten Anlage an sind sie seitlich comprimirt; ihre bilateral-symmetrische Form schliesst nicht aus, dass in dem Verlaufe der Umbrellargefässe deutliche Asymmetrien zum Ausdruck kommen.

Die Umbrellargallerte ist in der oberen Hälfte am mächtigsten entwickelt. Bei seitlicher Ansicht (Taf. III, Fig. 1) erscheint die Mitte des distalen und die obere Partie des proximalen Randes flügelförmig ausgezogen. Die Subumbrella nimmt eine schräge Stellung ein;

ihre Kuppe ist proximal, der Schirmrand distal, gewendet. Der dorsale (distale) Subumbrellarrand ist stärker convex gekrümmt als der ventrale. Das Velum (ve.) ist wohl entwickelt. Der Gefässverlauf bietet manche Eigenthümlichkeit dar. Der Stilkanal (c. ped.) entspringt direkt oberhalb der Basis des Magenschlauches aus dem Stamme. Er zeigt eine zwiefache Knickung, insofern er an dem Stamme eine Strecke weit nahezu horizontal verläuft, um dann in scharfem, fast rechtwinkeligem Knick abwärts zu biegen und wiederum in stumpfem Winkel schräg nach vorn sich wendend, die Kuppe der Subumbrella zu erreichen. Der horizontal verlaufende Theil wird durch Muskellamellen (mu.) an dem Stamme befestigt. Von dem Stilkanal geht ein dorsales und ein ventrales Mantelgefäss (c. p. d. und c. p. v.) ab.

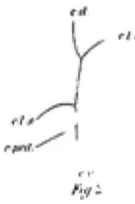

Die vier Subumbrellargefässe sind bei ihrem Ursprung aus dem Stilkanal paarweise vereint. Wie aus der nebenstehenden Zeichnung hervorgeht, welche die Gefässvertheilung auf der Subumbrella von oben gesehen darstellt, so gabelt sich der Stilkanal (c. ped.) in das Ventralgefäss (c. v.) und in einen Ast, welcher das linke Seitengefäss (c. l. s.) abgibt. Durch eine weitere Dichotomie des rechten Astes entsteht das Dorsalgefäss (c. d.) und das rechte Seitengefäss (c. l. d.).[1]

Fig. 2.

Die Asymmetrie, welche schon bei dem Abgang der Gefässe sich geltend macht, tritt nun noch drastischer durch die Differenz in den Anastomosenwindungen der beiden seitlichen Gefässe hervor. Das linke Subumbrellargefäss beschreibt nämlich eine s-förmige Schleife, während das rechte mehrfach gewunden absteigt. Ihre Einmündungsstelle in den Ringkanal liegt in der Mitte zwischen jener des dorsalen und ventralen Gefässes. Kleine seitliche Gefässstolonen kommen sowohl an dem linken Seitengefässe, wie auch gelegentlich an dem Ventralgefäss (Taf. II, Fig. 10) vor.

Eigenartige Bildungen finden sich an dem ventralen Schirmrande. Ich bezeichne dieselben als Randkörper, ohne indessen mit dieser Benennung eine Homologie mit den Sinneskörpern der Medusen andeuten zu wollen. Aehnliche Bildungen von dunkelrother Färbung finden sich, wie schon oben erwähnt wurde, an dem Schirmrande der Hauptschwimmglocken.

Was ich an conservirtem Materiale über diese Randkörper der Specialschwimmglocken zu ermitteln vermochte, ist Folgendes (Taf. VIII, Fig. 28 und 29).

---

[1] Die Bezeichnung „linkes und rechtes Seitengefäss" ist hier mit Rücksicht auf die Lagebeziehung der einzelnen Special-schwimmglocke zu der Gesammtkolonie gegeben. Würden wir ohne Rücksicht hierauf nur die isolirte Glocke betrachten, so kehrt sich die Bezeichnung gerade um.

Von der Einmündungsstelle des Ventralgefässes in den Ringkanal an treten auf der linken Seite des Schirmrandes 12—14 Randkörper auf, welche successive an Grösse abnehmen. Die grössten messen 0,05 mm. und liegen gerade gegenüber der Einmündung des Ventralgefässes; bisweilen findet man die drei bis vier grössten jenseits der Einmündung auf der rechten Seite des Schirmrandes. Selten reihen sich an letztere auch noch einige kleinere an. Der Ringkanal wird in seiner ganzen Ausdehnung auf der velaren Seite von einem ektodermalen Zellenstrang (ek.) begleitet. Dort, wo die kleinsten Randkörper auftreten (Fig. 29), findet man sie aus einer vergrösserten Ektodermzelle gebildet, welche die angrenzende Entodermzelle etwas gegen das Lumen des Ringkanales (e. e.) vordrängt. Gleichzeitig scheidet diese Ektodermzelle a) eine stark lichtbrechende Substanz (se.) an dem der Entodermzelle zugekehrten Rande aus. Da diese Substanz nach der Behandlung mit Ueberosmiumsäure sich intensiv schwärzt, so dürfte sie organischer Natur sein. An den grösseren Randkörpern (Fig. 28) findet man die lichtbrechende Substanz so vermehrt, dass sie die Entodermzellen halbkugelig gegen das Lumen des Ringkanals vordrängt. Im Umkreis der genannten Substanz liegen mehrere Ektodermzellen (a und b), von denen jedenfalls zwei a) direkt an der Secretion betheiligt sind. Bisweilen ist das Secret noch in zwei Hälften getrennt; auch macht es den Eindruck, als ob die periphere, an den Ringkanal angrenzende Schichte sich schalenförmig von der centralen abhebe (Fig. 28).

Ueber die Deutung dieser Gebilde möchte ich mein Urtheil zurückhalten. Ich habe sie an dem lebenden Thiere nicht untersucht und vermag nicht zu entscheiden, ob das organische Secret als eine Linse oder gar als ein Otolith aufzufassen ist. Auch die Deutung dieser Gebilde als Leuchtorgane wäre nicht absurd. Hier kann nur die Untersuchung am lebenden Thiere und der Vergleich mit ähnlichen Bildungen bei der Gattung Lilyopsis entscheiden.

Die Entwicklung der Specialschwimmglocken verläuft durchaus analog derjenigen der Hauptschwimmglocken. Fig. 11 auf Taf. II stellt eine junge Specialschwimmglocke von dem Vorderende einer jugendlichen Colonie dar. An ihr ist die convexe Krümmung des proximalen Umbrellarrandes, die Bucht des Distalrandes und die schräge Stellung der Subumbrellarzelle deutlich ausgeprägt. Auch die Asymmetrie im Verlauf der seitlichen Subumbrellargefässe tritt deutlich hervor. Ein Gallertwulst (z) oberhalb des Schirmrandes verschwindet allmälig bei der Verbreiterung der Schirmhöhle. Die entwickelten Glocken jugendlicher Colonien sind, abgesehen von ihrer geringen Grösse, hauptsächlich durch den einfachen Verlauf der Seitengefässe charakterisirt. Das rechte Subumbrellargefäss verstreicht nahezu erstreckt zum Ringkanal, während das linke nur einen Knick erkennen lässt.

Ebenso wie die Hauptschwimmglocken werden auch die ausgebildeten Specialschwimmglocken durch Reserveglocken verdrängt und ersetzt. Ich habe derartige Ersatzglocken öfter, aber stets nur in der Einzahl an der Einmündung des Stielcanals der ausgebildeten Glocke in den Stamm (also dicht neben der Gonophorentraube) beobachtet. Eine derartige in ihrer Entwickelung schon vorgeschrittene Ersatzglocke bilde ich in Fig. 10. Taf. II von der erwachsenen Colonie ab. Sie lässt sich leicht auf die Form der jungen Specialglocke Fig. 11 zurückführen. Die Differenzen zwischen beiden beruhen wesentlich darauf, dass das ventrale Mantelgefäss tiefer in die Gallerte eingesenkt ist und dass die subumbralen Seitengefässe frühzeitig die Arabeskenwindungen andeuten. Auch ähnelt die Begrenzung des distalen und proximalen Umbrellarrandes mehr jener der Specialglocke einer grossen erwachsenen Colonie.

Die Darstellung der Specialschwimmglocken will ich nicht abschliessen, ohne mit einigen Worten ihres morphologischen Werthes zu gedenken. Zwei Möglichkeiten bieten sich nämlich bei der Beurtheilung ihres morphologischen Charakters dar. Entweder repräsentiren sie sterile Genitalglocken oder sie sind als Homologa der Hauptschwimmglocken zu betrachten. Für die erstere Ansicht spricht ihre Insertion neben der Gonophorentraube. Das ist aber auch der einzige Umstand, den man zu Gunsten der Auffassung, dass die Specialschwimmglocke einer sterilen Genitalglocke homolog sei, geltend machen könnte. Nie beobachtet man an ihr die Anlage eines für die Genitalglocke charakteristischen Manubriums, welches rückgebildet wurde, wohl aber theilt die Specialschwimmglocke mit der Hauptglocke den Besitz eines ventralen und dorsalen Mantelgefässes. Wenn auch der dorsale, dem Oelbehälter entsprechende Abschnitt nicht dichotom gegabelt ist, so genügt doch das Auftreten der Mantelgefässe, die bis jetzt nie bei Genitalglocken zur Beobachtung gelangten, um die Auffassung berechtigt erscheinen zu lassen, welche in den Specialglocken Homologa der Hauptglocken erkennt, die in vielfacher Wiederholung und reducirter Gestalt auf der Ventralseite des Stammes an den einzelnen Gruppen auftreten. Dass das Vorkommen von Randkörpern und der Ersatz durch Reserveglocken ebenfalls Auszeichnungen sind, welche den Hauptschwimmglocken zukommen, sei nur nebenbei betont.

8. Die Magenschläuche.
Taf. III.

Wenige Siphonophoren dürften die Gliederung der Magenschläuche in vier verschiedene Abschnitte ebenso klar erkennen lassen, wie Stephanophyes. Von ungewöhnlicher Länge ist der dünnwandige und schlanke Magenstiel (Taf. III, Fig. 1 p, p.), insofern er mehr als ein

Drittel des ganzen Polypen ausmacht. Auf ihn folgt der dickwandige und scharf von dem Stiel abgesetzte Abschnitt, welchen bereits Leuckart[1] als Basalstock (b. g.) bezeichnete. Der eigentliche verdauende Abschnitt oder der Hauptmagen (ht) ist wiederum durch eine ringförmige Striktur deutlich von dem Basalmagen abgesetzt. Als vierten Abschnitt des Polypen könnte man endlich noch den rüsselförmigen Mundtheil (pr.) betrachten, der allerdings ganz allmählich in den Hauptmagen übergeht.

Die Polypen sind ungemein durchsichtig und entbehren intensiv gefärbter Leber-schläuche in dem verdauenden Hauptmagen. An den Polypen jugendlicher Colonien tritt an dem Basalmagen ein prachtvoll smaragd-grüner Schiller auf, welcher allein die Anwesenheit der wunderbar durchsichtigen Colonie in dem Wasser verräth. Die älteren Polypen dagegen zeigen an dem Basalmagen einen gelblichen Ton, während Magen und Rüssel einen zarten Stich in das Violette erkennen lassen. Dass sie ungemein contractil sind, bald lang sich strecken, bald rasch sich verkürzen, bald die Mundöffnung schliessen und den Magen aufblähen, bald den Rüssel schüsselartig verbreitern oder gar bei dem Auswerfen unverdaulicher Nahrungsreste (Chitinskelette der Crustaceen) ihn umkrempeln — das Alles sind Thatsachen, die uns von den Polypen anderer Siphonophoren längst bekannt sind.

Um nicht an den so vielfach untersuchten Magenschläuchen Bekanntes zu wiederholen, so weise ich nur auf einige Thatsachen hin, welche nicht genügend gewürdigt wurden.

Der 0,4 mm dicke Ektodermbelag des Basalmagens wird bekanntlich von einem Nesselpolster gebildet. Derartige Polster sind unter den Cölenteraten und auch bei den Siphonophoren weit verbreitet. Unter den letzteren finde ich Nesselpolster am Mächtigsten auf der ganzen Aussenseite jener grossen Taster entwickelt, welche bei Physalia die grossen Fangfäden tragen. Sie werden die Nesselkapseln der Polster entladen und zur Betäubung von Beutethieren verwerthet. Selbst in jenem Falle, wo ein Nesselfaden in der Kapsel angelegt wird, bleibt doch die Kapsel auf einem früheren Entwicklungsstadium stehen. Dies gilt speziell auch für das Nesselpolster am Basalmagen von Stephanophyes. Die Kapseln sind nicht völlig entwickelt; sie werden hauptsächlich nur auf der äusseren Hälfte des Polsters angelegt, während die zahllosen inneren Zellen mit ihren dichtgedrängten, nur 0.01 mm messenden Kernen keine Kapseln entwickeln. Die unentwickelten Kapseln sind sehr unregelmässig gebildet, bald kuglig, bald oval, bald birnformig oder säbelformig gestaltet. Sie werden durchschnittlich 0.03 mm gross. Da ich auf die Entwicklung der Nesselkapseln noch späterhin werde zu sprechen kommen, so bemerke ich einstweilen, dass die Nesselzellen des Polsters

[1] Rud. Leuckart. Zoolog. Untersuchungen: Die Siphonophoren 1853, p. 13.

am Meisten der auf Taf. V Fig. 12 abgebildeten jugendlichen Nesselzelle einer Batterie ähneln.

Der entodermale Hohlraum der Polypen verläuft in dem Basalmagen etwas excentrisch und zwar der Tentakelwurzel genähert. Auf der Stützlamelle sind deutlich die ektodermalen Längsmuskelfasern, wenn auch etwas schwächer als auf dem Magen, ausgebildet.

In seiner Darstellung der Challenger-Siphonophoren gibt Häckel (Report p. 15 und 96) an, dass zwischen Basalmagen und Hauptmagen eine Pylorusklappe auftritt, die einen vollständigen Abschluss beider Cavitäten zu bewerkstelligen vermag. Ich bedauere dieser Angabe widersprechen zu müssen. Bei keiner Siphonophore findet sich da, wo der Basalmagen in den Magen übergeht, auch nur eine Andeutung einer Klappe. Dagegen tritt bei sämmtlichen Calycophoriden und bei einem grössten Theile der Physophoriden eine wohl entwickelte Klappe an der Grenze des Stieles und des Basalmagens auf. (Taf. III Fig. 4 v. p.) Häckel erwähnt derselben an keiner Stelle und doch hat kein Geringerer als Huxley[1]) dieselbe schon längst zutreffend in seinen ausgezeichneten, von mir noch vielfach anzuziehenden Siphonophorenstudien beschrieben und geradezu als „Pylorusklappe" bezeichnet. Ich finde, dass die Pylorusklappe bei Stephanophyes einer Mondsichel vergleichbar genau in der Höhe der Tentakelbasis auftritt. Ihre Breitseite liegt der letzteren gegenüber; die sichelförmig sich verschmälernden Seitenflügel treten an den oberen verdickten Rand der Tentakelwurzel heran.

Da im Umkreis der Pylorusklappe die entodermalen Ringmuskelfasern (ebenso wie übrigens auch an der Uebergangsstelle des Basalmagens in den Magen) kräftig entwickelt sind, so kann durch ihre Contraktion ein völliger Abschluss zwischen Basalmagen und Stielhöhle bewerkstelligt werden. Die Function der Klappe dürfte insofern eine bedeutungsvolle sein, als durch den Abschluss zwischen Stielhöhle und Magen es ermöglicht wird, den Fangfaden mit Flüssigkeit zu schwellen. Contrahirt sich nämlich der Polyp bei geschlossenem Munde, so schliesst die Flüssigkeit der Leibeshöhle in breitem Strome in den Tentakel, wenn gleichzeitig die Pylorusklappe einen Abschluss bildet.

An dem Magen fehlt bei Stephanophyes jede Andeutung an wulstförmige sogenannte Leberstreifen. Dieselben treten erst an dem Uebergang des Magens in den Rüssel als sieben

---

*) T. H. Huxley: The Oceanic Hydrozoa. Ray Society 1859, p. 9 Taf. V.

„In many cases the median and basal divisions are very sharply separated, not only by their texture, but by a distinct valve, . . . It is a strong, circular fold of the endoderm, whose lips, when the valve is shut, project into the cavity of the gastric, or median, division of the polypite. . . . The position and functions of this apparatus, therefore, fully justify the appellation of a pyloric valve."

pigmentfreie Längswülste (Men.) auf. An dem Querschnitt durch den Rüssel lässt sich leicht nachweisen, dass die Stützlamelle, wie bereits Claus betonte, nicht in die Wülste eintritt.

Grosse glänzende Oeltropfen fand ich bei der erwachsenen Colonie in zahlreichen Magenschläuchen an der Grenze zwischen Magen und Basalmagen flottirend (Taf. 1 Fig. 2 o). Taf. III Fig. 2 o). Sie werden als Producte des Stoffwechsels offenbar zur Füllung der terminalen Endknöpfe des Oelbehälters und der Deckschuppenkanäle verwendet.

9. Die sekundären nierenförmigen Nesselknöpfe.

Stephanophyes superba ist die einzige Calycophoride, bei welcher Nesselknöpfe von durchaus verschiedener Gestalt vorkommen. Nierenförmige Nesselknöpfe mit einem Angelfaden sitzen den Tentakeln der Magenschläuche an; eichelförmige Knöpfe ohne Angelfaden, wie sie bis jetzt noch nie bei Calycophoriden zur Beobachtung gelangten, sind eine Auszeichnung der Tastertentakel. Da letztere auch ursprünglich an den Tentakeln der Magenschläuche auftreten, so bezeichne ich sie als die primären Nesselknöpfe im Gegensatze zu den sekundären nierenförmigen, welche bestimmt sind die eichelförmigen zu ersetzen.

Man könnte erwarten, dass ich mit der Schilderung der primären Nesselknöpfe beginne. Aus verschiedenen Gründen ziehe ich es indessen vor, zunächst die complicirter gestalteten sekundären Nesselknöpfe eingehend darzustellen. Nicht zum Wenigsten bestimmt mich dazu der Umstand, dass letztere von sämmtlichen Beobachtern der Siphonophoren gebührend gewürdigt wurden. Die Grundzüge ihres Baues, die Anordnung der Nesselbatterieen, ja selbst ihre Entwicklung ist Gegenstand zahlreicher Darstellungen geworden. Da sie zudem auch noch neuerdings von Korotneff[1] nach allen Regeln moderner Technik eingehend studirt wurden, so möchte man es für eine müssige Wiederholung sattsam bekannter Thatsachen halten, wenn ich es versuche, nochmals die Aufmerksamkeit auf Bau und Entwicklung dieser complicirten Organe hinzulenken.

Man verzeihe mir freilich zuvor ein herbes Urtheil, das wahrlich nicht dazu bestimmt sein soll, den recht bescheidenen Werth der nachfolgenden Darlegungen auf Kosten früherer Untersuchungen zu erhöhen, sondern das mehr eine Rechtfertigung dafür enthalten mag, weshalb eine vielleicht ermüdende Detailschilderung hier ihren Platz findet. Alles, was wir über den Bau und die Wirksamkeit der Nesselknöpfe — und zwar speziell jener der Calycophoriden — wissen, geht nicht über die zutreffende Schilderung hinaus, welche vor nahezu

---

[1] A. Korotneff, Zur Histologie der Siphonophoren. Mitth. Zool. Stat. Neapel Bd. 5, 1884. p. 255—269

40 Jahren die Altmeister zoologischer Forschung, ein Leuckart,[1] Vogt,[2] Kölliker,[3] Gegenbaur[4] und Huxley[5] gegeben haben. Die Darstellung, welche Leuckart (zugleich die Beobachtungen der genannten Forscher resumirend) von dem Bau und der Wirkung der Batterieen entwarf, enthält heute noch das Zutreffendste, was über sie ermittelt wurde. Die späteren Beobachter haben zwar die Formenkenntniss der merkwürdigen Fangapparate wesentlich erweitert und theilweise auch ihre complicirte Entwicklung mit anerkennenswerther Schärfe geschildert, allein sie geben über den feineren Bau und über die Wirkungsweise keine wesentlich neue Aufschlüsse. Werthvoll sind immerhin die sorgfältigen Beobachtungen von Claus,[6] Keferstein und Ehlers[7] und Metschnikoff[8] über die Formen und Entwicklungsstadien der Nesselknöpfe bei Calycophoriden und Physophoriden; von allgemeinem Interesse endlich ist die wunderbare Formenfülle der Nesselknöpfe, wie sie Häckel[9] an der Hand eines reichen Materiales darstellt. Was endlich Korotneff über den feineren Bau der Batterieen mittheilt, ist mit Ausnahme einiger richtiger Beobachtungen so verworren, dass es mir schwer fällt, seine Schilderung mit dem thatsächlichen Verhalten in Einklang zu bringen.

Wie wenig auch heute noch der Bau der Nesselknöpfe, der allein einen richtigen Maassstab zur Beurtheilung ihrer Wirkungsweise abgibt, gekannt ist, mag nur die eine Thatsache illustriren, dass ihr Gerüst von vier Riesenzellen — Zellen, welche zu den grössten gehören, die im Verbande thierischer Gewebe auftreten — sämmtlichen Forschern entgangen ist!

Die folgenden Mittheilungen beschränken sich auf Stephanophyes superba und bringen keine Details über die Nesselknöpfe der Physophoriden. Im Verlaufe dieser Studien werde ich noch Gelegenheit nehmen, den originellen Bau der letzteren zu schildern und ihn auf die Strukturverhältnisse der Calycophoriden zurückzuführen.

---

[1] R. Leuckart. Zoologische Unters. I. Siphonophoren. 1853.
sd. Zur näheren Kenntniss der Siphonophoren von Nizza. Arch. f. Naturgesch. 1854.
[2] C. Vogt. Sur les Siphonophores de la mer de Nice. Mém. Inst. Nat. Génevois. T, 1 1853.
[3] A. Kölliker. Die Schwimmpolypen von Messina. 1853.
[4] C. Gegenbaur. Beiträge zur näheren Kenntniss der schwimmpolypen. Zeitschr. f. wiss. Zool. 1854.
[5] T. H. Huxley. Oceanic Hydrozoa. Ray Society. 1858.
[6] C. Claus. Ueber Physophora hydrostatica nebst Bem. über andere Siphonophoren. Zeitschr. f. wiss. Zool. 1860 Bd. 10.
[7] Keferstein & Ehlers. Zoologische Beiträge. I. 1861.
[8] E. Metschnikoff. Studien über Entwickelung der Medusen und Siphonophoren. Zeitschr. f. wiss. Zool. 1874. Bd. 24.
[9] E. Häckel. Report Challenger. Siphonophora. 1888.

Nur wenige Worte über die Untersuchungs-Technik seien noch gestattet. Das lebende Thier mit seinem Reichthum von Anhängen nahm bei der Seltenheit des Erscheinens und bei der Zartheit, die ein rasches Auflösen im Gefolge hatte, die Aufmerksamkeit so vielseitig in Anspruch, dass an den lebenden Batterieen nur wenig ermittelt werden konnte. Ich fühle diesen Mangel nur allzu lebhaft, als dass ich ihn an dieser Stelle noch weitläufig beklagen möchte. Die Fangfäden conservirte ich mit Chrom-Osmiumsäure und Chrom-Essigsäure. Durch die jüngeren Batterieen liessen sich trotz ihrer Kleinheit feine Schnitte legen; die älteren versuchte ich in 1—5% Salzsäure zu maceriren. Eine Pikrokarminlösung, die ich seit längerer Zeit nach eigenen Vorschriften herstelle und die bei manchen Fachgenossen geschätzt wird, leistete zur Färbung die besten Dienste. Ueberfärbte Batterieen werden durch die gelegentlich eine Woche lang ausgedehnte Maceration langsam entfärbt; nur die Kerne und elastischen Bänder widerstehen der Entfärbung längere Zeit.

3. Die Entwicklung der Seitenfäden und der Nesselknöpfe.

Tafel V.

An einem Fangfaden nehmen die Seitenfäden (t. l.) (Tentillen, Häckel) von der Wurzel nach dem distalen Ende successive an Alter zu. Eine Neubildung von Seitenfäden zwischen älteren habe ich bis jetzt in keinem Falle beobachtet. Die Entwicklung der Seitenfäden findet auf der Dorsalseite der Tentakelwurzel statt. Letztere ist bedeutend dicker, als die ventrale und lässt knospenartige Auftreibungen erkennen, welche die Anlagen jugendlicher Seitenfäden abgeben (Taf. V. Fig. 1). An der Verdickung der Dorsalfläche der Tentakelwurzel betheiligen sich sowohl das Ektoderm wie das Entoderm. Frühzeitig fallen in ersterem intensiv sich färbende Zellen auf, welche von der Tentakelwurzel aus an Grösse allmählich zunehmen und späterhin zu vieren paarweise um eine Seitenfadenknospe angeordnet sind. Sie liefern die von sämmtlichen Beobachtern bisher übersehenen und nicht einmal andeutungsweise erwähnten vier Gerüstzellen oder Riesenzellen (tect.) des Nesselknopfes. Die jüngsten derselben (Taf. V Fig. 6) lassen einen unregelmässig contourirten blassen Kern (k) und um denselben in zwei concentrischen Lagen intensiv sich färbende Plasmaschichten (pl & pl') erkennen. Zwischen ihnen treten helle nicht tingirbare Schichten auf. Die jungen Gerüstzellen liegen zu zwei Paaren hintereinander angeordnet links und rechts neben dem Entodermkanal der Knospe (Fig. 5). Frühzeitig wird der äussere Plasmamantel vakuolisirt unter gleichzeitiger bedeutender Grössenzunahme der Zelle (Fig. 7); späterhin ergreift derselbe Prozess auch den inneren Plasmamantel. Die Zellen werden blass und durchsichtig; um ihren unregelmässig contourirten Kern tritt ein feines die ganze Zelle durchsetzendes Netzwerk von Plasmafäden auf (Fig. 2, 3, 4, 8, 9, 10).

Während die Gerüstzellen ihrer definitiven Ausbildung entgegen gehen, verlängert sich die Knospe, um bald eine Theilung in drei Abschnitte einzuleiten (Fig. 2). Dieselben sind schon von Leuckart[1] als Stiel (p. t.), Nesselknopf (n. u.) und als Endfaden (f. t.) bezeichnet worden. Haeckel,[2] welcher für den Seitenfaden die Bezeichnung „tentillum" einführt, nennt den mittleren Abschnitt nach dem Vorgange von Huxley „sacculus" oder „Cnidosaccus". Ich möchte vorschlagen, diesen Namen ganz fallen zu lassen, da er an eine nicht zutreffende Vorstellung anknüpft. Unter einer sackförmigen Auftreibung versteht man eine Erweiterung, welche durch den Gefässkanal bedingt wird. Dieselbe ist nun allerdings schwach angedeutet, aber immerhin nicht stärker als in dem Stiele. Da späterhin, wie ich nachweisen werde, das Gefässlumen oblitirirt und da die wulstförmige Gestalt des mittleren Abschnittes durch die soliden Gerüstzellen bedingt wird, so trifft die Bezeichnung „Nesselknopf" (nodulus urticans) weit eher zu, als der Name Sacculus oder Cnidosaccus.

Der Stiel (p. t.) der jungen Knospe ist kurz und stämmig; sein Ektodermbelag ist auf der Dorsalseite verdickt (Fig. 9). Der Nesselknopf (n. u.) erscheint durch die vier grossen lateralen Gerüstzellen wulstförmig aufgetrieben und von der Seite gesehen nierenförmig gestaltet. Ich bezeichne die convex gekrümmte Medianfläche des Nesselknopfes als Dorsalfläche (n. u. d.) im Gegensatz zu der schwach concav gekrümmten und dem Fangfaden zugekehrten Ventralfläche (n. u. v.). Als Vorderende sei der distale Endfaden, als Hinterende der proximale Stiel aufgefasst. Der Endfaden (f. t.) ist auf frühen Stadien hornförmig gekrümmt und stets nach der linken Seite gewendet. Der Gefässkanal durchzieht alle drei Abschnitte, im Stiele sich etwas ausweitend und in dem Nesselknopf seitlich comprimirt (Fig. 2, 3, 4, 9). Auf späteren Stadien verlängert sich der Endfaden, indem er gleichzeitig tamartig sich erst in wenige (Fig. 8 und 9), später in zahlreiche Spiraltouren aufwindet, deren Umgänge dicht aneinander liegen und nach der linken Seite gekehrt sind. Der Gefässkanal zieht sich mit bedeutend verengtem Lumen (Fig. 8) durch alle Umgänge. Dass gleichzeitig eine merkliche Streckung der ganzen Anlage durch Verlängerung des Nesselknopfes und des Stieles erfolgt, lehrt ein Blick auf Fig. 10. Hervorzuheben ist hierbei die Thatsache, dass die vier Gerüstzellen bei ihrem Wachsthum gleichen Schritt mit der Verlängerung des Nesselknopfes halten. Eine jede derselben ist auf allen Stadien gerade halb so lang wie der Nesselknopf.

[1] R. Leuckart, Zoolog. Unters, 1853 p. 20.
[2] Haeckel, Report p. 97.

Während der Endfaden sich tauartig aufwindet, beginnen auch die dorsal und ventral gelegenen Ektodermzellen sich in bemerkenswerther Weise zu differenziren. Wie nämlich der Querschnitt durch eine jugendliche Knospe des Fangfadens (Fig. 5) lehrt, so liegen dorsal und ventral von den Gerüstzellen zahlreiche indifferente Ektodermzellen. Durch die mächtige Vergrösserung der Gerüstzellen (Fig. 3 und 4) werden dieselben in der Medianregion eng zusammengedrängt. Aus den dorsal gelegenen Zellen gehen in erster Linie die Anlagen des Nesselbandes oder der Nesselbatterie hervor. Die Nesselzellen, welche die Kapseln der Batterie differenziren (cn. t.) liegen in der Tiefe direkt dem Gefässkanale an. Es werden zunächst die mittelsten Kapseln angelegt (Fig. 4) zu denen sich dann links und rechts noch je drei Kapseln gesellen, so dass das Nesselband aus zahlreichen hintereinander folgenden Querreihen von je sieben Nesselzellen besteht (Fig. 20 und 21). Jene Zellen hingegen, welche über ihnen die convexe Aussenseite begrenzen, bilden sich zu einem Drüsenepithel aus, während zwischen letzteres und das Nesselband die späterhin genauer zu schildernden „Bogenzellen" und die Zellen der „gefensterten Lamelle" zu liegen kommen.

Auch die ventral gelagerten Ektodermzellen liefern wichtiges Material für den Aufbau des definitiven Nesselknopfes. Aus ihnen — und zwar aus jenen, welche direct den Gerüstzellen anliegen — gehen die Bildungszellen für die charakteristischen langen stabförmigen Nesselkapseln (Fig. 10 cn. pa., Fig. 21 cn. pa.) hervor, welche späterhin zur Seite der Batterie gelegen sind.

Die Kerne der übrigen ventralen Ektodermzellen liegen peripher. Eine Stützlamelle, die auch auf den frühesten Stadien (Fig. 5) nicht nachweisbar ist, wird als strukturlose dünne, den Gefässkanal umgebende Lamelle überhaupt nicht angelegt. Wohl aber vertritt ihre Stelle eine allmählich sich sondernde Gallertschichte, in welcher als Fortsetzung der im Stiele wohl entwickelten Stützlamelle das für die nierenförmigen Nesselknopfe so charakteristische elastische Band (el) dicht neben dem Gefässkanal sich ausbildet. Dasselbe ist bereits auf den in Fig. 9 und 10 dargestellten Stadien nachweisbar und repräsentiert im Grunde genommen eine lang ausgezogene Schleife, deren beide Hälften wie das Seil einer Harpune in zahlreiche Zickzackwindungen gelegt links und rechts neben dem Gefässkanal verlaufen, um dann genau an der Wurzel des Endfadens in einander überzugehen. (Fig. 14). In distaler Richtung werden beide Schleifenhälften des elastischen Bandes immer kräftiger, während sie in proximaler an Stärke allmählich abnehmen und schliesslich direct in die Stützlamelle (lam.) des Stieles übergehen (Fig. 15). Von vornherein ist die rechte Schleifenhälfte (cf. d.) kräftiger, stärker lichtbrechend und in breiteren Zickzackwindungen aufgerollt, als die linke (el. s.) (Fig. 17, 18).

Das elastische Band wurde zuerst ausführlich von Leuckart[1] bei Abyla und Diphyes beschrieben: auch Vogt[2] und Kölliker[3] fanden es gleichzeitig bei Praya (Lilyopsis) diphyes auf. Leuckart und Vogt erklärten es für ein vielfach gefaltetes Muskelband, während Kölliker ihm zugleich muskulöse und elastische Eigenschaften zusprach. Die späteren Beobachter, wie Keferstein und Ehlers,[4] deuten es meist als elastischen Apparat. Leuckart liess sich bei seiner Auffassung, der auch Claus[5] mit einiger Reserve beipflichtete, wesentlich durch die merkwürdige Querstreifung des Angelbandes von Abyla bestimmen. Nachdem ich indessen nachwies,[6] dass diese vermeintliche Querstreifung durch die merkwürdige tauartige Verflechtung zweier glatter und elastischer Bänder bedingt wird, fällt jeder Grund weg, das Angelband der Diphyiden als muskulös anzusprechen. Bei Schilderung der Canarischen Abyliden werde ich noch Gelegenheit nehmen, die originelle Verflechtung der beiden Schleifenhälften darzustellen, wie sie schon direct bei ihrem Abgang aus der Stützlamelle auftritt und leicht zur Täuschung Veranlassung gibt, als ob nur ein continuirlich sich verdickender und quergestreifter Muskelfaden vorläge. Der hier gegebene Nachweis, dass die verschmälerten proximalen Enden der Schleife direct in die Stützlamelle des Stieles übergehen, charakterisirt das Angelband unstreitig als eine in dem Nesselknopf merkwürdig modificirte Partie der Stützlamelle.

Die weiteren Veränderungen beruhen im Wesentlichen auf einer Streckung des gesammten Nesselknopfes und auf der definitiven Ausbildung der Kapseln und der übrigen histologischen Elemente. Eingeleitet werden dieselben durch eine Verlängerung des Stieles, welcher an seinem proximalen (dem Stamme ansitzenden) Theil noch aufgetrieben bleibt, während der distale Abschnitt sich verjüngt und gleichzeitig knäuelartig aufgewunden dem Proximaltheil des Knopfes sich andehnt.

b. Zweites Stadium: Der gestreckte Nesselknopf.
Taf. IV.

Um die höchst merkwürdigen Vorgänge zu verstehen, welche die Ausbildung der definitiven Gestalt der Nesselknöpfe im Gefolge haben, sei es gestattet, etwas genauer bei der

[1] R. Leuckart, Zoolog. Unters. 1853 p. 21, und: Zur näheren Kenntn. d. Siph. v. Nizza, p. 17.
[2] C. Vogt, Siphonophoers de Nice, p. 103.
[3] Kölliker, Schwimmpolypen von Messina, p. 34.
[4] Keferstein und Ehlers, Zoolog. Beitr. 1861 p. 7—12.
[5] C. Claus, Ueber Physophora hydrostatica, Zeitschr. f. wiss. Zool. Bd. 10. 1860 p. 321.
[6] C. Chun, Die Gewebe der Siphonophoren. Zool. Anz. 1882 No. 117.

Schilderung des zweiten Entwicklungsstadiums des Nesselknopfes zu verweilen. Es scheint mir dies umsomehr angezeigt, als noch keiner der früheren Beobachter auf die einzelnen später darzulegenden Entwicklungsvorgänge aufmerksam geworden ist.

Als zweites Entwicklungsstadium bezeichne ich jenes, welches durch die grösste Längsstreckung des Nesselknopfes bei gleichzeitig vollendeter histologischer Ausbildung charakterisirt ist.

Fig. 1 auf Taf. IV stellt den Nesselknopf auf dem genannten Stadium bei einer Länge von ein oder anderthalb Millimetern dar. In elegantem Schwung, einem umgekehrten Fragezeichen gleichend, ist die distale Partie nach aufwärts gekrümmt. Etwas jüngere Nesselknöpfe sind posthornförmig gestaltet, insofern die Ventralseite von dem Stielende an einwärts gekrümmt ist.

Der Stiel (p. t.) ist lang ausgezogen und liegt mit seinem aufgeknäuelten Distalende der Dorsalfläche des Nesselknopfes an. Bei der Contraction wird der Knäuel dichter, bei der Streckung wird er so weit aufgewunden, dass alle Schleifen verschwinden. Der Gefässkanal (c. t. m.) zieht sich durch die Länge des Nesselknopfes auf der Ventralseite bis zur Insertion des Endfadens hin. Sein lebhaft flimmerndes Lumen ist nur wenig weiter, als dasjenige des Stieles und wird von zwei Reihen deutlich contourirter Entodermzellen begrenzt, wie sie übrigens schon auf den früheren Stadien (Taf. V Fig. 17—19) klar hervortreten.

Die vier Gerüstzellen (teet. haben sich enorm gestreckt; jede derselben ist halb so lang wie der Nesselknopf. Ihre deutlich nachweisbaren Kerne (k & k) liegen peripher in dem Distalabschnitt der Zellen. An Gerüstzellen, welche durch Maceration isolirt wurden, (Taf. V Fig. 13) sind die unregelmässig contourirten Kerne durch Quellung oval gestaltet und mit einem lichtbrechenden Körperchen ausgestattet. Bedenkt man die Kleinheit aller sonstigen Elemente des Nesselknopfes, so muss es überraschen, dass in den vier Gerüstzellen uns Gebilde von geradezu riesigen Dimensionen entgegentreten. Auf dem optischen Querschnitt durch jüngere lebende Batterieen sind sie fast kreisrund gestaltet; auf älteren Stadien erscheint ihr Querschnitt mehr keilförmig mit abgerundeter Dorsalfläche und etwas zugespitzter Ventralseite.

Das Nesselband oder die Batterie (t. u.) ist vollständig ausgebildet. Die schwach sichelförmig gekrümmten (einem Komma gleichenden) Nesselkapseln (Taf. VI Fig. 10) stehen zu je 7 in Querreihen dicht hintereinander angeordnet. An dem in Fig. 1 abgebildeten Nesselknopf zähle ich 138 Querreihen; die Batterie ist an demselben also aus 966 Nesselkapseln zusammengesetzt.

Das Nesselband wird auf der Ventralseite von dem Gefässkanal, links und rechts von den Gerüstzellen und dorsal von den später noch genauer zu schildernden Bogenzellen und

34

Drüsenzellen gl.) begrenzt. Die Kerne der Nesselzellen liegen durchweg ventral dicht an dem Gefässcanal, dem breiteren Entladungspole der Nesselkapsel gegenüber.

Ausser den kommaförmig gestalteten Batteriekapseln finden sich bekanntlich bei allen Calycophoriden an dem Proximaltheile des Nesselknopfes die grossen stabförmigen Nesselkapseln (cn. ps.). Ihre erste Anlage wird schon auf jenem frühen Stadium, welches auf Taf. V Fig. 10 abgebildet ist, kenntlich. Sie liegen ventral, der Innenseite der proximalen Gerüstzellen dicht angeschmiegt (Taf. V. Fig. 21). Stephanophyes superba ist durch die ungewöhnlich grosse Zahl derselben ausgezeichnet, insofern jederseits nicht weniger als 22 grosse stabförmige Nesselkapseln auftreten. Selten war ihre Zahl geringer; nur einmal fand ich deren jederseits 16 auf. Haeckel[1] bezeichnet letztere als Cnidocystae ensiformes im im Gegensatz zu den die Batterie zusammensetzenden Cnidocystae paliformes. Die Bezeichnung ist nicht glücklich gewählt, da gerade die umgekehrte Benennung eher zutreffen würde. Denn bei den meisten Calycophoriden sind sie gerade gestreckt und palissadenförmig gestaltet, während stets die Batteriekapseln eine schwache Krümmung erkennen lassen. Auch bei Stephanophyes sind erstere gerade, an beiden Enden zugespitzt und einem Schiffstorpedo ähnlich gestaltet. Der Entladungspol liegt an dem dorsal gekehrten Ende. Zu der Längsachse des Nesselknopfes sind sie schon von ihrer ersten Anlage an dergestalt schräg gestellt, dass der Entladungspol nach hinten gerichtet ist.

Bekanntlich kommen ausser den genannten beiden Gruppen von Nesselkapseln an dem distalen Ende des Knopfes noch birnenförmig gestaltete Kapseln (cn. py.) (Cnidocystae pyriformes Haeckel) vor. Sie bilden hier ein dichtes Polster, von welchem erst an der ausgebildeten Batterie die proximal gelegenen Kapseln in Gruppen abrücken.

Der Endfaden (f. t.) ist meist zu einem dichten Knäuel aufgewunden, an dem die auf früheren Stadien so deutlich hervortretende spirale Aufrollung nicht mehr hervortritt. Letztere wurde auf den jüngeren Stadien (Taf. V Fig. 10) dadurch bedingt, dass gewissermassen als unpaare Fortsetzung des elastischen Bandes eine einseitig verdickte Stützlamelle (lam.) den Endfaden durchzieht (Taf. V Fig. 11). Diese heftet sich an das elastische Angelband gerade da an, wo die linke und rechte Schleifenhälfte ineinander übergehen. Fig. 11, welche einen Theil des spiral aufgerollten Endfadens darstellt, an dem der ektodermale Belag durch Maceration entfernt ist, zeigt auf der Aussenseite der Umgänge die im optischen Querschnitt kommaförmig gestaltete Verdickung der Stützlamelle. Sie verschwindet allmählich und macht einer gleichmässig dicken strukturlosen Stützlamelle Platz. Dadurch wird es bedingt, dass der

[1] Haeckel. Report p. 97

Endfaden die spirale Aufwindung auf späteren Stadien vermissen lässt. Schon ziemlich früh scheint das Lumen des den Endfaden durchziehenden engen Gefässkanales (r. t. f.) zu schwinden; man bemerkt nur noch von der Stützlamelle umgeben die ovalen Kerne der Entodermzellen in granulirtes Plasma eingestreut. Der Endfaden, welcher dicht mit Nesselkapseln von zweierlei Art — kleinen stabförmigen und birnförmigen — bedeckt ist, läuft in einen Endknopf (n. f. t.) aus, dessen Basis von birnförmigen Kapseln umsäumt ist, während die vorgewölbte Kuppe frei bleibt. Dieser Terminalknopf wurde zuerst von C. Vogt [1] beschrieben und zutreffend von Praya (Lilyopsis) diphyes abgebildet.

Schliesslich hätte ich noch des elastischen Angelbandes (el.) zu gedenken, welches im Wesentlichen den schon oben erwähnten Verlauf links und rechts neben dem Gefässkanale einnimmt. Die rechte Seitenhälfte (Fig. 2) ist stärker lichtbrechend und in breitere Zickzackwindungen gelegt, als die linke, ungemein blasse und leicht zu übersehende. Offenbar bedingt der von der rechten Schleifenhälfte stärker sich geltend machende Zug, dass häufig der Distaltheil des Nesselknopfes nach rechts gekehrt ist (Fig. 2).

Während auf jugendlichen Stadien der Nesselknopf vollendet durchsichtig ist, so beginnt auf den späteren ein schwach bläulicher, allmählich mehr in das Violette übergehender Ton das Nesselband auszuzeichnen. An der Insertionsstelle des Endfadens tritt dann intensiv rothes Pigment im Umkreis des Gefässes auf, das sich bald in proximaler Richtung auszubreiten beginnt. Constant beobachtete ich auf diesen Stadien einen schwarzen Pigmentfleck, welcher in der Nähe des Stieles an der Ventralseite des Nesselknopfes auftritt. Ich hielt ihn anfänglich für eine Art von lichtempfindlichem Apparat, kann aber an conservirtem Material, wo er stets geschwunden ist, Nichts finden, was eine solche Vermuthung rechtfertige.

c. Drittes Stadium: Die Invagination des Nesselknopfes.
Taf. IV.

Unter allen Entwicklungsvorgängen, welche den Nesselknopf in seine definitive Gestalt überführen, dürfte wohl kaum einer origineller verlaufen und zugleich folgenschwerer für die Ernährung der Batterie sich gestalten, als der hier zu schildernde und von keinem Beobachter bisher erwähnte.

Die histologische Differenzirung der Zellen des Nesselknopfes ist vollendet; neue Zellen werden nicht mehr ausgebildet, ein Nachschub von Nesselkapseln kommt in keiner Batterie vor — und so mag es denn begreiflich sein, dass in kürzester Frist die Circulation der Ernährungsflüssigkeit in dem Gefäss des Nesselknopfes unterbrochen und definitiv aufgehoben

---

[1] C. Vogt, Siphonophoren de Nice, p. 104 Taf. 17 Fig. 3.

wird. Eingeleitet wird das Versiten des Gefässes im Batterietheil des Nesselknopfes durch ein Umstülpen des Proximaltheiles der Batterie und der anliegenden Gerüstzellen nach der Ventralseite. Das Gefässlumen wird zunächst bei seinem Uebergang in den Stielkanal verengt (Fig. 2 bei x) und schliesslich dadurch vollständig zum Schwund gebracht, dass der gesammte Proximaltheil des Nesselknopfes die beiden proximalen Gerüstzellen, die grossen Nesselzellen und die Batterie mit den anliegenden Drüsenzellen eine Drehung von 180° ausführen, indem sie sich zwischen die distale Hälfte des Nesselknopfes und das Gefäss mit dem Angelband eindrängen (Fig. 3). Man findet die in Fig. 3 abgebildeten Stadien nicht sehr häufig, da offenbar dieser Invaginationsvorgang des Proximaltheiles ziemlich rasch sich abspielt. Erst nachdem die Umstülpung so weit gediehen ist, dass der ehemalige Proximalabschnitt der Batterie mit den angrenzenden Gerüstzellen in der Nähe der Insertion des Endfadens anlangte, sistiren alle Entwicklungsvorgänge im Nesselknopfe.

Die nächste Folge dieser originellen Invagination tritt klar zu Tage: der Gefässkanal, einst prall gefüllt, wird zu einer Art von Entodermlamelle ausgedehnt, die nunmehr nur noch als rudimentäres Gebilde bestehen bleibt. Die zur Seite gedrängten Schleifen des Angelbandes treten auf die Seitentheile des definitiven Nesselknopfes über. An dem Innenrande derselben erhalten sich noch lange Zeit die Kerne der Gefässzellen Fig. 4 und 6 eu.). Selbstverständlich wird auch die Ektodermpartie in der Umgebung des Gefässes gedehnt und zu einer dünnen Lamelle abgeplattet.

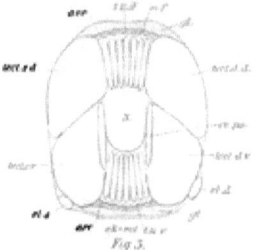

Fig. 3.

Die nebenstehende schematische Zeichnung mag im Vergleich mit den auf Taf. V Fig. 20 und 21 dargestellten Querschnitten den Effect der Einstülpung versinnlichen.[*)]

Ich kann die Schilderung dieser Invagination nicht abschliessen, ohne noch der Frage zu gedenken, durch welche mechanischen Kräfte die Umstülpung bedingt werden möge. Irgend ein Zug oder Druck muss es doch sein, welcher die vollständige Umkehr so massiger Gewebetheile veranlasst. Man könnte zunächst daran denken, dass der Druck des knäuelartig aufgewundenen Stückes die Veranlassung zur Umstülpung gäbe, zumal er schräg von hinten

*) Die Figurenbezeichnung ist dieselbe wie auf Taf. IV VI. x. Hohlraum zwischen der dorsalen und ventralen Partie des Nesselknopfes. ch. + eal. Gefässlamelle mit anliegendem Ektoderm, m. f. Gefensterte Membran, arc. Bogenzellen, tect. v. d. und tect. d. d. Linke und rechte dorsale Gerüszelle.

wirken müsste. Da indessen bei der Streckung des Stieles der Knäuel aufgerollt wird, so ist diese Annahme kaum gerechtfertigt.

So bleibt uns denn nur die eine Möglichkeit übrig, dass ein von dem elastischen Angelband ausgeübter Zug die Umstülpung des Proximaltheiles bedinge. Diese Annahme steht freilich mit der Vorstellung nicht im Einklang, welche die früheren Beobachter von der Wirkung des Angelbandes sich bildeten. Sie glaubten meist, dass es nach Art einer zusammengedrückten Spiralfeder sich auszudehnen und eine Sprengung der Batterie herbeizuführen strebe. Wenn ich nun gerade umgekehrt der Anschauung mich zuneige, dass es die Tendenz besitzt, sich zusammenzuziehen, dass es also eine Zugwirkung und keine Druckwirkung ausübt, so stütze ich mich auf folgende Thatsachen. Erstlich wäre es bei Annahme einer Druckwirkung schwer erklärlich, dass der Nesselknopf auf jungen Stadien posthornförmig eingerollt ist, wenn das Angelband, das ja stets an der concaven Innenseite gelegen ist, nach Art einer comprimirten Spiralfeder sich auszudehnen strebe. Da müsste doch gerade umgekehrt das Angelband auf die convexe Aussenseite zu liegen kommen. Zweitens spricht dafür, dass das Angelband die Tendenz besitzt, sich enger zusammenzuziehen, der Umstand, dass die gestreckte Batterie meist mit dem Distalende nach rechts gebogen ist. Wie ich oben hervorhob, so kann diese Drehung nur dadurch erfolgen, dass die rechte Schleifenhälfte bei ihrer kräftigeren Ausbildung auch einen entsprechend stärkeren Zug ausübt. Endlich müsste, wenn das Angelband einen Druck nach Art einer comprimirten Spiralfeder ausübte, die Umstülpung des Nesselknopfes gerade entgegengesetzt nach der Dorsalseite hin erfolgen. Wenn ich dem noch hinzufüge, dass an dem lebenden Nesselknopf, dessen Angelband sehr leicht sich abheben lässt, nie ein Lockern der Serpentinwindungen zur Beobachtung gelangt, so darf ich es wohl für ausgeschlossen halten, dass eine Druckwirkung ausgeübt wird. Wohl aber ist es der stetige von elastischen Kräften ausgeübte Zug, welcher zur Invagination des Nesselknopfes Veranlassung giebt. Wie wäre es sonst erklärlich, dass das Angelband bei der Reduktion des Nesselknopfes auf die Hälfte seiner ursprünglichen Länge in engere Serpentinwindungen sich legend, ebenfalls einen entsprechend kürzeren Weg durchmisst?

d. Struktur des ausgebildeten Nesselknopfes.
Taf. IV und VI.

Die Form des ausgebildeten Nesselknopfes der Diphyiden kann erst aus seiner Entwicklungsgeschichte verstanden werden. Die schleifenförmige Biegung der Batterie, die Lagerung des Angelbandes, der Mangel eines Gefässlumens — das Alles sind Strukturverhältnisse, welche unverständlich bleiben würden, wenn nicht der eben geschilderte Invaginationsprozess Aufklärung gäbe. Indem ich daher an die obige Darstellung anknüpfe, so erwähne ich, dass die Nesselknöpfe (Taf. IV Fig. 4) schwach nierenförmig gekrümmt sind mit convexer Dorsalfläche und concaver Ventralfläche. Die Krümmung ist bald mehr, bald weniger ausgeprägt als in Fig. 4; gelegentlich ist die Ventralseite horizontal gestreckt. Die Länge des Nesselknopfes beträgt durchschnittlich 0,8 mm bei einer Breite von 0,28 mm.

Der Stiel (p. t.) ist an seinem distalen Ende bei der Contraction geknäuelt und liegt dem Nesselknopfe resp. der Batterie an jener Stelle auf, welche ursprünglich die Mitte der Dorsalfläche des gestreckten Knopfes bildete. Die Stützlamelle (lam.) des Stieles ist ziemlich kräftig und springt bei der Contraktion in zahlreichen Falten zwischen die Muskelblätter vor. Bei der Streckung glätten sich die Falten aus; dann lässt sich auch nachweisen, dass die Längsmuskelfasern in sehr lang gezogenen Spiraltouren der Stützlamelle aufliegen. Wird der Stiel kräftig contrahirt, so springt die Ektodermbekleidung in zahlreichen Runzeln vor.

Die vier Gerüstzellen (tect.) erreichen eine Länge von 0,8 mm. Im Verhältnis zu allen übrigen Elementen des Nesselknopfes sind das ganz erstaunliche Dimensionen, welche wohl die Bezeichnung „Riesenzellen" rechtfertigen dürfen. Mit Ausnahme langgestreckter Muskelfasern und thierischer Eier sind überhaupt Zellen von nahezu einem Millimeter Länge nur selten im Verlande der übrigen Gewebe zu beobachten. Ich werde übrigens späterhin noch Gelegenheit nehmen, auf Gerüstzellen von noch ansehnlicheren Dimensionen bei anderen Siphonophorenarten aufmerksam zu machen. Die beiden ventralen Gerüstzellen liegen wie die Klingen eines Taschenmessers eingeklappt zwischen den beiden dorsalen (Fig. 5). Ihre Kernreste waren schwierig nachzuweisen, doch konnte ich sie stets bei den ventralen Zellen an dem Innenrande in der Höhe der zweiten bis vierten grossen stabförmigen Nesselkapsel auffinden.

Die Struktur des Nesselbandes (t. n.) oder der Batterie mit den aufliegenden Gewebe-Elementen ist complicirter, als man früher annahm. Was zunächst die Nesselzellen selbst anbelangt, so sind sie in 7 Längsreihen angeordnet. Die Nesselkapseln alterniren mit jenen der nebenliegenden Reihe (Taf. VI Fig. 8). Sie sind einem Komma ähnlich gestaltet, durchschnittlich 0,045 mm lang und an dem nach Aussen gerichteten Entladungspol (x) etwas breiter, als an dem gegenüber liegenden (Taf. VI Fig. 10). Die langgezogenen, wie geschwänzt erscheinenden Kerne der Nesselzellen (k.) liegen stets an dem nach Innen gerichteten schmäleren Pole. Bemerkenswerth ist der Umstand, dass den Nesselzellen der Batterie Muskelstiele und Cnidocils völlig abgehen.

Ueber die Batterie in ihrer ganzen Ausdehnung zieht sich eine hyaline gefensterte Lamelle (m. Et.) Dieselbe ist derart gefaltet, dass sie die Kuppe des Entladungspoles eines jeden einzelnen Nesselkapsel haubenartig überdacht (Fig. 10. 8) und zwischen den einzelnen Kapseln sich einsenkt. Schon an den jugendlichen Batterien ist sie als eine gitterartig durchbrochene Lamelle nachweisbar, welche aus vier hyalinen Längsstreifen besteht, die regelmässig durch Querbrücken verbunden sind. So entstehen Querreihen von je fünf rundlichen, aber nicht genau gleich grossen Oeffnungen (Taf. V Fig. 16). Da die kreisförmigen Oeffnungen des Aussenrandes nur selten geschlossen sind, so erscheint derselbe gezähnelt. In den Fensteröffnungen liegen unregelmässig contourirte blasse und fein granulirte Kerne (Fig. 15). Manchmal gelingt es bei der Maceration die hyaline Zwischensubstanz so abzuheben, dass die zu je 5 in Querreihen gestellten Kerne allein auf dem gequollenen Nesselbande liegen bleiben. Offenbar geht die Lamelle aus fünf Längsreihen von Zellen hervor, deren Plasma verschmilzt und hyalin wird, während die Kerne intact bleiben.

Der einzige Beobachter, welcher eine Andeutung der gefensterten Membran gesehen hat, ist Claus.[1] Er spricht von drei zickzackförmig gebogenen Längsbändern, welche über das Nesselband von Praya hinweglaufen und durch Querbrücken mit einander verbunden sind.

Quer über der gefensterten Lamelle liegen sonderbar gestaltete Zellen, welche kein Beobachter bis jetzt bemerkt hat. Ich nenne sie die Bogenzellen (arc.) des Nesselbandes (Taf. VI Fig. 8 und 9). Sie sind bogenförmig gestaltet und regelmässig wie die Sprossen einer Leiter senkrecht zu der Längsrichtung des nach Aussen convex gekrümmten Nesselbandes angeordnet. Ihre Zahl entspricht der Anzahl von Nesselkapseln, die in einer Längsreihe sich vorfinden. Die Contouren sind unregelmässig; die ganze Zelle erscheint fast wie angenagt. Gewöhnlich sind ihre Enden nach Art eines Stempels verbreitert. Die ovalen Kerne liegen meist in der Mitte, selten seitlich. Offenbar wird der eigenthümliche Habitus der Bogenzellen dadurch bedingt, dass sie der hyalinen Lamelle sich fest anschmiegen und die Furchen ausfüllen, welche durch die Faltungen des letzteren bedingt werden.

Ueber ihre Funktion vermag ich nur Vermuthungen aufzustellen. Ihre regelmässige Anordnung nach Art von Halbreifen deutet vielleicht darauf hin, dass sie die offenbar in starkem Turgor befindliche Batterie zusammenhalten und ein vorzeitiges Sprengen verhüten.

Die Aussenseite des Nesselbandes wird in ihrer ganzen Ausdehnung von einem Drüsenepithel (gl.) bedeckt. Korotneff[2] beschreibt ein solches von den Nesselknöpfen der

[1] C. Claus. Ueber Physophora hydrostatica. Zeitschr. f. wiss. Zool. Bd. 10. 1860. p. 320.

[2] Korotneff. Zur Histologie der Siphonophoren. Mitth. Zool. Stat. Neapel Bd. 5. 1884 p. 257.

Physophoriden (Halistemma), während er den Calycophoriden (Hippopodius) ein einfaches flimmerndes Plattenepithel vindicirt (l. c. p. 262 Taf. 17 Fig. 71). Auf die Flimmerung der Dorsalseite des Nesselknopfes hat übrigens bereits Leuckart aufmerksam gemacht.[1]

Was nun speziell die Drüsenschichte der Nesselknöpfe von Stephanophyes anbelangt, so repräsentirt sie eine Lage, welche — seitlich von den Gerüstzellen begrenzt — die Dorsalfläche des Nesselbandes in seiner ganzen Ausdehnung bedeckt. Das Drüsensekret ist in Gestalt zahlreicher würfelförmiger oder unregelmässig begrenzter, lichtbrechender Ballen entwickelt (Taf. VI Fig. 8 und 10). Dieselben sind ziemlich deutlich in Querreihen angeordnet. Zellgrenzen konnte ich nicht nachweisen, wohl aber waren in regelmässigen Abständen an den Rändern der Drüsenschicht ovale Zellkerne (k.) nachweisbar (Fig. 8 k.). Die Drüsenlage bildet sich schon an den jungen Nesselknöpfen, wie sie auf Taf. V Fig. 8 und 9 dargestellt sind. Man nimmt an der Drüsenlage der letzteren (Taf. VI Fig. 11) randständige Zellkerne wahr und sieht, dass schon frühzeitig das gegen die Medianlinie ausstrahlende Zellplasma die lichtbrechenden Drüsenballen differenzirt. Letztere waren an den conservirten Nesselknöpfen braungelb gefärbt.

Die grossen stabförmigen Nesselzellen (cn, pa.), welche der Innenseite der proximalen beiden Gerüstzellen anliegen, sind durchschnittlich 0,1 mm lang. Wie oben hervorgehoben wurde, so kommen sie bei Stephanophyes in ungewöhnlich grosser Zahl, nämlich zu 22 jederseits, vor. Von der Invagination des Proximaltheiles werden sie insgesammt in Mitleidenschaft gezogen, so dass die ursprünglich proximal am Stielende gelegenen Kapseln späterhin distal an die Insertion des Endfadens verschoben werden. Hierbei schmiegen sie sich den Gerüstzellen so dicht an, dass deren Innenseite cannelirt erscheint. Wiederum vermisst man an ihnen — ebenso wie an den kommaförmigen Batteriekapseln — sowohl die Cnidocils, als auch die Muskelstiele. Die Kerne liegen den Kapseln seitlich an (Taf. V Fig. 21.) Ein Entwicklungsstadium derselben habe ich auf Taf. V Fig. 12 dargestellt, welches den intensiv sich färbenden Nematoblasten (nbl.) — die Anlage des Nesselfadens —, die ungefärbt bleibende hyaline Sekretmasse (se), welche wesentlich die Kapselwand bildet, und den platten Kern (k.) zeigt. Da ich noch späterhin Gelegenheit nehmen werde, die Entwicklung der Nesselkapseln ausführlicher zu schildern, so weise ich nur darauf hin, dass die irrige Angabe von Jickeli[2] und Nussbaum[3] über eine Anlage des Fadens ausserhalb

[1] R. Leuckart, Zool. Unters. 1853 p. 21.
[2] C. Jickeli, Der Bau der Hydroidpolypen Morph. Jahrb. Bd. 8 p. 249.
[3] M. Nussbaum, Ueber die Theilbarkeit der lebendigen Materie. II. Hydra Arch. f. mikrosk. Anat. Bd. 29 p. 301.

der Kapsel und über eine nachträgliche Einstülpung in dieselbe schon von Bedot[1] der den Vorgang im Wesentlichen richtig darstellte, und neuerdings von C. Schneider[2] zurückgewiesen wurde. Die Anlage des Nematoblasten innerhalb der Kapsel tritt übrigens auch an den Querschnitten durch die Batteriezellen (Taf. V Fig. 20 und 21) deutlich hervor. Der ausgeschnellte Nesselfaden (Taf. VI Fig. 15) ist an seinem unteren Theil breit und von einem spiral verlaufenden Band äusserst feiner Härchen umsäumt.

Ueber das elastische Angelband habe ich den obigen ausführlichen Darlegungen nur wenig hinzuzufügen. In Folge des Invaginations-Vorganges hat es nur den halben Weg zu durchlaufen und so lagern sich die Serpentinwindungen enger aneinander. Die rechte, stark lichtbrechende Hälfte färbt sich intensiv mit Karmin, während die linke Schleifenhälfte kaum den Farbstoff annimmt und deshalb leicht übersehen werden kann. Zudem sind ihre Windungen auffällig viel schmäler als diejenigen der rechten Hälfte (Taf. IV Fig. 5 und 6. Der Uebergang des Angelbandes in die Stützlamelle des Stieles ist mit aller Schärfe zu erkennen; auch sind die Kerne des veröldeten Gefässes (ca. längs der Innenseite (namentlich der linken Schleifenhälfte) noch nachweisbar. Durch die Invagination wird das Angelband völlig aus seiner ursprünglichen Lage abgedrängt bis auf den distalen Abschnitt, wo beide Schleifenhälften ineinander übergehen. Dieser haftet in Folge dessen sehr fest an dem distalen Ende der Batterie — ein Umstand, welchen wir bei Erörterung des Entladungs-mechanismus noch ausreichend zu würdigen haben.

Aus der Natur der Sache geht hervor, dass das Angelband mit den Kapseln der Batterie in keinem Zusammenhang stehen kann. Sämmtliche älteren Beobachter geben denn auch ausdrücklich an, dass keine Nesselkapseln an demselben befestigt sind. Um so mehr bin ich erstaunt, dass der einzige Beobachter, welcher mit allen Mitteln der modernen Technik die Batterieen studirte, gegentheiliger Ansicht ist. Nach Korotneff[3] sind nicht nur die grossen stabförmigen Kapseln, sondern auch die Batteriekapseln an dem Angelbande durch Muskelstiele befestigt. Auf diese Beobachtung hin gelangt er zu einer Auffassung des ganzen Nesselknopfes, welche in direktem Widerspruch zu allen meinen Angaben steht. Zunächst wird eine nahe Verwandtschaft zwischen dem elastischen Bande und einer Muskelfibrille statuirt (l. c. p. 267), weiterhin wird der Nesselknopf, an dem freilich das obliterirte Gefäss übersehen wurde, als aus einem grosslasigen Gewebe von Entodermzellen bestehend geschildert

[1] M. Bedot. Recherches sur les cellules urticantes. Recueil Zoolog. Suisse Bd. 4 1888 p. 51 und 56.
[2] K. C. Schneider. Histologie von Hydra fusca. Arch. f. Mikrosk. Anat. Bd. 35 p. 345.
[3] Korotneff. Zur Histologie der Siphonophoren p. 263. Taf. 17 Fig. 52.

‹p. 202› und endlich neigt Korotneff sich der Auffassung zu, dass sogar die an dem Angelband befestigten Nesselkapseln entodermaler Natur seien. Da bliebe dann von ektodermalen
Bildungen am Nesselknopf, wie auch thatsächlich angenommen wird ‹p. 205›, weiter nichts
übrig, als das Drüsenepithel und der Endfaden! Caramba!

Als ein charakteristisches Merkmal für die Nesselkapseln der Batterie und für die
grossen stabförmigen Kapseln wurde der Mangel von Muskelstielen und Cnidocils hervorgehoben. Ganz anders verhalten sich in dieser Hinsicht die birnförmigen Nesselkapseln (cn. py.), welche an dem Distaltheile des Nesselknopfes auftreten. Sie sondern
sich in mehrere Gruppen (Taf. IV Fig. 4) und zwar zunächst in eine ventrale Gruppe (cn. py'.),
in eine linke und rechte Partie (cn. py.''') und endlich in den distalen längs der Dorsalseite
des Nesselbandes gruppirten Haufen (cn. py.''). An allen diesen birnförmigen Kapseln sind
vogelschnabelartig gekrümmte Cnidocils und theilweise auffällig lange Muskelstiele entwickelt.
Fig. 13 auf Taf. VI stellt eine laterale Gruppe der birnförmigen Kapseln mit ihren geradezu
monströs langen Muskelstielen (mn.) dar. Die Kerne der Nesselzellen liegen den Kapseln
dicht angeschmiegt an; die contraktile Substanz breitet sich um den Kern und um die Kapsel
becherförmig aus. Die Stiele benachbarter Kapseln vereinigen sich zu stärkeren Muskel-
bändern, die an der hyalinen gefensterten Lamelle, welche über der Batterie liegt, sich
inseriren. An das distale Ende der Batterie und zwar wiederum speciell an die letzten
Ausläufer der gefensterten Lamelle treten auch die beiden Längsmuskelbänder des Endfadens
heran.

Ich muss allerdings gestehen, dass an den conservirten nierenförmigen Nesselknöpfen die
Anheftung der Muskelstiele an die gefensterte Lamelle bei Weitem nicht so klar angedeutet
ist, wie an den noch zu schildernden sichelförmigen Nesselknöpfen.

Seitdem ich meine Beobachtungen über die Querstreifung der Muskelstiele an den Nesselzellen von Physalia publicirte[1], ist wohl ziemlich allgemein die Auffassung zur Annahme
gelangt, dass die stielförmigen Fortsätze der Nesselzellen nicht nur contraktiler Natur sind,
sondern dass sie auch für die Entladung der Kapsel von Bedeutung erscheinen. Es wäre
indessen verfehlt, jeder Nesselzelle musculöse Elemente zuerkennen zu wollen; die obigen
Mittheilungen über den Mangel derartiger contraktiler Ausläufer an den übrigen Kapseln der
Batterie und des Nesselknopfes mahnen vor Verallgemeinerungen.

[1] Chun. Die Natur und Wirkungsweise der Nesselzellen bei Coelenteraten Zool. Anz. 1881 No. 99.
und: Humboldt Bd. 1 Heft 2.

Auch Korotneff schliesst sich meiner Auffassung über die Natur der Stiele an den Nesselzellen an, indem er, wie ich gern hervorhebe, ziemlich zutreffend die langen Muskelstiele der birnförmigen Nesselzellen bei einer Praya-Art darstellt.[1]

Unter allen histologischen Angaben des genannten Beobachters war eine mir von vornherein sehr plausibel: die Beobachtung nämlich, dass in der Nähe der birnförmigen Nesselkapseln eine grosse Ganglienzelle gelegen sei, welche mit ihren Ausläufern die Muskelstiele innervirt. Verdächtig ist allerdings seine Angabe, dass gerade der stärkste Zweig dieser Ganglienzelle an das Angelband herantrete, dort mit einer leichten Anschwellung endige und es demgemäss demselben Impulse wie den Muskelstielen unterwerfe.

Ich habe mich leider vergeblich bemüht bei Stephanophyes eine derartige Ganglienzelle nachzuweisen, möchte aber das Vorkommen nervöser Elemente — wenn auch nicht gerade an der von Korotneff beschriebenen Stelle — nicht in Abrede stellen. Das um so weniger, als ich späterhin noch auf Nervenstränge an den Nesselknöpfen von Physophoriden aufmerksam machen werde. Unter letzteren sind es namentlich die jezerdlichen Nesselknöpfe von Agalma rubrum Vogt, welche auf der Dorsalseite einen Nervenstrang erkennen lassen, der distal starke Seitenzweige abgibt und vor dem Endknopf in eine grosse verästelte Ganglienzelle mit mehreren Kernen ausläuft.

Was speziell Stephanophyes anbelangt, so brauche ich kaum zu betonen, wie fühlbar sich der Mangel frischen Materiales geltend machte, an dem sich über diese Verhältnisse hätte Aufschluss gewinnen lassen. An den conservirten Nesselknöpfen fand ich in der Region der birnförmigen Zellen ein faseriges Maschenwerk (Taf. VI Fig. 13 f), allein an eine nervöse Natur desselben war nicht zu denken. Diese Maschen scheinen von elastischen Fasern gebildet zu werden, wie sie allerdings für die durch die Invagination stark gedehnte und dünne Membran zwischen den Muskelstielen nicht ohne Bedeutung sein dürften. An dem distalen Ende der Batterie war allerdings ein nicht scharf umschriebener Complex fein granulirten Protoplasma's wahrnehmbar.

Was schliesslich den feineren Bau des Endfadens (f. t.) anbelangt, so gelingt es nur an völlig gestreckten Partien desselben genügenden Aufschluss zu erhalten. Von dem Gefässkanale ist kein Rest mehr nachweisbar, dagegen treten deutlich zwei lange Muskelfasern hervor, welche ihn der ganzen Länge nach durchziehen (Taf. VI Fig. 14). An ihnen alteriren regelmässig Nesselkapeln von zweierlei Gestalt; kleine stabförmige Kapeln (en'), und birn-

---

[1] Korotneff. Zur Histologie der Siphonophoren p. 264 Taf. 18 Fig. 86.

förmige (ca. μγ.). Die letzteren sind an langen Muskelstielen befestigt, welche alternirend von der linken und rechten Muskelfaser entspringen. Zwischen ihnen sitzen paarweise vereint die stabförmigen Kapseln auf kurzen, polsterartigen Muskelstielen. Der Entladungspol ist proximal (gegen die Batterie) gewendet, ihre Insertion am Muskel dagegen distal (gegen den Endknopf). An dem Endknopf, dessen Kuppe nackt bleibt, treten nur birnförmige zu zwei oder drei Kreisen angeordnete Kapseln auf. Die birnförmigen Kapseln gleichen an Grösse (sie messen durchschnittlich 0,02 mm) und Gestalt durchaus jenen, welche am Distalende des Nesselknopfes gelegen sind. Die Kuppe des Endknopfes scheint aus einer einzigen grossen Zelle gebildet zu werden.

An dem ausgebildeten Nesselknopfe treten demnach viererlei Nesselkapseln auf: 1) die kommaförmigen Batteriekapseln von 0,045 mm Länge; 2) die grossen seitlichen stabförmigen Kapseln von 0,12 mm Länge; 3) die langgestielten birnförmigen Kapseln von durchschnittlich 0,02 mm Länge; 4) die kleinen stabförmigen Kapseln des Endfadens von 0,022 mm Länge.

e. Die Entladung des Nesselknopfes.

Auf engen Raum ist in den Nesselknöpfen der Siphonophoren eine formidable Menge von Projektilen zusammengedrängt. Um einen Begriff von deren Wirkung zu erhalten, mögen folgende, dem nierenförmigen Nesselknopf von Stephanophyes entlehnte Ziffern hier angegeben sein.

In der Batterie (dem Nesselbande) sind durchschnittlich 1000 Nesselkapseln zusammengedrängt. Diese Zahl ist weder zu hoch, noch zu niedrig gegriffen: sie entspricht ziemlich genau dem Mittelwerthe. Zu diesen gesellen sich 44 grosse stabförmige und circa 120 birnförmige Kapseln. An dem Nesselknopfe im engeren Sinne sind also nicht weniger als 1164 Projektile zusammengedrängt. Zu ihnen gesellen sich noch die Kapseln des Endfadens. Die Zählung derselben ist ausserordentlich erschwert, weil es fast nie gelingt, ihn in ganzer Ausdehnung gestreckt zu conserviren. Stets sind Partieen desselben so eng geknäuelt, dass ein Gewirr bunt durcheinander gewürfelter Kapseln vorliegt. Nach ungefähren Schätzungen greife ich eher zu niedrig, wenn ich die Zahl seiner Kapseln auf 500 veranschlage.

Etwa 1700 Nesselkapseln von viererlei Gestalt, wie sie in einem einzigen Nesselknopfe vereint sind, erzeugen eine Wirkung, welche nicht nur kleineren, sondern auch mittelgrossen pelagischen Organismen verhängnissvoll wird. Es fragt sich nun, in welcher Weise die einzelnen Gruppen von Nesselkapseln in Aktion gesetzt werden und wie es ermöglicht wird, dass die betäubte Beute auch sicher dem Magenschlauche zugeführt wird.

Da ist zunächst hervorzuheben, dass gerade die am kräftigsten wirkenden Kapseln, nämlich die 44 stabförmigen und die kommaförmigen der Batterie, nur passiv durch einen von Aussen kommenden Druck entladen werden können. Ihnen fehlen ja die Muskelstiele und contractilen Hüllen. Anders liegen dagegen die Verhältnisse bei den birnförmigen Nesselkapseln und bei jenen, welche an dem Endfaden sich inseriren. Sie sind mit contractilen Elementen ausgestattet, welche aktiv durch Druck eine Entladung herbeiführen.

Wenn auch diese Thatsachen den früheren Beobachtern unbekannt geblieben sind, so neigen sie doch insgesammt der Auffassung zu, dass nur durch ein Zerreissen der Batterie eine Entladung erfolgen kann. In richtiger Würdigung dieser Thatsache schreiben sie dann dem Angelband die Funktion zu, entweder aktiv ein Zerreissen zu bewerkstelligen oder passiv den Zusammenhang des betäubten Beutethieres mit dem Tentakel zu wahren. Dass die Beurtheilung der Funktion des Angelbandes verschieden ausfallen muss, je nachdem dasselbe als muskulös oder als elastisch betrachtet wird, liegt auf der Hand.

Der erste Forscher, welcher sich ausführlicher über den Entladungsmechanismus der Nesselknöpfe von Calycophoriden in einer für den damaligen Stand der Kenntnisse durchaus zutreffenden Weise auslässt, ist Leuckart[1]. Ich gebe seine auf die Nesselknöpfe von Abyla bezüglichen Ausführungen zum Theil wörtlich wieder.

„Hat sich der Endfaden des Nesselknopfes irgendwo befestigt, und bekanntlich geschieht das so leicht, dass man sich fast versucht fühlt, den Faden für klebrig zu halten, so zerreisst der Stiel des Nesselknopfes, sei es nun durch eine Bewegung des Fangfadens oder der festgehaltenen Beute, bis auf das Band. Durch Hülfe dieses Muskelbandes bleibt der Nesselknopf mit der Colonie auch noch dann in Verbindung, wenn sich der Gefangene, trotz seiner Bande, vielleicht noch eine Strecke weit entfernen sollte. Die einzige Folge eines solchen Fluchtversuches ist die, dass der Muskelfaden sich allmählich, wie das Seil einer Harpune abrollt; ein Umstand, der für die Beute unserer Siphonophoren um so verhängnissvoller wird, als die Nesselzellenbatterie dabei zerreisst und ihren Inhalt über den Gefangenen ausstreut. Durch Verkürzung des Fadens kann dann sonder Zweifel die Beute dem Polypen zugeführt werden."

In ganz ähnlicher Weise äussern sich Keferstein und Ehlers[2] über die Entladung. Wenn sie das Angelband mit Recht als einen elastischen Apparat beurtheilen (Leuckart entdeckte ... die anscheinende Querstreifung desselben bei Abyla und hielt es für einen

---

[1] R. Leuckart. Zur näheren Kenntniss der Siphonophoren von Nizza. 1854. p. 49.

[2] Keferstein und Ehlers: Zoologische Beiträge 1861. p. 8 und 12.

Muskels, so bleibt doch der Nutzeffekt derselbe: der Zusammenhang der Beute mit dem Stiele des zerrissenen Nesselknopfes wird gewahrt. Die Abbildungen, welche sie von dem halb zerrissenen Nesselknopfe geben, sind durchaus zutreffend.

Die späteren Beobachter stimmen oft mehr stillschweigend den Ausführungen Leuckarts zu: nur Korotneff versucht Andeutungen über den Entladungsmechanismus zu geben, welche denselben in ganz anderem Lichte erscheinen lassen. Indem er nämlich das Angelband für „eine Reserve der kinetischen Kraft" erklärt (p. 265), glaubt er, dass es als „Extensor" die Zersprengung des Nesselknopfes bedingt. Da nach seinen Angaben die Zellen der Batterie und die grossen stabförmigen Zellen mit Muskelstielen an dem Angelband befestigt sind, so müssten dieselben aktiv durch Muskelkontraktionen entladen werden.

Dass die Angaben Korotneffs mit dem thatsächlichen Verhalten, wie es die älteren Forscher schon richtig darstellten, nicht vereinbar sind, habe ich oben hervorgehoben. Keine Nesselkapsel sitzt dem Angelbande auf; sie dient dasselbe direkt als Extensor zum Zersprengen der Batterie.

Der Entladungsmechanismus kann erst nach einer genauen Einsicht in den histologischen Aufbau des Nesselknopfes völlig verstanden werden. Da ich auf eine Anzahl von Strukturverhältnissen aufmerksam zu machen hatte, welche bisher übersehen wurden, so gestatte ich mir ein Bild von der Wirkung des Nesselknopfes zu geben, welches in engem Anschlusse an die obigen Darstellungen sich hält.

Damit die Batterie in Aktivität treten kann, muss das Beutethier, wie Leuckart zutreffend hervorhebt, mit dem Endfaden in Berührung kommen. Bei der erstaunlichen Dehnbarkeit desselben wird dies in den meisten Fällen ohne Weiteres direkt erfolgen: wenn nicht, so genügt eine Contraktion des Nesselknopfstieles, um den Contakt mit dem Endfaden herzuführen. Hunderte kleiner Nesselkapseln werden auf das im Endfaden verwickelte Opfer entladen. Ist es durch die Projektile des letzteren bereits betäubt, so wird es durch eine Contraktion des Stieles und des gesammten Tentakels dem Magenschlauch überliefert.

Anders dagegen, wenn die Geschosse des Endfadens wirkungslos bleiben. Er contrahirt sich, die Beute kommt mit dem distalen Ende der Batterie in Berührung und als zweite Salve werden die birnförmigen Nesselkapseln durch Contraktion ihrer Muskelstiele entladen. Auch diese mögen die gewünschte Wirkung nicht erzielen: das Opfer macht krampfhafte Fluchtbewegungen und bereitet dadurch die Aktion der Batterie vor. Durch das Zerren am Nesselknopf erfolgt zunächst ein Effekt, den man sich leicht am lebenden Thiere vor Augen führen kann.

Das Angelband reisst von dem Nesselkopf los und bleibt nur mit seinem distalen Ende, da wo linke und rechte Schleifenhälfte ineinander übergehen, mit ihm in fester Verbindung. Da es an seinem proximalen Anfang-theil in die Stützlamelle des Stieles übergeht, so vermittelt es allein den Zusammenhang zwischen Beutethier und Nesselkopf einerseits und dem Stiele andererseits. Auch an conservirten Nesselknöpfen lässt sich leicht durch einen Zug an dem Endfaden der Verband zwischen Nesselkopf und Angelband lösen, wie dies Keferstein u. Ehlers bereits zutreffend abbildeten. Durch die starke Dehnung der ektodermalen Hülle in Folge der oben geschilderten Invagination, durch die Verödung des Gefässes und die Lageverschiebung des Angelbandes ist ein solches Abreissen von dem Nesselknopf leicht erklärlich. Bei seiner Elasticität spielt das Angelband die Rolle eines Accumulators: ein Abreissen der Beute bei energischen Fluchtbewegungen wird verhütet durch das Lockern der Schleifen, welche andererseits bei dem Nachlassen solcher Versuche sich wieder eng aneinander legen. Die freigelegten proximalen Gerüstzellen suchen wieder durch ihre Elasticität die frühere Lage herzustellen, indem sie mit dem zwischenliegenden Abschnitt des Nesselbandes aufklappen. (Vergl. d. nebenstehenden Holzschnitt Fig. 4.)

Fig. 4

Jugendliche Eihüllenlamms in den Endfaden (f. t. des Nesselknopfes verwickelt.

Das elastische Band (el.) ist von dem Nesselkopf losgerissen und hängt nur noch mit dessen Distalende d.) zusammen. Der Nesselknopf (g.) klappt auf. p. t. Stiel des Seitenfadens.

Ruckförmige Fluchtbewegungen werden der Beute von
jetzt an verhängnisvoll. Umwunden von dem Endfaden,
verfangen in die Nesselfäden der birnförmigen Kapseln muss
das Opfer bei jeder Bewegung einen Zug auf das distale
Ende der die Batterie überdachenden gefensterten Lamelle
ausüben. An diese treten ja die langen Muskeln des Endfadens und die Muskelstiele der birnförmigen Nesselkapseln
heran. Ein energischer Ruck und die Lamelle mitsammt
den aufliegenden Bogenzellen und dem Drüsenepithel reisst
von der Batterie ab. Die Entladungspole der dünnwandigen
und offenbar in starkem Turgor befindlichen Batteriekapseln werden freigelegt und nach Art einer Mitrailleuse
wird das Opfer mit Geschossen überschüttet. Dass es bei
dem Abreissen der gefensterten Lamelle nicht ohne einen
starken Druck auf die Nesselkapseln abgeht, der vielleicht
vorwiegend zum Entladen der Nesselfäden führt, ist wohl
erklärlich. Hat die distale Hälfte der Batterie ihre Wirkung noch nicht gethan, reisst die Lamelle auch auf der
proximalen ab, so harren des Opfers noch die vernich-
tendsten Geschosse; die 41 grossen stabförmigen Kapseln
werden frei gelegt und schnellen ihm ihre langen Nesselfäden entgegen. (Holzschnitt Fig. 5.)

Es versteht sich von selbst, dass nicht nur die einzelne Nesselkapsel, sondern auch der ganze Nesselknopf
nach der Entladung nicht zum zweiten Male zu funktioniren vermag. Der ständige Ersatz von Nesselknöpfen an
der Tentakelwurzel deutet auf einen ebenso raschen Ver-

Jugendliche Calanella in den Endfaden (f. t.) des Nesselknopfes
verwickelt.
Durch Fluchtbewegungen des Beutethieres ist die gefensterte Mem-
bran (m. f.) von den Kapseln der Batterie theilweise abgerissen.
Die Nesselkapseln werden entladen und betäuben das Opfer.
Sonstige Bezeichnungen wie in Fig. 4.

Fig. 5.

branch hin. Grössere Beutethiere werden auch von einem Nesselknopfe nicht bewältigt werden, sondern durch die Contraktion des Tentakels mit den Endfäden mehrerer in Berührung kommen müssen, bevor sie betäubt sind.

Die hier gegebenen Darlegungen über die Entladung der Batterieen von Stephanophyes superba gelten mit geringfügigen, aus dem Bau des Nesselknopfes sich ergebenden Modifikationen nicht nur für die Calycophoriden, sondern im Wesentlichen auch für die Physophoriden. Mögen bei ihnen die Nesselknöpfe nackt oder mit complicirten Involukren ausgestattet sein: stets vermittelt das Angelband den Connex mit dem Fangfaden, stets wird der Schlusseffekt durch ein Abreissen der gedemsterten Lamelle von der Batterie bedingt. Auf die Entladung der aberrant gestalteten Nesselbatterieen der Rhizophysen und Physalien, denen bekanntlich Angelbänder und Endfäden fehlen, wird später noch aufmerksam gemacht werden.

10. Die mundlosen Polypoide.

In den Internodien zwischen den Gruppen treten bei Stephanophyes Stammanhänge auf, welche bisher bei keiner Calycophoride zur Beobachtung gelangten. Bleibt man bei der früheren Auffassung stehen, dass alle polypoiden Anhänge des Siphonophorenstockes, welche keine Mundöffnung aufweisen, als Taster zu bezeichnen sind, so haben wir derartige Taster auch Stephanophyes zuzuschreiben. Es ist indessen nicht zu leugnen, dass unter dem Begriff „Taster" Bildungen zusammengefasst werden, welche weder in morphologischer, noch in physiologischer Hinsicht übereinstimmen. Haeckel hat bereits diesem Umstande Rechnung getragen, indem er von den Tastern (Palpacten) im engeren Sinne die „Afterblasen oder Cystonen" mit einem der Mundöffnung homologen Excretionsporus abzweigte. Es lässt sich indessen nicht leugnen, dass dann immer noch polypoide mundlose Anhänge unter einem Namen zusammengefasst werden, welche in Bau und Funktion auseinander gehen: einerseits nämlich dünnwandige Schläuche mit kräftig entwickelter Muskulatur, andererseits dickwandige polypoide Gebilde mit auffällig schwach entwickelter Muskulatur. Erstere bewegen sich ständig wurmförmig und prüfen tastend die Qualität des umgebenden Mediums, letztere sind fast unbeweglich und entschieden nicht mit Tastfunktionen betraut. Ihr Ektoderm ist im Gegensatz zu jenem der eigentlichen Tasterpolypen mehrschichtig und hauptsächlich aus einem dicken Belag von unentwickelten Nesselzellen aufgebaut. Derartige polypoide Anhänge sind besonders typisch für die Physalien, bei denen sie an der Basis der kleinen und grossen Senkfäden auftreten: sie sind es aber auch, welche gerade für Stephanophyes superba als Träger der Fangfäden mit den heteromorphen sichelförmigen Nesselknöpfen charakteristisch sind (Taf. VI Fig. 1 pa.). Ob es nun gerechtfertigt ist, die dickwandigen mundlosen polypoiden

Anhänge von den Tastern im engeren Sinne zu scheiden, müssen weitere Untersuchungen lehren. Bevor es noch nicht mit Sicherheit entschieden ist, ob Zwischenformen zwischen den dünnwandigen und dickwandigen Tastern vorkommen, gebrauche ich für die letzteren den indifferenten Ausdruck „mundlose Polypoide" und wende den Namen „Taster" nur für jene Polypoide an, denen zweifellos Sinneswahrnehmungen zukommen. Wenn ich mir ein Urtheil über die Funktion der dickwandigen mundlosen Polypoide erlauben darf, so ist zunächst in Betracht zu ziehen, dass sie sowohl bei Physalia wie bei Stephanophyes Träger von Senkfäden mit Nesselbatterieen sind. Da die Senkfäden von einem Gefäss durchzogen sind, so dürfte bei der Contraktion die in dem Senkfäden circulirende Flüssigkeit in das Polypoid gepresst werden. Letzteres würde demgemäss als Sammelreservoir dienen. Da es zudem durch Klappenvorrichtungen gegen den gemeinsamen Gastrovaskularraum abgeschlossen werden kann, so strömt bei dem Strecken des Senkfädens die Flüssigkeit aus dem stark geschwollenen Polypoid wieder in den ersteren.

Was nun die polypoiden Anhänge von Stephanophyes anbelangt, so repräsentiren sie eiförmige, gestielte und einen halben Millimeter lange Gebilde, welche bald einzeln, bald zu zweien, selten zu dreien an einem gemeinsamen Stiele (p. pa.) vereint in den Internodien sitzen. Ihr Ektodermbelag von 0,1 mm Dicke wird von einem Polster kleiner Zellen gebildet, von denen die peripher gelegenen Nematoblasten ausscheiden. Da dieses Nesselpolster auch den freien Pol bedeckt, so dürfte das Polypoid nur dem Basalmagen der Magenschläuche homolog sein, der ja eine ganz ähnliche Struktur aufweist. Der Gefässkanal ist blind geschlossen und wird in gewohnter Weise von einem einschichtigen Entoderm ausgekleidet, welches nicht in Falten gegen das Lumen vorspringt. An der Grenze zwischen Stiel und Polypoid entspringt ein delikaterer Fangfaden mit den eigenartigen, heteromorphen Nesselknöpfen.

11. Die primären eichelförmigen Nesselknöpfe.

a. Bau der Nesselknöpfe.
Taf. VI.

An den Tentakeln jugendlicher Magenschläuche und an den Senkfäden der mundlosen Polypoide sitzen Nesselknöpfe (n. u. pr.), welche durchaus verschieden sind von den oben geschilderten nierenförmigen Nesselknöpfen. Ich bezeichne sie als primäre Nesselknöpfe, weil sie an den Tentakeln der Magenschläuche späterhin schwinden und durch heteromorphe sekundäre verdrängt werden. Ein derartiger Wechsel von Nesselknöpfen kommt den Tentakeln der Polypoide nicht zu. Da keine Calycophoride bekannt ist, bei welcher heteromorphe Nesselknöpfe resp. ein Ersatz larvaler Nesselknöpfe durch die definitiven heteromorphen stattfindet, so verlohnt es sich wohl der Mühe, auch den primären Bildungen eine eingehendere Besprechung zu widmen. Um indessen Wiederholungen zu vermeiden, so verweise ich bezüglich mancher feinerer Strukturverhältnisse auf die obigen Darlegungen über die sekundären Nesselknöpfe.

Die erste Anlage der primären Nesselknöpfe erfolgt an der verdickten Dorsalseite der Tentakelwurzel. Sie wölben sich als kurze Knospen hervor und lassen frühzeitig die oben bereits genügend charakterisirten vier Gerüstzellen erkennen. Der jugendliche Nesselknopf verlängert sich, indem er gleichzeitig bohnenförmige Gestalt annimmt. In auffälligem Gegensatz zu den Nesselknöpfen der Calycophoriden wird nie ein Endfaden angelegt, während gleichzeitig auch der Stiel (p. t.) kaum angedeutet erscheint (Taf. VI Fig. 5 und 6). Die Sonderung der zwischen den Gerüstzellen gelegenen Ektodermschichten in die Batteriezellen, in die gefensterte Membran, Bogenzellen und Drüsenzellen findet frühzeitig statt; auch treten an dem distalen, gegen den Fangfaden sich krümmenden Ende die Anlagen von 21 birnförmigen Nesselkapseln auf, welche den mit Muskelstielen versehenen birnförmigen Kapseln der sekundären Nesselknöpfe homolog sind (Taf. VI Fig. 5 cn. py.).

Bei der weiteren Entwicklung des Nesselknopfes treten wesentliche Differenzen im Vergleiche zu der Ausbildung der sekundären Knöpfe hervor. Während letztere sich nämlich in die Länge strecken, so erfolgt bei ersteren eine Ausdehnung in dorsaler Richtung. Eingeleitet wird dieselbe durch ein Abrücken des Proximaltheiles der Batterie von dem kurzen Gefässaste, wie es bereits auf Fig. 5 angedeutet ist. Das Gefäss (e. t.) selbst bleibt zeitlebens auffällig kurz und beruht lediglich den Distaltheil der Batterie. Bei mangelnder Längsstreckung und gleichzeitigem Höhenwachsthum in dorsaler Richtung kommt schliesslich die charakteristische sichelförmige Gestalt des ausgebildeten Nesselknopfes zu Stande, wie sie auf Taf. IV Fig. 7 und 8 dargestellt ist.

Typisch für den ausgebildeten primären Nesselknopf sind im Gegensatz zu den sekundären folgende Merkmale: die Streckung in dorsoventraler Richtung bei gleichzeitiger Verkürzung der Längsachse, der Mangel eines Endfadens, die auffällige Kürze des Stieles und des Gefässes und das Fehlen des elastischen Angelbandes. Man sieht ein, dass hier ein Construktionsprincip vorliegt, welches in jeder Hinsicht Differenzen von dem Bau der bisher bekannten Calycophoridennesselknöpfe bedingt.

Um noch im Detail die bisherigen Angaben zu erweitern, so sei erwähnt, dass dem kurzen und stämmigen Stiele der Nesselknopf in aufrechter Stellung aufsitzt (Taf. IV Fig. 7). Der kurze, fast dreieckig gestaltete Gefässast (Taf. VI Fig. 2—4 je. t.) reicht knapp bis an das distale Ende der Batterie heran; er verödet nicht an dem ausgebildeten Nesselknopfe

Die Nesselbatterie (t. n.) besteht an ihrem distalen Abschnitt aus 7 Längsreihen schwach sichelförmig gebogener Nesselzellen. An ihrem Proximaltheil verbreitert sie sich zu einer oblongen Platte dadurch, dass sich weitere Längsreihen von Nesselzellen hinzugesellen (Taf. IV Fig. 7 und 8 t. n'.)

Ein besonderes Interesse nehmen die 24 birnförmigen Nesselzellen (rn. py.) in Anspruch, welche den Distalabschnitt des Nesselknopfes in einem Halbkreis angeordnet umsäumen. Ich habe sie auf Taf. VI von vorne (Fig. 2), von der Seite (Fig. 3) und von unten gesehen (Fig. 4) dargestellt. Die Nesselkapseln messen 0,018—0,02 mm und sind an dem Entladungspole verschmälert. Sie werden von Nesselzellen erzeugt, welche in kräftige Muskelstiele auslaufen. Meist entspringt von jeder Zelle nur ein Stiel, welcher mit den Stielen benachbarter Zellen sich vereinigend an die letzten Ausläufer der die Batterie überbrückenden gefensterten Membran herantritt. Gelegentlich trifft man auf Zellen, von welchen zwei oder auch drei Stiele abgehen (Fig. 2 enbl'). Die gefensterte Membran gibt an ihrem distalen Ende zwei grosse seitliche Brücken ab (Fig. 2 und 3 pons), an welche die Muskelstielbündel der seitlich und proximal gelegenen Nesselzellen herantreten.

Von geradezu monströser Grösse im Verhältniss zu den Kapseln sind die schnabelförmig gebogenen Cnidocils (cn. c.). Bei ihrer derben Gestaltung machen sie durchaus den Eindruck von Widerhaken. Die längsten Cnidocils findet man an den seitlichen proximalen Nesselzellen (Fig. 3 und 4 cn. c.); sie messen 0,082 mm und übertreffen demgemäss die Nesselkapsel um mehr als ein Drittel an Länge.

b. Entladung der Nesselknöpfe nebst Bemerkungen über die Natur der Nesselzellen.

Die ungewöhnlich kräftige Ausbildung der Cnidocils an den primären Nesselknöpfen steht ganz entschieden in Correlation mit dem Mangel eines Endfadens. Letzterer ist es ja, welcher in erster Linie ein Verfangen der Beute einleitet. Ich kann mich nun des Eindruckes nicht erwehren, als ob die kräftigen Widerhaken bei gleichzeitigem Mangel eines Endfadens einer analogen Funktion vorständen.

In ihnen wird das Beutethier sich festhaken und gleichzeitig durch seine Fluchtbewegungen einen so energischen Reiz auf die unterliegenden birnförmigen Kapseln ausüben, dass dieselben durch Contraktion ihrer Muskelstiele entladen werden. Ist es dann noch nicht betäubt, zerrt es an den Widerhaken, so erfolgt ein Abreissen der gefensterten Membran und eine Entladung der Batterie.

Freilich ist bei einer derartigen Auffassung zu berücksichtigen, dass sie lediglich auf einen speziellen Fall hin geäussert wird und dass mit ihr durchaus nicht die Vorstellung verbunden sein soll, als ob sämmtlichen Cnidocils eine derartige mechanische Rolle zukomme. Ich halte vielmehr immer noch an meiner früher[1] geäusserten Anschauung fest, dass in der überwiegenden Mehrzahl der Fälle die Cnidocils als Sinneshaare funktioniren, welche einen sie treffenden Reiz dem Plasma der Nesselzelle übermitteln. Die einfache Folge ist eine Contraktion der die Nesselkapsel umhüllenden contraktilen Substanz, welche zur Entladung der Nesselkapsel hinführt. Denkt man sich nun die Muskelstiele der Nesselzellen durch nervöse Apparate verbunden — ich bemerke, dass ich prächtig verästelte Ganglienzellen sowohl bei Velellen, wie bei Physalien aufgefunden habe — so ist die Vorstellung nicht von der Hand zu weisen, dass die Berührung auch nur eines Cnidocils genügen kann, um eine ganze Nesselbatterie resp. Gruppen benachbarter Nesselzellen in Aktivität zu versetzen.

Bei einer derartigen Auffassung sind freilich Cnidocils nur dann denkbar, wenn gleichzeitig contraktile Substanz von der Nesselzelle ausgeschieden wird. Thatsächlich fehlen denn auch Cnidocils in allen jenen Fällen, wo die Nesselzellen als Nesselpolster Verwerthung finden oder wo die Entladung nur passiv durch einen von Aussen wirkenden Druck bewerkstelligt wird. Ein solcher ist es ja, welcher nach den obigen Darlegungen zur Entladung der Nesselbatteriezellen und der grossen stabförmigen seitlichen Nesselkapseln Veranlassung giebt. **Der Mangel contraktiler Substanz an den Nesselzellen des Nesselbandes und an den grossen stabförmigen Nesselzellen steht in Causalnexus mit dem Fehlen von Cnidocils an ebendenselben Nesselorganen.** Würden die Cnidocils rein mechanisch als Schlagbolzen wirken, die durch einen von dem Beutethier ausgeübten Druck die Entladung der Kapsel bewerkstelligen, so wäre es immerhin schwer verständlich, dass sie gerade den wirksamsten Projektilen des Nesselknopfes fehlen sollten.

Die ansprechende Vorstellung von F. E. Schulze,[2] in dem auf die Cnidocils ausgeübten Druck den ersten Anstoss zur Entladung der darunter gelegenen Kapseln zu vermuthen, war so lange durchaus berechtigt, als die Muskelstiele der Nesselzellen entweder noch unbeachtet blieben oder verschiedenartig beurtheilt wurden. Erst nachdem ich nachweisen konnte, dass die contraktile Substanz an den Nesselzellen der Physalien quergestreift

---

[1] C. Chun. Die Natur und Wirkungsweise der Nesselzellen bei Coelenteraten, Zool. Anz. 1884 No. 9 (Vergl. auch Humboldt Bd. 1 Heft 2

[2] F. E. Schulze. Ueber den Bau und die Entwicklung von Cordylophora lacustris. 1871 p. 23 u. 24.

ist, war ein sicherer Entscheid gewonnen, der denn auch modificirend auf die Vorstellungen über den Entladungs-mechanismus einwirken musste. Immerhin wird man nicht leugnen können, dass so ungewöhnlich kräftig entwickelten Cnidocils, wie ich sie soeben von den primären Nesselknöpfen der Stephanophyes schilderte, eine mechanische Funktion zukommen dürfte, insofern ein Druck zur Entladung der Kapsel direkt beitragen kann. Andererseits deutet ihre Ausbildung als Widerhaken darauf hin, dass sie gleichzeitig zum Verfangen der Beute Verwerthung finden. In beiden Fällen wird indessen ein derber Reiz auf das Plasma der Zelle ausgeübt, der zur Contraktion nicht nur des der Nesselzelle angehörigen Muskel-stieles, sondern auch der benachbarten mit ihm bündelweise sich vereinigenden contraktilen Ausläufer hinführen wird.

In allen jenen Fällen, wo die Cnidocils als feine Stifte (Physalia), als zarte Haare oder gar als lange zu förmlichen Tastkämmen angeordnete Borsten (embryonale Nesselknöpfe der Physophoriden) ausgebildet sind, werden sie als Sinneshaare zu beurtheilen sein.

Treten sie dagegen ungewöhnlich kräftig entwickelt und in Gestalt von Widerhaken entgegen, so ist ihnen eine gleichzeitige mechanische Funktion nicht abzusprechen.

Ich freue mich, dass meine früherhin ausgesprochenen Ansichten über den Entladungs-mechanismus der Nesselkapseln, über die Deutung der Ausläufer der Nesselzellen und über die Funktion der Cnidocils neuerdings Eingang finden. So speziell auch in einer kürzlich erschienenen sorgfältigen Untersuchung von C. Schneider,[1] der geradezu die Nesselzellen als Sinneszellen auffasst, weil in dem gesammten Ektoderm der Hydra Sinneszellen und mit ihnen die Sinne-härchen fehlen. Selbstverständlich kann eine derartige Auffassung nicht auf sämmtliche Nesselzellen übertragen werden, ebensowenig wie meine vielfach irrthümlich auf-gefasste Ansicht, als ob sämmtliche Nesselzellen Epithelmuskelzellen repräsentirten. Da un-streitig contraktile Elemente von der Nesselzelle ausgeschieden werden, welche andererseits mit der Differenzirung eines als Cnidocil bezeichneten Sinneshärchens in Causalnexus stehen, so dürften wir schon eher der Wahrheit näher kommen, wenn wir die Nesselzellen im Sinne Kleinenbergs als Neuromuskelzellen gelten lassen, als Zellen, welche befähigt sind, vermittelst Sinneshärchen Eindrücke der Aussenwelt aufzunehmen und sie durch eine Contraktion zu beantworten. Mit dieser Auffassung steht es auch durchaus nicht im Widerspruch, dass in der Tiefe der Ektodermzellen verästelte Ganglienzellen auftreten. Im Gegentheil: soll ein die Nesselzelle durch den Cnidocil treffender Reiz nicht nur lediglich von ihr durch eine Con-

[1] K. C. Schneider 16. Histologie der Hydra fusca. Arch. f. mikr. Anat. Bd 35 p. 371.

traction beantwortet werden, sondern soll er einerseits die übrigen Nesselzellen, andererseits die Epithelmuskelzellen zur Aktion anregen, so kann dies am wirksamsten durch einen reizleitenden Plexus von Ganglienzellen bewerkstelligt werden.

Fehlen andererseits Nesselzellen die Cnidocils und die Muskelstiele, so fällt selbstverständlich jeder Grund weg, sie als Sinneszellen, als Epithelmuskelzellen oder als Neuromuskelzellen in Anspruch zu nehmen. Wir dürfen ja nummerhin nicht ausser Acht lassen, dass es sich doch in erster Linie bei allen Nesselzellen um die Bildung eines Secretes handelt, das in Gestalt eines cuticularen Skelettstückes von bemerkenswerther Feinheit erstarrt. Wenn dasselbe im Innern der Zelle liegen bleibt und nicht, wie die meisten cuticularen Skelettstücke, eine periphere Lagerung einnimmt, so steht dieses Verhalten nicht vereinzelt. Es sei nur an die chitinigen im Innern der Zelle sich windenden Ausführgänge bei Drüsenzellen der Insekten, an Krystallkegel und im Innern der Sinneszellen gelegene Stäbchen und Stifte erinnert, um analoge Fälle anzuführen. Bei dem Mangel von Cnidocils und contraktilen Differenzirungen geht die Nesselzelle entweder fast ganz in die Bildung der Kapsel auf, die dann von einem äusserst dünnen den Kern bergenden Plasmamantel umgeben wird (Nesselzellen der Batterie) oder sie scheidet nur einen kleinen Nematoblasten aus (Nesselpolsterzellen).

Gerade wegen der unvollkommen durchgeführten Arbeitstheilung, wie sie in ähnlichem Maasse kaum noch bei Zellen wiederkehrt, die im gewebliche Verbande stehen, nehmen die Nesselzellen ein hohes theoretisches Interesse in Anspruch. Dass entodermale Nährzellen und ektodermale Deckzellen an ihrer Basis Muskelfibrillen ausscheiden und an ihrer freien Oberfläche amöboide Ausläufer entsenden oder Flimmerreihen differenziren — das sind Erscheinungen, welche uns bei Cölenteraten geläufig sind. Dass aber eine Zelle eine Waffe von ganz ungewöhnlicher Complicität ausscheidet, dass sie andererseits durch ein Sinneshaar befähigt wird Reize aufzunehmen und dieselben selbstthätig durch Contraktion ihrer bisweilen quergestreiften Muskelfibrillen zu beantworten — das ist sicherlich eine Vereinigung von Functionen, wie sie sonst nur frei lebenden Einzelzellen zukommt. Wer eine derartige Zelle als Matrixzelle, als Sinneszelle oder Muskelzelle bezeichnet, der wird natürlich nur einer Seite ihrer Leistungen gerecht.

12. Die Gonophoren.

Stephanophyes superba ist eine monöcische Siphonophorenkolonie. Männliche und weibliche Gonophorentrauben (go. d.), auf deren Habitus bereits oben (p. 557[5]) hingewiesen wurde, alterniren an demselben Stocke. Indessen wechseln sie nicht derart regelmässig ab, dass auf eine männliche Gruppe eine weibliche, auf diese wieder eine männliche folgt, sondern meist bildet sich hinter einer beschränkten Zahl (2—3) männlicher Gruppen eine ebenfalls beschränkte Zahl weiblicher aus. An einem aus 11 Gruppen bestehenden Stammstück konnte ich die nachstehend skizzirte Folge von männlichen und weiblichen Gonophorentrauben nachweisen (die männlichen Trauben mit ♂, die weiblichen mit ♀ bezeichnet):

♂ ♀ ♂ ♀ ♂ ♂ ♀ ♂ ♀ ♀ ♂

Zu fünf bis sieben mit ihren kurzen Stielen sich vereinigend sitzen die auf verschiedenen Entwicklungsstadien befindlichen Gonophoren distalwärts in direkter Nähe des Stieles der Magenpolypen (Taf. III Fig. 1) rechts neben den Spezial-schwimmglocken. Selten treten Gonophorentrauben in den Internodien neben den mundlosen Polypoiden auf (Taf. III Fig. 8 und 9 p. 56¶17]). Die ausgebildeten Gonophoren sind Medusoide, welche aus einem Stiele (go. p.), aus einem Schwimmglockenmantel (u.) und aus einem grossen Manubrium (ma.) bestehen. Die Schwimmglocke ist mit einem Velum ausgestattet und übt Pumpbewegungen aus, löst sich indessen nicht von dem Stamme los. Ihre Umbrella bleibt relativ dünnwandig und wird von vier Subumbrellargefässen durchzogen, welche in einen Ringkanal einmünden. Die seitlichen Gefässe verlaufen geknickt und entsenden blind endigende Stolonen (Taf. III Fig. 1 e. 1"). Die Länge der Umbrella (vom Schirmrande bis zur Insertion des Stieles) beträgt bei männlichen Gonophoren 1.6 mm; das Velum ist 0.22 mm breit.

Die Manubrien erreichen an männlichen Gonophoren eine ungewöhnliche Länge. An conservirtem Materiale sind Manubrien von 5—6 mm Länge nicht selten; an dem lebenden Thiere dürften die längsten einen Centimeter messen. Die mit reifen Spermatozoen erfüllten sind schwach fleischroth gefärbt. Die weiblichen Manubrien sind kürzer und bergen drei oder vier in einer Ebene liegende durchsichtige Eier, welche bei völliger Reife zwei Millimeter gross werden.

Die Entwicklung der Gonophoren.

Taf. VII.

a. Die Urknospe.

Nachdem Weismann[1] in seinen meisterhaften und grundlegenden Untersuchungen über die Wanderungen der Keimzellen bei den Hydromedusen ein anschauliches Bild von den vielgestaltigen und merkwürdigen Entwicklungs- und Lebensvorgängen der Geschlechtszellen entworfen hat, dürfte es scheinen, als ob späteren Beobachtern nur eine bescheidene

[1] A. Weismann. Die Entstehung der Sexualzellen bei den Hydromedusen. 1883.

Nachlese auf einem so verwickelten Gebiete vorbehalten sei. Ich habe an dem spärlichen und kostbaren conservirten Materiale der Stephanophyes superba versucht, mir ein eigenes Urtheil über die Wanderungen der Keimzellen zu bilden — und das lediglich in der Voraussetzung, eine weitere Bestätigung seiner Angaben liefern zu können. Ich freue mich denn auch, seinen Beobachtungen über die Entstehung und Auswanderung der Sexualzellen bei Siphonophoren durchaus beipflichten zu können, glaube aber immerhin auf manche eigenartige Verhältnisse aufmerksam geworden zu sein, die einer Mittheilung werth erscheinen.

Die erste Anlage der Geschlechtstraube repräsentirt an den jungen Gruppen eine Knospe, welche distal neben dem Magenschlauch und rechts neben der Knospe für die Spezialschwimmglocke gelegen ist (Taf. III Fig. 4 g. pr.). Aus dem Entoderm dieser Knospe, welche ich als „Urknospe" bezeichne, gehen die Eizellen resp. Samenzellen hervor. Die Urknospe persistirt zeitlebens; an ihr knospen successive die definitiven Gonophoren (Taf. VII Fig. 1—3, Fig. 22 und 23). Für die weiblichen Gruppen fungirt demgemäss die Urknospe als Ovarium, für die männlichen als Hoden, selbst an den ältesten Gruppenanhängen ist die 0,2—0,25 mm messende Urknospe am Grunde der Gonophorentraube nachweisbar. Ihr Ektoderm ist dünn und einschichtig, ihr Entoderm ist mehrschichtig und gibt zugleich den Mutterboden für die sich entwickelnden Geschlechtszellen ab. Den entodermalen Ursprung der Sexualzellen bei Siphonophoren hat Weismann eingehend bei Calycophoriden und Physophoriden nachgewiesen.

Das Auftreten einer mit jugendlichen Geschlechtsprodukten erfüllten Knospe, von der sich die späteren Geschlechtspersonen abschnüren, wird hier zum ersten Mal für die Calycophoriden nachgewiesen. Analoge Vorgänge hat Weismann[*] bei den Physophoriden entdeckt. Auch bei ihnen geht die Bildung der Geschlechtszellen derjenigen der Geschlechtsindividuen voraus, insofern bei Forskalia eine geschlechtete Zwitterdrüse angelegt wird, von der sich Divertikel — die Gonophoren — abschnüren. Aehnlich liegen nach ihm die Verhältnisse bei Agalma. Eine Zwitter-Anlage der Primärknospe wird allerdings nicht constatirt, da ja männliche und weibliche Gonophoren auf getrennten Stielen sitzen. Indessen bilden sich sowohl an der mit Eiern erfüllten weiblichen Primärknospe, wie an der mit Spermatoblasten erfüllten männlichen die definitiven Gonophoren als Divertikel aus.

Ein wesentlicher Unterschied scheint nun allerdings zwischen Physophoriden und Stephanophyes insofern obzuwalten, als bei den Physophoriden die Urknospe nicht persistirt, sondern frühzeitig in die definitiven Gonophoren aufgeht. Am

[*] A. Weismann l. c. p. 204—211.

Bestimmtesten spricht sich Weismann in dieser Hinsicht über die männliche Primärknospe von Agalma aus: „Die primäre Knospe wird zum Stiel der kleinen Gonophorentraube, die Seitenknospen zu den wenigen Gonophoren" (l. c. p. 210). Aehnlich scheinen sich übrigens auch an der weiblichen Primärknospe von Agalma die Verhältnisse abzuspielen: „Die stärkste Neubildung von Eizellen fällt in die Jugendzeit der Sexualtraube, die sich dabei immer mehr entfaltet und unter rapider Zellvermehrung in immer zahlreichere Seitensprossen gliedert. — Die Differenzirung der jungen Zellen zu Eizellen ... geht aber lange Zeit fort, so dass auch in Geschlechtstrauben, die schon viele Gonophoren tragen, immer noch junge Eizellen enthalten sind." (Weismann p. 209. Aehnlich liegen die Verhältnisse bei Forskälia, deren Zwitterdrüse nach Weismann vollständig in die Bildung der männlichen und weiblichen Gonophoren aufgeht, ohne als solche am Grunde des Stieles der Gonophorentraube erhalten zu bleiben.

Nach meinen Untersuchungen, die ich an Rhizophysen und Physalien anstellte, muss ich ebenfalls eine Persistenz der Urknospe in Abrede stellen. Letztere besitzt bei den genannten Gattungen ein mehrschichtiges Entoderm, streckt sich in die Länge und treibt so viele Seitendivertikel, als späterhin Seitenäste dem gemeinsamen Stiele ansitzen. Jedes Seitendivertikel knospt nun seinerseits wieder einen terminalen „Geschlechtstaster" und proximale Medusoide, von denen eines sich zur Anlage einer weiblichen Schwimmglocke, die übrigen zu männlichen sessil bleibenden Gonophoren ausbilden. Das entodermale Keimmaterial wird allmählich allein den männlichen Gonophoren zugetheilt, die somit an der ganzen Geschlechtstraube ziemlich von gleichem Alter sind. Nie habe ich in der mit einem Velum ausgestatteten Meduse die Anlagen der weiblichen Keimzellen nachweisen können: offenbar löst sich dieselbe vom Stocke los und bildet erst späterhin, ähnlich den Medusen der Velellen und Porpiten, die Keimprodukte aus. Auf die feineren Vorgänge dieser Entwicklung komme ich späterhin zurück — so viel sei indessen hervorgehoben, dass auch bei Rhizophysen und Physalien die Urknospe nicht erhalten bleibt, sondern in die Bildung ihrer Divertikel völlig aufgeht.

Der hier gegebene Nachweis, dass eine Primärknospe bei Stephanophyes auftritt, welche als „Urknospe" zeitlebens an dem Grunde der Gonophorentraube persistirt, eröffnet für die Untersuchung eine neue Perspektive. Drei Möglichkeiten sind denkbar und scheinen auch thatsächlich realisirt zu sein:

1) Jedes Gonophor knospt selbständig an der Basis eines älteren aus dem Stamm (Monophyiden und Diphyiden?).

2) Die Gonophoren knospen an einer primären „Urknospe", welche zeitlebens an dem Stiele der Gonophorentraube persistirt (Stephanophyes).

3) Die Gonophoren knospen an einer Urknospe, welche ganz in die Bildung der ersteren aufgeht und nicht an der Basis des Stieles der Gonophorentraube erhalten bleibt (Agalma, Rhizophysa, Physalia).

b. Die weibliche Urknospe.

Die weibliche Urknospe wird von einer dünnen Ektodermlage überzogen und ist erfüllt mit einer Brut junger Eier. Dieselben sind in dem Entoderm gelegen, welches einen mit der gemeinsamen Leibeshöhle des Stammes communicirenden Gefässraum begrenzt. Die distal gelegenen Eizellen sind von relativ ungewöhnlicher Grösse, während die proximalen allmählich an Grösse abnehmen und schliesslich so völlig in die basalen Entodermzellen übergehen, dass ihr Ursprung aus denselben nicht zweifelhaft ist. Da Weismann den entodermalen Ursprung der Geschlechtszellen von Siphonophoren überzeugend nachgewiesen hat, so verzichte ich auf die Beschreibung und Wiedergabe von Abbildungen, welche lediglich auf eine Bestätigung seiner Befunde hinauslaufen. Ich erwähne nur, dass die Entodermzellen an dem Distalabschnitt der Urknospe sich zwischen die Eizellen eindrängen und theilweise sogar an die Stützlamelle herantreten. Das gilt speziell von der freien Kuppe der Urknospe, wo ich in einem Falle eine wohl entwickelte „Entodermkuppe" nachweisen konnte (Fig. 2 *cup*.).

Oben wurde bereits darauf hingewiesen, dass in jedem Gonophore drei oder vier Eizellen (*ov*.) gelegen sind. Dieselben treten gemeinschaftlich als ein Divertikel über die Urknospe hervor und bilden die erste Anlage des weiblichen Gonophors. Dass nur die ältesten drei resp. vier Eier einer Urknospe durch ihre Grösse sich vor den übrigen auszeichnen, liegt auf der Hand. Merkwürdig dagegen ist der Umstand, dass nun auch die übrigen Eizellen schon sehr frühzeitig zu Gruppen von je 3 resp. 4 Eiern angeordnet sind. Dadurch entstehen förmliche Kammern oder Fächer gleichaltriger und gleich grosser Eizellen, wie ich sie von einer Urknospe, welche an der Basis der 3 Eier enthaltenen Gonophorentraube gelegen ist, abbilde (Fig. 1, I., II., III.). Eine derartige Sonderung von Gruppen gleichaltriger durch ein festes Zahlenverhältniss charakterisirter Gruppen von Eizellen ist bisher bei Cölenteraten nie beobachtet worden.

Doch noch eine weitere Eigenthümlichkeit zeichnet die Eikeime der Urknospe aus. Sowohl an ungefärbten Präparaten (Taf. VII Fig. 3) wie an gefärbten und in Schnitte zerlegten (Fig. 1, 2, 4—9) fällt ein merkwürdiges Verhalten der Eikerne auf. Die jüngsten

Eizellen besitzen nämlich nur einen runden Kern, während an den mittleren und grösseren Eizellen ohne Ausnahme zwei Kerne von verschiedener Grösse und Struktur auftreten. Der eine derselben, welchen ich als Grosskern (ma. n.) bezeichne, ist granulirt, blass, chromatinarm und mit einem auffällig grossen, aber chromatinarmen Kernkörperchen ausgestattet, während der zweite bedeutend kleinere ovale und ihm dicht angeschmiegte Kern — der Kleinkern — ziemlich homogen und chromatinreich schon an ungefärbten Eiern durch sein Lichtbrechungsvermögen auffällt (mi. n.). Er färbt sich intensiv mit Tinktionsmitteln und misst an den jüngeren 0,04—0,05 mm grossen Eiern (Fig. 6) 0,01 mm, an den älteren (Fig. 4 und 5) im Längsdurchmesser 0,02—0,03 mm. Nur einmal (Fig. 8) fand ich den Kleinkern wurstartig gebogen von ansehnlicher Länge. Da der Grosskern ihn mindestens um das Dreifache an Grösse überbietet (er misst an den grösseren Eizellen der Urknospe 0,08 mm, wächst aber an dem ausgebildeten Ei noch bis 0,2 mm heran) und gleichzeitig wegen der spärlich auftretenden Chromatinsubstanz blass gefärbt erscheint, so ist der Unterschied zwischen beiden Kernen ein sehr auffallender.

An den älteren Eiern rückt der Kleinkern von dem Grosskern ab. Er ist noch deutlich nachweisbar an den Eiern junger Gonophoren, die sich gerade von der Urknospe abgeschnürt haben, wandert allmählich an die Peripherie der Eizellen (Fig. 9) und verschwindet vollständig an den älteren über 0,2 mm messenden Eiern. Ob er sich auflöst oder ob er ausgestossen wird, vermag ich nicht zu entscheiden.

Was die Entstehung des Kleinkernes anbelangt, so vermuthe ich, dass er von dem Grosskerne sich abschnürt. Auf Bilder, welche direkt eine Abschnürung beweisen könnten, bin ich allerdings nicht gestossen. An den jüngsten Eizellen, welche mit dem Kleinkern ausgestattet waren, lag er als rundliches Gebilde neben dem Grosskerne (Fig. 6 und 8). Einmal allerdings stiess ich auf einen Kleinkern, der unregelmässig gestaltet durch eine Querbrücke mit dem Grosskern in Verbindung zu stehen schien (Fig. 5 mi. n'). Ich kann indessen das Präparat nicht als beweisend für eine Abschnürung betrachten, da der Kleinkern in seltenen Fällen auch unregelmässige Form erkennen lässt und da zudem schon an weit jüngeren Eiern ein Kleinkern von halber Grösse selbständig neben dem Grosskerne auftritt.

Das Auftreten zweier Kerne in den jugendlichen Eiern von Stephanophyes entspricht einem durchaus normalen Verhalten. Ich habe vier weibliche Urknospen in Schnitte zerlegt und habe ohne Ausnahme in jeder Eizelle von mittlerer Grösse die beiden Kerne aufgefunden. Mit Leichtigkeit waren sie auch in den Eiern eben abgeschnürter Gonophoren nachzuweisen. Selbst an ungefärbten ganzen Urknospen fielen sie durch ihr starkes Lichtbrechungsvermögen sofort auf. Gerade die Fig. 3, welche ich zeichnete, bevor mir die Zugehörigkeit der oralen Kleinkerne zu den Eizellen klar geworden war (ich hielt sie anfänglich für Entodermkerne) mag dafür zeugen, dass man es hier mit einer durchaus normalen Erscheinung zu thun hat. Mit eben derselben Constanz fehlten auch die Kleinkerne an älteren in Schnitte zerlegten Eiern.

Es liegt auf der Hand, dass das Auftreten zweier verschieden gestalteter und verschiedenen Schicksalen entgegen gehender Kerne für die Lebensvorgänge jugendlicher Eizellen nicht ohne Bedeutung sein kann. Welcher Art diese Bedeutung sein mag — darüber stehen mir nur Vermuthungen zu. Immerhin glaube ich auf die Analogie mit den beiden Kernen der Infusorien hinweisen zu dürfen, deren einer (der Grosskern) von Bütschli als Stoffwechselkern, deren anderer (der Kleinkern) als Fortpflanzungskern gedeutet wurde. Seitdem die neueren sorgfältigeren Untersuchungen von Maupas[1] und R. Hertwig[2], deren Resultate in einem erfreulichen Einklang stehen, die Richtigkeit dieser Deutung bestätigt haben, dürfte zu vermuthen sein, dass analoge Vorgänge — wenn auch nur vorübergehend — bei den Eiern mehrzelliger Thiere sich abspielen. Ich möchte geradezu geneigt sein, den vergänglichen Kleinkern im Ei der Stephanophyes als Stoffwechselkern, den bleibenden Grosskern als Fortpflanzungskern zu bezeichnen. Allerdings würde bei einer derartigen Beurtheilung der Leistungen beider Kerne im Gegensatz zu den Infusorien der Fortpflanzungskern als der grössere und an Chromatin ärmere, der Stoffwechselkern als der chromatinreichere und kleinere sich ergeben.

Seitdem die neueren experimentellen Untersuchungen von Balbiani[3], Klebs[4], Haberlandt[5], Hofer[6] und die vergleichenden Studien von Korschelt[7] u. A. den Beweis erbracht haben, dass Bewegungsfähigkeit und fast die gesammten vegetativen Vor-

[1] E. Maupas. Le rajeunissement karyogamique chez les ciliés. Arch Zool. expériment. II. Sér. Bd. 7, 1889.

[2] R. Hertwig. Ueber die Conjugation der Infusorien. Abh. d. K. Bayr. Akad. d. Wissensch. II. Cl. Bd. 17 I. Abth. 1889.

[3] E. G. Balbiani. Recherches expérimentales sur la mérotomie des Infusoires ciliés. Recueil Zool. Suisse T. V. 1888.

[4] G. Klebs. Ueber den Einfluss des Kerns in der Zelle. Biolog. Centralblatt. Bd. 7. 1887.

[5] G. Haberlandt. Ueber die Beziehungen zwischen Funktion und Lage des Zellkernes bei den Pflanzen. 1887.

[6] B. Hofer. Experimentelle Untersuchungen über den Einfluss des Kernes auf das Protoplasma. Jen. Zeitschr. f. Naturw. Bd. 24 N. F. 17. 1889.

[7] E. Korschelt. Beiträge zur Morphologie und Physiologie des Zellkernes. Zool. Jahrbücher. Bd. 4. 1889.

richtungen unter dem Einfluss des Kernes stehen, ist eine aussichtsreiche Perspective für die Deutung verschiedener Lebensvorgänge der Zelle gewonnen. Ich[1]) habe im Anschluss an Strukturverhältnisse der Siphonophoren, die in dem nächsten Hefte dieser Studien noch klar gelegt werden sollen, bereits versucht eine Erklärung über die Bedeutung der direkten Kerntheilung zu geben und glaube andererseits, dass Strukturverhältnisse, wie sie eben von den Eiern der Stephanophyes dargelegt wurden, nicht vereinzelt dastehen dürften.

Am meisten ähneln die hier geschilderten Reifungserscheinungen den von Weismann und Ischikawa[2]) bei sich furchenden Daphnoideneiern beobachten und ursprünglich als „partielle Befruchtung" gedeuteten, späterhin als Paracopulation bezeichneten Vorgängen. Ob hier thatsächlich der Kleinkern als Centrum einer eigenen Zelle, deren Plasma sich von demjenigen der Eizelle scharf abhebt, aufzufassen sein dürfte, möchte ich noch dahin gestellt sein lassen. Bevor das Schicksal der Zelle, in welcher ein Kleinkern auftritt, nicht scharf erkannt ist, sind theoretische Spekulationen müssig.

Dass immerhin eigenartige Vorgänge bei der Reifung der Eier sich abspielen, lange bevor Kernspindeln gebildet und Richtungskörper abgeschnürt werden, lehren die zerstreuten Beobachtungen von Leydig[3]), Balbiani[4]), Stuhlmann[5]) und Blochmann[6]) über Nebenkerne oder Reifungsballen an jugendlichen Eiern der Arthropoden und Vertebraten.

c. Die Entwicklung der weiblichen Gonophoren.

Haben die Eizellen der ältesten Gruppe eine Länge von durchschnittlich 0,15 mm erreicht, so beginnen alle drei resp. vier gleichzeitig sich über die Urknospe zu erheben. Der freie Pol der jungen Gonophorenknospe wird durch die Entodermkuppe (cup.) markirt; ihr entodermaler Hohlraum communicirt mit jenem der Urknospe. Direkt über der Entodermkuppe legt sich als Ektodermeinstülpung der für die Ausbildung der Meduse so bedeutungsvolle

[1]) C. Chun, Ueber die Bedeutung der direkten Kerntheilung. Schriften d. Physik. ökonom. Ges. Königsberg. Bd. 31, 1890.

[2]) A. Weismann und C. Ischikawa. Ueber die Paracopulation im Daphnidenei, sowie über Reifung und Befruchtung derselben. Zool. Jahrbücher Bd. 4, 1889.

[3]) F. Leydig. Beitr. z. Kenntn. d. thier. Eies im unbefruchteten Zustand. Zool. Jahrb. Bd. 3, 1888.

[4]) E. G. Balbiani. Sur l'origine des cellules du follicule et du moyeu vitellin de l'oeuf chez les Géophiles. Zool. Anz. 1883. No. 155 und 156.

[5]) J. F. Stuhlmann, Die Reifung des Arthropodeneies. Ber. Naturf. Ges. Freiburg Bd. 1, 1886.

[6]) F. Blochmann. Ueber d. Metamorph. d. Kerne in d. Ovarialeiern d. Ameisen. Verh. Naturh. Ver. Heidelberg N. F. Bd. 3, 1884.

id. Ueber die Reifung d. Eier b. Ameisen und Wespen. Festschr. Naturh. Ver. Heidelberg. 1886.

„Glockenkern" an (Taf. VII Fig. 3 und 4 camp.) Ich habe nur einmal eine junge Gonophorenanlage beobachtet, welche gerade über die Urknospe sich vorwölbte und fühle dieselbe in
Fig. 3 und 4 ab. Ihr Glockenkern liess bereits die im Längsschnitt sichelförmig gestaltete
Glockenhöhle (c, camp.) erkennen. Die der Entodermkuppe aufliegende und sie abflachende
innere (untere) Lamelle des Glockenkernes war bedeutent dicker, als die äussere, gegen den
freien Pol der Gonophore allmählich sich verschmälernde.

Da offenbar die hier abgebildeten Stadien selten sind, so vermag ich auch nicht anzugeben, in welcher Weise die durch Weismann theils direkt beobachtete, theils erschlossene
Einwanderung der relativ riesigen Eizellen in das Ektoderm des Glockenkernes — genauer
gesagt: zwischen die Entodermkuppe und die innere Lamelle des Glockenkernes — erfolgt.
Dass aber thatsächlich eine solche Durchbrechung der Entodermkappe stattfinden muss,
geht aus den Lagebeziehungen der Eier in den jüngsten Gonophoren hervor. Sie liegen
nämlich, wie Fig. 10 von einer eben abgeschnürten, kurz gestielten Gonophore andeutet
(eine andere auf demselben Stadium befindliche junge Gonophore ist von der Seite in Fig. 20 A
dargestellt) zwischen der zum Spadix umgebildeten Entodermkuppe und der durch die Grösse
der Eier zu einer ungemein feinen Ektodermlamelle gedehnten inneren Lamelle des Glockenkernes (ek''). Die Lücke, welche meine Beobachtungen hier aufweisen, hoffe ich wenigstens
theilweise durch Entwicklungsvorgänge an männlichen Gonophoren (Fig. 24 und 25) ausfüllen zu können.

Die äussere Lamelle des Glockenkernes hat sich inzwischen in bekannter Weise bei
der Vertiefung der Glockenhöhle der Gonophorenwandung angeschmiegt. Der Glockenmantel
(a. Fig. 10 und 11) setzt sich daher aus drei dünnen Schichten zusammen: aus dem äusseren
(exumbralen) Ektoderm (Fig. 17 ek.), der entodermalen Gefässlamelle (enl.) und dem inneren
(subumbralen) Ektoderm (ek'). In der Gefässlamelle höhlen sich frühzeitig die vier Radiärgefässe (Fig. 10 und 11 c¹ c² c³ c⁴) aus, welche in einen Ringcanal (Fig. 16 c. c.) einmünden.

Während nun die Eier an Grösse bedeutend zunehmen, beginnt gleichzeitig der Spadix
(sp.) dieselben zu umwachsen und sich theilweise zu einem förmlichen Eifollikel umzubilden.
Die einzelnen Stadien der Umwachsung habe ich in Fig. 10—12 bei drei verschieden alten
Gonophoren von oben (dem distalen Pol) gesehen dargestellt. Fig. 10 und 11 betreffen Gonophoren, welche drei Eizellen enthalten. Durch den Druck derselben wird der Spadix zu
einem gleichseitigen Dreieck mit concav eingebogenen Seiten comprimirt (Fig. 10). Die
Ecken des Dreiecks drängen gegen die feine Ektodermhülle des Manubriums vor, platten

sich ab und greifen auf die Aussenseite der Eier über. Im Querschnitt ist der Spadix auf diesen Stadien wie ein Ordensstern gestaltet (Fig. 11). Die Umwachsung macht an der Aussenseite der Eier immer weitere Fortschritte (Fig. 12 von einem 4 Eier bergenden Gonophor) und führt dazu, dass sekundär nahezu das ganze Ei bis auf einen kreisförmigen Abschnitt von 0,15—0,2 mm Durchmesser in den zu einem Follikel umgebildeten Spadix eingeschlossen wird. Während dessen verdichtet sich der Keimfleck (ov") des Eies zu einem stark lichtbrechenden, mit Farbstoffen intensiver sich färbenden kugligen oder ovalen Kernkörperchen, das an ganz reifen Eiern von 2 mm Grösse 0,05 mm misst. Gleichzeitig rückt der Eikern an die Peripherie des Eies und zwar genau an jene Stelle, welche von der Umwachsung des Spadix frei bleibt (Fig. 13, 14, 18 und 20). Er wird nach Aussen von einer Protoplasmahülle und von der feinen Ektodermlage des Manubriums überzogen (Fig. 13). Die ganze von dem Follikelepithel des Spadix frei bleibende Partie der Eiperipherie baucht sich mitsammt dem Kerne warzenförmig nach Aussen vor (Fig. 13, 18. Taf. III Fig. 8).

Der zum Follikelepithel umgebildete Theil des Spadix (sp. f.) besteht aus polyedrischen oder würfelförmigen Zellen, deren jede zwei Kerne aufweist (Fig. 21). Breiten- und Höhendurchmesser der Zellen sind ungefähr gleich. Bedeutend dünner ist jene Partie des Spadix, welche sich dem Ektoderm des Manubriums anschmiegt (en' Fig. 12, 13, 17 und 18).

Auf zwei Strukturverhältnisse, deren bis jetzt kein Beobachter gedacht hat, möchte ich bei Besprechung des Spadix noch hinweisen. Das erste betrifft das Auftreten einer kreisförmigen, in der Mitte durchbrochenen Duplikatur des Entoderms an der Grenze von Gonophorenstiel und Manubrium (Fig. 16 und 18 v. g.). Durch sie wird das Lumen des Manubriums abgegrenzt von jenem der Stielhöhle. Ich bezeichne diese kreisförmige Klappe als „Genitalklappe" (v. g.) und die von ihr begrenzte enge Pforte als „Genitalpforte" (p. g.).

Eine zweite Eigenthümlichkeit betrifft das Auftreten eines Ringkanales im Umkreise der von der Umwachsung des Spadix frei bleibenden Eiperipherie (Fig. 14 und 20 circ.). Wie feine Längsschnitte durch die betreffende Region lehren (Fig. 15), so handelt es sich um einen Ringsinus, welcher gerade an jener Stelle auftritt, wo der Follikeltheil des Spadix (sp. f.) in die Entodermlage des Manubriums umbiegt. Hier liegt das Entoderm nicht dem Ektoderm dicht an, sondern es gibt durch Zurückweichen Veranlassung zur Bildung eines von der Stützlamelle (st.) begrenzten ringförmigen Hohlraumes (circ.). Die Stützlamelle (lam.) ist in Folge der enormen Dehnung ungemein zart, aber sie lässt sich zwischen dem Ei einerseits, der Follikelwand und dem Ektoderm des Manubriums andererseits nachweisen.

Im weiteren Verlaufe meiner Darstellung habe ich nun einen Vorgang zu schildern, der nur noch bei der Gattung Lilyopsis in ähnlich drastischer Weise sich abspielt. Das junge Gonophor (Fig. 16) wird von einem geschlossenen Glockenmantel (m. umhüllt, der, wie ich ausdrücklich hervorhebe, auch an dem distalen Pole also an jener Stelle, wo der ektodermale Glockenkern sich einstülpte) keine Oeffnung aufweist. Die schönen durchsichtigen, rasch zu ansehnlicher Grösse heranwachsenden Eier üben auf ihre Hüllen einen starken Druck aus, dem schliesslich der Glockenmantel dadurch nachgibt, dass er an dem distalen Pole einreisst und schleifenförmig gebogen an der Grenze zwischen Stiel und Manubrium zusammenschnurrt (Fig. 18, 19 und 20).

Das Manubrium wird frei gelegt und das Gonophor tritt in sein zweites Entwicklungsstadium ein. Während die Schichten des Glockenmantels vor dem Einreissen (Fig. 17) so dünn waren, dass es scharfen Zusehens bedarf, um sie auf Schnitten deutlich nachzuweisen, so bilden sie nach dem Zusammenschnurren dicke, theilweise sogar mehrschichtige Lagen. Letzteres gilt speziell für die innere Ektodermlage des Glockenmantels, welche sich zum Subumbrellarepithel ausbildet (Fig. 19). Da, wo das subumbrale Ektoderm (ek.) in das exumbrale (ek.) übergeht, ist ein Randwulst von Zellen ausgebildet, welcher die Anlage des Velums (ve.) abgibt. Auch die Gefässe, vor dem Einreissen dünn und langgezogen, erweitern sich beträchtlich, wie der Querschnitt des Ringkanales (c. r.) und derjenige eines angeschnittenen Längsgefässes (c.) lehrt.

Lange Zeit hindurch verharrt der Glockenmantel bei der nach dem Einreissen angenommenen schleifenförmigen Krümmung (Taf. III Fig. 8 und 9). Erst nachdem die Eier ihre definitive Grösse nahezu erreicht haben, beginnt er allmählich über das obere Viertel des enorm gedehnten Manubriums vorzuwachsen, indem gleichzeitig die Ektodermzellen der Subumbrella zu einem einschichtigen Muskelepithel sich anordnen, eine dünne Gallertlage zwischen der Entodermlamelle und dem exumbralen Epithel ausgeschieden wird und das Velum seine definitive Ausbildung erhält.

Die reifen Eier messen bei dem grossen Exemplar der Stephanophyes superba nicht weniger denn 2 mm; bei den jüngeren Colonien sind sie bedeutend kleiner. An dem lebenden Ei war eine fein granulirte ektoplasmatische Lage, welche auch den Kern umgab, von dem saftreichen Entoplasma zu unterscheiden; an conservirten Eiern trat der Unterschied weniger deutlich hervor. Dagegen sind an letzteren die hellen grossen Vakuolen des Entoplasmas besonders klar nachzuweisen.

Das Austreten der Eier aus dem Manubrium habe ich nicht beobachtet. Es dürfte dasselbe bei allen Calycophoriden übereinstimmend in der von mir[?] für Muggiaea Kochii angegebenen Weise erfolgen. Da meine dort niedergelegten Beobachtungen unbeachtet geblieben sind (auch Weismann gedenkt derselben nicht), so gestatte ich mir sie hier einzuschalten.

„Der Kern mit dem umgebenden Plasma wird gewöhnlich von dem angrenzenden Ektoplasma überwallt, so dass er im Grunde einer grubenförmigen Vertiefung gelegen ist. Beobachtet man nun die völlig reifen Eier, so constatirt man, dass nach und nach der Kern sich vorwölbt und die Einsenkung verschwindet, bis er schliesslich von dem anliegenden Eiplasma umhüllt, als linsenförmige Erhebung über die Eiperipherie hervorragt. Die zarte Ektodermhülle wird hierbei ebenfalls etwas vorgedrängt und gespannt. Nach kurzer Zeit verschwindet rasch die Hervorwölbung und der Kern zieht sich soweit zurück, dass wieder eine grubenförmige Vertiefung entsteht. So werden nun ziemlich regelmässig, etwa zweimal in der Minute, Pumpbewegungen von einem Theile der Eioberfläche ausgeübt, die offenbar den Zweck haben, die dünne Ektodermhülle zu sprengen und dem Ei den Austritt und die Befruchtung zu ermöglichen.“

An derselben Stelle habe ich darauf aufmerksam gemacht, dass die reifen Eier von der feinen Ektodermhülle, welche die vom Follikelepithel frei gelassene Partie überzieht, sich etwas abheben und dass in der dort sich ansammelnden klaren Flüssigkeit die Richtungskörperchen wahrgenommen werden. Auf diese Verhältnisse ist zuerst Müller[?] aufmerksam geworden. Er deutete sie indessen, wie ich nachwies, unrichtig, indem er die ganze Einrichtung für einen Mikropylapparat und die Richtungskörper für eingedrungene Spermatozoen hielt. Auch Weismann (l. c. p. 197), dem meine Mittheilungen entgangen sind, weist die Anschauungen Müllers mit denselben Gründen zurück.

d. Die männliche Urknospe und die Entwicklung der männlichen Gonophoren.

Nach der ausführlichen Schilderung, welche von der Entwicklung der weiblichen Gonophoren gegeben wurde, kann ich mich über die Entwicklungsvorgänge der männlichen kürzer fassen, da sie in analoger Weise sich abspielen.

Die männliche Urknospe persistirt zeitlebens und ist stets an der Basis der männlichen Gonophorentraube nachweisbar (Taf. VII Fig. 22 g. pr. ♂). Sie wird von einem dünnen

---

[1] C. Chun. Ueber die cyklische Entwicklung und die Verwandtschaftsverhältnisse der Siphonophoren. Sitzungsber. Berl. Akad. Wissensch. 52. Bd. p. 1860.

[2] F. C. Müller. Jagttagelser over nogle Siphonophorer. Kopenhagen 1871.

ektodermalen Plattenepithel überzogen und ist erfüllt von einem mehrschichtigen Entoderm, welches erst später in die Spermatoblasten und in die definitiven Entodermzellen sich scheidet. Ihr Hohlraum steht mit der Leibeshöhle des Stammes in Zusammenhang.

Von ihr schnüren sich successive die männlichen Gonophoren ab. Fig. 23 stellt ein frühes Stadium dar, wo gerade eine junge Gonophorenanlage aus der Urknospe sprosst. Ihr Hohlraum steht mit jenem der Urknospe noch im Zusammenhang; er wird begrenzt von Zellen, deren Kerne oval gestreckt sind. Dadurch unterscheiden sie sich undeutlich als definitive Entodermzellen von den Spermatoblasten (spbl.). An der Kuppe ist der Glockenkern mit einer Glockenhöhle zur Anlage gelangt; die innere Lamelle desselben (ek.'') ist dicker als die äussere ek.'). Rasch beginnt nun die Glockenhöhle (c. camp.) in proximaler Richtung sich auszubreiten (Fig. 22), während gleichzeitig das Gonophor birnförmige Gestalt annimmt. Auf Längsschnitten durch diese Stadien (Fig. 24) beginnt die Sonderung zwischen langgestreckten Entodermzellen (en) und den polyedrischen Spermatoblasten spbl.) sich einzuleiten. Der unter dem inneren Blatt des Glockenkernes gelegene Ektodermkern (cup.) erscheint mehrschichtig, da die Spermatoblasten ihn gerade durchsetzen. Die Auswanderung der letzteren aus dem Entoderm zwischen beide Keimblätter vollzieht sich sehr rasch, insofern schon bei wenig älteren Gonophoren (Fig. 25) die gesammten Spermatoblasten zwischen der zum Spadix (sp.) umgebildeten Entodermkuppe und dem durch die Dehnung abgeplatteten inneren Blatt des Glockenkernes (ek.'') gelegen sind. Der Glockenmantel hat sich ebenfalls völlig entwickelt und besteht aus der entodermalen Gefässlamelle (enl.), dem exumbralen (ek.) und subumbralen (ek.') Ektoderm. Die vier Radiärgefässe mit dem Ringkanal höhlen sich frühzeitig in der Entodermlamelle aus (Fig. 22).

Die Gonophoren wachsen rasch in die Länge, von dem Glockenmantel vollständig umhüllt. Durch den Druck der intensiv durch Theilung sich mehrenden Spermatoblasten wird schliesslich ebenso wie am weiblichen Gonophoren es bedingt, dass der Glockenmantel an dem freien distalen Pole des Gonophors einreisst, das Manubrium freilegt und in ganz derselben Weise schleifenförmig gebogen an der Grenze zwischen Stiel und Manubrium zusammenschnuert (Fig. 26). Erst an den mit fast reifen Spermatozoen erfüllten Gonophoren wächst die Glocke über den Anfangstheil des Manubriums sekundär weg, indem sie zu der kleinen, oben beschriebenen Medusa-eumbrella sich streckt.

Auf Querschnitten durch ältere Manubrien findet man die Spermatoblasten in radienförmig von dem Spadix nach der Peripherie ausstrahlende Reihen angeordnet. Der Stützlamelle liegen zarte Längsmuskelfasern auf, welche die schwachen Krümmungen des Manubriums bedingen. Die Spermatoblasten treten nicht direkt bis an die Stützlamelle heran, sondern sie lassen einen kleinen Raum frei, welcher von zahlreichen von der Stützlamelle ausgehenden Radiärfasern durchsetzt wird. Dieselben lassen sich eine Strecke weit in die Spermatoblasten-masse verfolgen und scheinen geradezu die Ausläufer von Stützzellen mit langgestreckten Kernen zu sein.

e. Ueber die Beziehungen zwischen Gonophoren und Medusen bei Siphonophoren.

Mit gewohntem Scharfsinn, mit umsichtiger Benutzung der durch ein reiches Material gebotenen Thatsachen sucht Weismann in Uebereinstimmung mit den Anschauungen anderer Forscher den Nachweis zu führen, dass die Gonophoren mit medusoidem Bau durchweg als Rückbildungen von Medusen aufzufassen sind und als aufsteigende Reihen überhaupt nicht angesehen werden können. Die Beweise regressiver Bildung findet er in dem Bau der Gonophoren, in ihren Entwicklungs-Erscheinungen und in den Wanderungen der Keimzellen. Er betont, dass unter der Voraussetzung progressiver Entwicklung die Thatsache unverständlich bliebe, dass überall da, wo die Keimstätte im Entoderm liegt, die Geschlechtszellen später, wenn sie in das Gonophor eingerückt sind, in das Ektoderm auswandern (l. c. p. 256).

Weismann verhehlt sich allerdings nicht, dass die Ontogenese der Medusenknospe, wie sie speziell auch bei den Siphonophoren vorliegt, den phyletischen Entwicklungsgang nicht wiederholt. Bei Hippopodius und Galeolaria sprosst nach seinen Untersuchungen zunächst ein mit entodermalen Geschlechtsprodukten erfülltes „Sporophor"; durch die Anlage eines distalen und in proximaler Richtung vordringenden Glockenkerns wird es zu einem mit Radiärgefässen und Ringkanal versehenen geschlossenen Gonophor umgebildet; durch das Auftreten des „Glockenmundes" mit der Anlage des Velums geht schliesslich aus dem Glockenmantel die Umbrella der allerdings mund- und tentakellosen Meduse hervor, welche sich von dem Stamme loszulösen und durch Pumpbewegungen zu schwimmen vermag. „Vom biogenetischen Grundgesetz ausgehend, sagt Weismann (p. 258), sehe ich in der heutigen Ontogenese der Medusenknospe die umgekehrte Folge der phyletischen Stadien, welche durchlaufen wurden, wenn auch natürlich mit Aenderungen und Zusammenziehungen". Wahrlich, eine drastische Warnung für diejenigen, welche in übertriebener Werthschätzung des „biogenetischen Grundgesetzes" überall die Recapitulation phylogenetischer Vorgänge in der Ontogenese verlangen! Die Fälle sind allerdings selten, wo durch frühzeitige übermächtige Entwicklung der Sexualprodukte in so auffälliger Weise wie bei Stephanophyes die Weiterentwickelung des geschlossenen Gonophors zu der Meduse erfolgt.

Weismann überträgt denn auch die an den festsitzenden Hydroiden gewonnenen Anschauungen auf die frei schwimmenden Siphonophoren. „Der Bau der Gonophoren, die Entwicklung derselben mittelst eines Glockenkernes, wie sie für alle untersuchten Formen von Siphonophoren nachgewiesen werden konnte, lassen keinen Zweifel, dass auch sie als rückgebildete Medusen aufzufassen sind. Wir werden uns also vorstellen dürfen, dass die Stammformen der heutigen Siphonophoren als Geschlechtsträger frei schwimmende, vom Stocke sich lösende Medusen hervorbrachten, wie dies die Gattungen Velella und Porpita, vielleicht auch Physalia noch heute thun" (p. 265). Als Motive für die Rückbildung der Medusen zu Gonophoren nimmt er hauptsächlich die Ausstattung der Siphonophoren mit formidablen Waffen in Gestalt von Nesselbatterieen in Anspruch. „Die Geschlechtsthiere werden sich unzweifelhaft unter dem Schutz der Kolonie sicherer befinden, als losgelöst von ihr."

So bestechend die Ausführungen Weismanns klingen, so überzeugend er die Rückbildung der Medusen zu Gonophoren bei den Hydroiden darthut, so muss ich doch die Möglichkeit einer anderen Auffassung für die Siphonophoren gelten lassen. Ich halte es für wahrscheinlich, dass bei manchen Siphonophoren in progressiver Entwicklung aus sessil bleibenden Gonophoren freie Medusen zur Ausbildung gelangten. Gerade für diejenigen Familien, welche heute noch vom Stocke sich lösende Medusen produciren, nämlich für die Velellen und Porpiten, muss ich in Abrede stellen, dass sie uns ursprüngliche Verhältnisse conservirt haben. Eine derartige Auffassung würde nicht im Einklang mit den bisherigen Ermittelungen über den Organismus und die systematische Stellung der genannten Formen stehen. Siphonophoren, welche jegliche aktive Ortsbewegung aufgeben und sich in der sinnfälligsten Weise einer passiven Bewegung durch den Wind an der Oberfläche des Meeres anpassten, sind sicherlich keine ursprünglichen Formen. Fast alle Forscher sind darin einig, dass sie die complicirtest gebauten Siphonophoren repräsentiren — so abweichend und complicirt, dass bekanntlich Hackel einen diphyletischen Ursprung für die Siphonophoren statuirt und die „Disconanthen" wie er die Velelliden nennt, von Trachomedusen (Pectylliden) ableitet, während die übrigen Siphonophoren, die „Siphonanthen" von Anthomedusen (Codoniden) abstammen sollen.

Ich habe schon mehrmals auf die Anpassungen hingewiesen, welche durch das Flottiren auf der Meeresoberfläche für die Velelliden bedingt wurden. Eine Colonie gefrässiger Individuen, welche keine aktiven Schwimmbewegungen zu ihrem Nahrungserwerb auszuüben vermag, muss rasch, auch bei der leichtesten Brise, über die Oberfläche durch den Wind getrieben werden, wenn ihre Existenz nicht gefährdet sein soll. Die klinoradiale Grundform des Körpers der Velellen [1]: die kahnförmige Gestalt des Mantels; die Verkürzung der lang nachschleppenden Fangfäden zu tasterähnlichen mit Nesselstreifen besetzten Anhängen; die reichliche Schleimsecretion am Mantelrande, welche die Aktion der Fangfäden ergänzt und das Verkleben der Beutethiere bedingt; die relativ enorme Entwicklung der Pneumatophore zu einem chitinisirten gekammerten Kahne mit schräg stehendem Segel; das Auftreten von Stigmaten auf der Oberseite der Luftkammern, welche nicht nur der von der Sonne stark erwärmten Luft den Austritt gestatten, sondern gleichzeitig auch durch Athembewegungen der gesammten Colonie einen Wechsel der Luft in den feinen, sämmtliche Polypen umspinnenden Tracheen ermöglichen[2]; das Ausbilden eines ramificirten Gefässnetzes, welches ein Austrocknen aller der Luft ausgesetzten Weichtheile verhütet; das Alles sind Momente, welche erst durch die vollendete Anpassung an den Aufenthalt auf der Oberfläche des Meeres und an ein rasches Segeln über dieselbe erklärlich werden!

Auch dafür ist gesorgt, dass bei Windstille, welche die Colonieen zwingt, tagelang an derselben Stelle zu liegen, unfähig vermittelst dehnbarer Fangfäden reichliche Beute zu erwerben, die Kost nicht ausgeht: Nester von gelben Zellen (Zooxanthellen), welche in den Gefässen sich anhäufen, vermitteln durch ihre Symbiose eine Ernährung von Seiten der Schmarotzer.

Zug um Zug vermögen wir in dem Organismus der Velelliden die Anpassungen und Umbildungen nachzuweisen und verständlich zu machen, ohne dass wir nöthig hätten, mit Häckel einen diphyletischen Ursprung zur Erklärung der aberranten Gestaltung anzunehmen.[3] Als ein weiteres Glied in der Kette der merkwürdigen Umformungen fasse

[1] Zur Erläuterung dieser Bezeichnung sei auf den Nachtrag von: C. Chun, Die Ctenophoren des Golfes von Neapel, 1880 p. 312 verwiesen.

[2] C. Chun, Die Siphonophoren der canarischen Inseln. Sitzungsber. Akad. Wissensch. Berlin. 1888. 44. p. 1145 ff.

[3] Wenn Häckel die nachstehend bezeichnete Publikation Metschnikoff's über die geschlechtsreife Velella-Meduse berücksichtigt hätte (an keiner Stelle des „Report" wird derselben Erwähnung gethan), so hätte er sich auf den ersten Blick von der Unhaltbarkeit seiner diphyletischen Ableitung der Siphonophore überzeugen müssen. Alles, was Häckel zur Begründung seiner Ansicht, dass die „Discomanthen" modificirte Trachomedusen sind, vorbringt, beruht auf einer Ueberschätzung äusserer Aehnlichkeiten. Ich habe in meinem Berichte über die canarischen Siphonophoren manche der von Häckel betonten angeblichen Homologieen zwischen den Velellen und Porpiten einerseits und zwischen den Trachomedusen andererseits zurückgewiesen und brauche wohl kaum darauf aufmerksam zu machen, dass die in dem Report (p. 35) gegebene Vergleichung des Gefässsystems der Velelliden mit jenem der Trachomedusen wiederum auf vage äussere Aehnlichkeiten basirt ist. Die geschlechtsreife Velella-Meduse hat mit Trachomedusen Nichts gemein; sie ist eine Anthomeduse, deren Gonaden in der Magenwand reifen. Die männliche Meduse weist vier Hoden in der Magenwandung auf, die weibliche vier Gonaden, von denen nur eine sich

ich auch die Production freier Medusen auf, welche erst nach der Lostrennung, wie Metschnikoff[1] nachwies, einen Tentakel und die Geschlechtsorgane ausbilden. Sie knospen bekanntlich an den kleinen Magenschläuchen, welche morphologisch vielleicht „Geschlechtstastern" entsprechen, deren terminale Oeffnung (eine derartige Oeffnung an den Tastern kommt den „Cystonen" zu) als Mundöffnung Verwerthung fand.

Dass eine Production von Gonophorentrauben, deren Manubrien von Spermatozoen und Eiern geschwellt sind, eine erhebliche Belastung des Körpers und Beeinträchtigung des raschen Segelns bedingen würde, liegt auf der Hand. Zudem wird, wie Weismann richtig hervorhebt, „bei gleichem Aufwand von Seiten des Mutterstockes stets die sich selbst ernährende, längere Zeit lebende Meduse eine grössere Keimmasse produciren, als das nur einmal sich füllende und entleerende Gonophor." Von zwiefachem Vortheil ist es demgemäss für den Organismus der Velelliden, wenn freie Medusen von ihnen geknospt werden.

Ist es nun, so frage ich, wahrscheinlich, dass Siphonophoren, welche durch Tracheen athmen und deren Gesammtorganisation bis in das kleinste Detail wesentliche Umgestaltungen durch das Aufgeben einer frei schwimmenden Lebensweise aufweist, uns bezüglich der Production von Medusen ursprüngliche Verhältnisse conservirten? Ist thatsächlich die Annahme absurd und ungerechtfertigt, dass gerade zu Gunsten einer passiven Ortsbewegung, der sämmtliche Anhänge der Colonie so sinnfällig sich anpassten, auch die Belastung des Manubriums mit Geschlechtsstoffen unterdrückt wurde und eine Weiterentwicklung des Gonophors zu der Meduse stattfand, welche erst im freien Leben Zeugungsstoffe producirt?[2]

weiter entwickelt und ein einziges Ei producirt. Metschnikoff lässt die Sexualprodukte im Ektoderm entstehen; aus seinen Abbildungen scheint indessen hervorzugehen, dass dieselben im Entoderm entstehen und später zuerst beide Keimblätter auswandern. Das Ei wird dann späterhin, ebenso wie die meisten Eier der Siphonophoren, von einem entodermalen Follikelepithel umwachsen.

[1] E. Metschnikoff. Medusologische Mittheilungen. Arb. Zool. Inst. Wien 1886.

[2] Wenn Weismann in der Auswanderung der Keimzellen aus dem Entoderm in das Ektoderm eine phyletische Reminiscenz erblickt, so lasse ich eine derartige Auffassung für jene Fälle gelten, wo thatsächlich eine Einwanderung zwischen die Ektodermzellen erfolgt. Bei den Siphonophoren liegen meines Erachtens die Verhältnisse derart, dass nur eine Einwanderung zwischen beide Keimblätter erfolgt. An jenen Stellen wo durch günstige Lageverhältnisse die Stützlamelle deutlich nachweisbar ist (so auf Fig. 15 Taf. VII) zeigt sich das Ei mitten in der Stützlamelle gelegen, insofern es sowohl gegen das Follikelepithel des Entodermes, wie gegen das Ektoderm durch eine zarte Stützlamelle abgegrenzt ist. Dass diese Lagerung der Sexualprodukte in günstigster Weise den Leistungen der die Leibeshöhle begrenzenden Entodermes, wie dem Nähr- und Schutzbedürfniss der Sexualprodukte gerecht wird, liegt auf der Hand. Wir sind freilich noch weit entfernt davon, für die complicirten Wanderungen der Keimzellen physiologische Motive angeben zu können und so erklärt sich die Neigung, „phylogenetische Reminiscenzen" da zu erblicken, wo sie sonst nach dem Ausspruch Weismanns (bei der Ontogenese der Medusenknospe) nicht gewahrt sind.

Was hier für Acellen und Porpiten dargelegt wurde, gilt in gewissem Sinne auch für die Rhizophysen und Physalien. Seitdem ich[*] nachwies, dass einerseits die Medusen der Physalien sich loslösen und offenbar erst im freien Leben die Eier zur Ausbildung bringen, dass andererseits dieselben Vorgänge für die Rhizophysen zutreffen, bin ich in meiner damals geäusserten Auffassung nur bestärkt worden, dass das Knospen freier Medusen in Correlation mit dem Aufgeben einer aktiven Schwimmbewegung der Colonie stehe. Wenn Weismann die Motive für die Rückbildung der Medusen zu Gonophoren in der Ausstattung der Siphonophoren mit furchtbaren Waffen erblickt, so halte ich ihm entgegen, dass gerade die mit den furchtbarsten Waffen ausgerüstete Siphonophore, nämlich die Physalia, eine Produktion freier Medusen aufweist. Ich kann nicht umhin, auch für die frei werdenden weiblichen Medusen der Rhizophysen und Physalien die Möglichkeit einer progressiven Entwicklung aus Gonophoren zuzugestehen.

[*] C. Chun. Ueber die cyklische Entwicklung und die Verwandtschaftsverhältnisse der Siphonophoren. Sitzungsber. Akad. Wissensch. Berlin. 1882, 62 p. 1169 (15).

Königsberg i. Pr. December 1890.

Uebersicht des Inhalts.[*]

*) Die eingeklammerten Zahlen [ ] beziehen sich auf die Seitenzahl des Bd. XVI der Abhand. Senckenb. naturf. Ges.

Erklärung der Tafeln.

Durchgehende Figurenbezeichnungen.

Stamm und Gewebe.

tr. Stamm (truncus).

tr. d. Dorsallinie des Stammes in Internodien.

g. v. Gastrovaskularraum.

mu. Muskel.

ek. Ektoderm.

en. Entoderm.

lam. Stützlamelle.

Schwimmglocken (nectoralien s, nectophorae).

n. Hauptschwimmglocke.

n. sp. Spezialschwimmglocke.

u. Umbrella.

ex. Exumbrella.

su. Subumbrella (Schwimmsack).

ve. Velum.

e. ol. Oelbehälter (Somatocyst, Saftbehälter).

hy. Hydroecium (Trichterhöhle, Stammbehälter).

Gefässe (canales).

c. Gefäss.

cⁱ c² c³ c⁴. Radiärgefässe.

c d (= c¹). Dorsalgefäss.

c. v (= c²). Ventralgefäss.

c. l. s (= c³). Linkes Seitengefäss.

c. l. d (= c⁴). Rechtes Seitengefäss.

c. c. Ringgefäss (canalis circularis).

c. ped. Stielkanal.

c. p. Mantelkanal (canalis pallialis).

c. p. d. Dorsaler Mantelkanal.

c. p. v. Ventraler Mantelkanal.

d. Oeltropfen resp. terminale Anschwellungen des Oelbehälters.

Deckstücke (bracteae s, hydrophyllia).

br. Deckstück.

e. br¹ ... ⁵, Gefässäste des Deckstückes.

br. s. .. Linker Lappen des Deckstückes.

br. d .. Rechter Lappen des Deckstückes.

vag. Scheide des rechten Lappens.

Magenschläuche (polypi s. siphones).

p. Magenschlauch.

p. in. Intermediale Magenschläuche.

p. p. Stiel des Magenschlauches (pedunculus polypi).

bg. Basalmagen (basigaster).

st. Hauptmagen (Stomachus).

pr. Rüssel (proboscis).

v. p. Pylorusklappe (valvula pylorica).

o. Mundöffnung (os).

men. Magenwulste (taeniolae).

Taster (Mundlose Polypoide, palpones).

pa. Taster.

p. pa. Stiel des Tasters.

Tentakel (Fangfaden).

t. Tentakel.

t. pr. Primärtentakel.

t. s. Sekundärtentakel.

t. l. Seitenfäden des Tentakels (Tentillen).

c. t. Gefässkanal des Tentakels.

p. t. Stiel des Seitenfadens (pedunculus tentilli).

n. u. Nesselknopf (nodulus urticans s. cnidosaccus s. sacculus urticans).

n. u pr. Primärer Nesselknopf.

n. u. s Sekundärer Nesselknopf.

n. g. d. Basalteil des Nesselkopfes

n. u. v. Vorderteil des Nesselkopfes

f. i. Endfaden eines traumatischen Angrifsfaden.

t. u. Nesselband (tentacula urticans) oder Nesselbatterie.

cn. Nesselkapsel oder Nematocyst.

cn. t. Nesselkapsel der Intima

cn. pa. Statoblaste Nesselkapsel im ungebildeten präformiert

cn. py. Statoblaste Nesselkapsel mit ausgebildetem präformiert

cn. e. Cnidoeil

cnbl. Nesselzelle (Cnidoblast

tent. Tentakelzellen oder Riesenzellen des Nesselkopfes.

m. f. Gefensterte Membran des Nesselkopfes

gl. Drüsenzellen des Nesselkopfes

arc. Degeneration des Nesselkopfes.

Gonophoren (Genitalglocken).

go. Gonophor.

go ♀ Weibliches Gonophor.

go ♂ Männliches Gonophor

g. p. Stiel des Gonophors

g. d. Gonodendron (Gonophorentraube)

m. Manubrium (Genitalkolppe).

m. ♂ Manubrium des männlichen Gono

m. ♀ Manubrium des weiblichen Gono

sp. Spadix

spf. Zum Follikelepithel ausgebildeter Spadix.

ov. Eierstock (Ovulation).

ovf. Follicin (Keimbläschen.

ov s. Keimstock des Eies (Keimfleck) oder Spadix

spf. Spermatozoen

v. g. Genitalglocken oder Genitalbucht

tg. Glockenkern.

c. camp. Glockenhöhle.

cup. Entodermkappe.

Knospen (gemmae).

g. Knospe.

g. pr. Urknospe (gemma primaria.

g. pr. ♀ Weibliche Urknospe.

g. pr. ♂ Männliche Urknospe.

Tafel I.

tr. Stamm.
in. Stamminternodien.
n¹ . . n⁴. Hauptschwimmglocken.
c. ol. Dichotom gegabelter Oelbehälter.
su. Subumbrella (Schwimmsack).
ve. Velum.
n. sp. Spezialschwimmglocken.
br. Deckstücke.
pa. Mundlose internodiale Polypoide.
p. Magenschläuche.
p. p. Stiel des Magenschlauches.
b. g. Vormagen (Basalmagen).
ol. Oeltropfen in den Magenschläuchen.
p. in. Internodialer Magenschlauch.
t. Tentakel mit den sekundären röthlichen Nesselknöpfen.
t. pr. Primärtentakel mit den eichelförmigen Nesselknöpfen.
n. u. Nesselknöpfe.
go. d ♂. Männliche Gonophorentrauben.
go. d ♀. Weibliche Gonophorentrauben.
ma ♂. Männliche Manubrien.

Fig. 1. *Stephanophyes superba*, ruhig im Wasser schwebend, in natürlicher Grösse von der linken Seite gesehen.

Von den vier in einer Ebene gelagerten Schwimmglocken sind drei grössere (n¹ . . n³) dem Beschauer zugekehrt, während die vierte kleinere (n⁴) durchschimmert.

Fig. 2. Isolirtes flottirendes Stammstück in natürlicher Grösse von der rechten Seite gesehen.

Tafel II.

Haupt- und Spezialschwimmglocken.

ve. Velum.
hy. Hydroecium.
e. ped. Stielkanal.
e. p. Mantelkanal.
p. d. Dorsaler Mantelkanal.
p. v. Ventraler Mantelkanal.
e. d. Dorsalgefäss.

c. v. Ventralgefäss.
e. l. Seitengefäss für Astknospen gewunden.
e. e. Ringgefäss.
e. öl. Oelbehälter.
öl. Knopfförmige Anschwellungen der Gabel-
    äste des Oelbehälters.
s. Randkörper.

Sämmtliche Figuren mit Ausnahme von 8 und 9 sind nach dem lebenden Thier gezeichnet.

Vergr.

Fig. 1. Die beiden Hauptschwimmglocken einer jugendlichen Colonie. Loupenvergr. . . . circa $\frac{3}{1}$

Fig. 2. Hauptschwimmglocke der erwachsenen Colonie von der Vorderseite. Loupenvergr. (etwas über doppelte Grösse).

Fig. 3. Aelteste Hauptschwimmglocke von der linken Seite. Loupenvergr. (etwas über doppelte Grösse).
    x. Knickung des Oelbehälters (e. öl.).
    x¹. Beginn der dichotomen Gabelung des Oelbehälters.
    a. Horizontaler Gabelast. b. Ventraler Gabelast.

Fig. 4. Kleinste (jüngste) Hauptschwimmglocke von der linken Seite . . . . circa $\frac{8}{1}$
    a. Fast horizontal verlaufender Gabelast des Oelbehälters. b. Ventraler Gabelast.
    hy. Schwach entwickeltes Hydroecium.

Fig. 5. Schwimmsack einer grossen Hauptschwimmglocke schräg von rechts und vorne gesehen. Etwas über doppelte Grösse.

Fig. 6. Aelteste Ersatzglocke der Hauptschwimmglocken einer erwachsenen Colonie mit der wurzelförmigen Gabelung des Oelbehälters a und b. Abwärts steigende stärkere Aeste des Oelbehälters. cr. Gallertfirste. öl. Dorsale Gallertflügel . . . . . . $\frac{22}{1}$

Fig. 7. Ersatzglocken der Hauptschwimmglocken einer jugendlichen Colonie.
    A. Aelteste Ersatzglocke. B. Zweitälteste Ersatzglocke, an deren Basis die Knospen
    für drei jüngere Glocken gelegen sind. cr. Schräg über die Glocke ver-
    laufende Gallertfirste. öl. Dorsale Gallertflügel . . . . $\frac{(2)}{1}$

Fig. 8. Die älteste Ersatzglocke A (Fig. 7) von vorne gesehen mit den beiden Aussackungen des Oelbehälters (e. öl.). Die Bezeichnungen sind dieselben wie in Fig. 7 . . . . $\frac{(2)}{1}$

Fig. 9. Ein Gabelast des Oelbehälters der Glocke A (Fig. 7 und 8) von oben (dorsal) gesehen . . . . $\frac{(2)}{1}$

Fig. 10. Ersatzglocke einer Spezialschwimmglocke der erwachsenen Colonie. x. Gallertwulst oberhalb des Schirmrandes . . . . $\frac{(2)}{1}$

Fig. 11. Ersatzglocke einer Spezialschwimmglocke der jugendlichen Colonie.
    prox. Proximalrand. dist. Distalrand der Exumbrella. x. Gallertwulst oberhalb
    des Schirmrandes c. d¹. Von der Medianebene asymmetrisch abbiegender Theil
    des Dorsalgefässes . . . . $\frac{(2)}{1}$

Tafel III.

Gruppenanhänge des Stammes.

tr. Stamm.

mm. Längsmuskeln, welche die Gefässe begleiten und mit dreieckigen Verbreiterungen in die Längsmuskeln des Stammes übergehen.

Deckstücke.

br. Deckstück.

br. d. Rechter Lappen des Deckstückes.

br. v. Linker Lappen des Deckstückes.

vag. Scheidenkanal des linken Lappens.

c. br¹....c. br.⁴ Die 6 Gefässäste der Deckstücke. (In allen Figuren sind die entsprechenden Gefässäste gleich numerirt.)

ol. Knopfförmige Anschwellungen der Deckstückgefässe mit den Oeltropfen.

Spezialschwimmglocken.

s. sp. Spezialschwimmglocke.

c. ped. Stielkanal.

c. p. d. Dorsaler Mantelkanal.

c. p. v. Ventraler Mantelkanal.

c. d. Dorsalgefäss des Schwimmsackes.

c. v. Ventralgefäss.

c. l. d. Rechtes Seitengefäss.

c. l. s. Linkes Seitengefäss.

c. c. Ringkanal.

ve. Velum.

Magenschläuche.

p. Magenschlauch.

p. p. Stiel des Magenschlauches.

b. g. Vormagen (Basalhängen).

st. Hauptmagen.

pr. Mundrüssel.

twm. Magenwulst.

Mundlose Polypoide.

pa. Mundlose Polypoide.

p. pa. Stiele der Polypoide.

Tentakel.

t. Tentakel.

t. pr. Primärtentakel.

t. s. Sekundärtentakel.

t. k. Seitenfäden (Tentillen).

p. t. Stiel der Seitenfäden.

n. u. pr. Primäre sichelförmige Nesselknöpfe.

n. u. s. Sekundäre nierenförmige Nesselknöpfe.

f. t. Angelfaden.

Gonophoren.

go. d. ♂. Männliche Gonophorentraube.

go. d. ♀. Weibliche Gonophorentraube.

go. p. Stiel des Gonophors.

ma. ♂. Männliches Manubrium.

ma. ♀. Weibliches Manubrium.

u. Umbrella.

c. l. Verästelte Umbrellargefässe.

or. Eier.

or¹. Eikern.

or². Kernkörperchen.

Fig. 1—5 nach dem Leben, Fig. 6—9 nach Präparaten, welche mit der Conservirungsflüssigkeit von Lo Bianco behandelt wurden.

Vergr.

Fig. 1. Zwei Stammgruppen mit den beiden interzidialen Gruppen mundloser Polypoide (pa.) eines isolirt flottirenden Stammstückes (Taf. I Fig. 2) von der rechten Seite. br.¹ distales Deckstück. br.¹¹ proximales Deckstück. c. br.¹....c. br.⁴ Gefässäste des distalen Deckstückes. c. br.¹....c. br.⁴ Gefässäste des proximalen Deckstückes. Loupenvergr. . . . . circa ⅙/₁

Fig. 2. Gruppe vom Anfangstheil des Stammes der erwachsenen Colonie (Taf. I Fig. 1) von der linken Seite. c. br.¹....c. br.⁴ Gefässäste des proximalen Deckstückes. c. br.¹....c. br.⁴ Gefässäste des distalen Deckstückes. ol. Oeltropfen im Hauptmagen. Loupenvergr. . . . . . . circa ⅙/₁

Fig. 3. Isolirte Stammgruppe von hinten gesehen etwas über natürliche Grösse.

Sarphatingens superba Chase

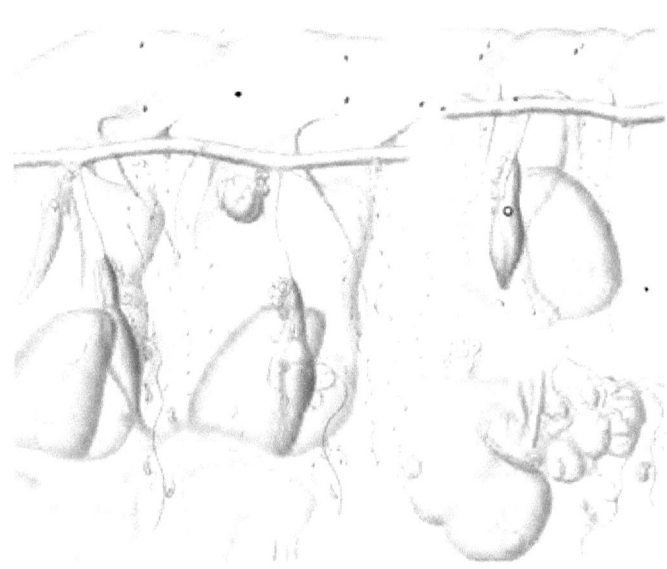

Tafel IV.

Sekundäre nierenförmige (Fig. 1—6) und primäre eichelförmige (Fig. 7 und 8) Nesselknöpfe.

t. Tentakel.
p t. Stiel des Seitenfadens.
p. t'. Aufgeknäuelte Partie desselben.
lam. Stützlamelle des Stieles.
e, t, p. Stieltheil des Geißkanales
e, t, n. Im Nesselknopf verlaufender Theil des Geißkanales.
n. n. d. Dorsalseite des Nesselknopfes.
n. n. v. Ventralseite des Nesselknopfes.
t. m. Nesselband (Batterie).
en. pa. Grosse stabförmige Nesselkapseln.

en. py. Birnförmige Nesselkapseln.
tect. Gerüstzellen (Riesenzellen).
tect. d. Dorsale (distale) Gerüstzellen.
tect. v. Ventrale (proximale) Gerüstzellen.
el. d. Rechte Schleifenhälfte des elastischen Bandes.
el. s. Linke Schleifenhälfte des elastischen Bandes.
gl. Drüsenzellen.
f. t. Angelfaden (Endfaden).
s. f. t. Endknopf des Angelfadens.

Nach Präparaten, die mit Chromessigsäure und mit Chromosmiumsäure behandelt wurden, gezeichnet.

Tafel V.

Entwicklung und Bau der sekundären nierenförmigen Nesselknöpfe.

Sämmtliche Figuren sind mit dem Prisma nach mit Chromessigsäure Fig. 1—10) und mit Chrom-Osmiumsäure (Fig. 11—21) behandelten Präparaten entworfen.

Tafel VI.

—

Fig. 1—7. Bau der primären eichelförmigen Nesselknöpfe.
Fig. 8—15. Bau der sekundären nierenförmigen Nesselknöpfe.

pa.	Mundlose Polypode	cn. t.	Nesselzellen der Batterie.
p. pa.	Stiele derselben	cn. py.	Birnförmige Nesselkapseln.
p. t.	Stiel des Seitenfadens	cn. c.	Cnidocil.
n. n. pr.	Primärer eichelförmiger Nesselknopf	m. f.	Gefensterte Membran.
c. t. n.	Gefäss des Nesselknopfes.	arc.	Bogenzellen.
t. n.	Nesselband (Batterie).	gl.	Drüsenzellen.

Fig. 2—5 nach ungefärbten, mit Chromessigsäure behandelten Balsampräparaten.

Vergr.

Fig. 1. Zwei mundlose Polypode mit dem Anfangstheil der primären Fangfäden. t r. Stamm
c. br.¹ Gefäss des Zweigstückes. un. Längs-Muskeln, welche dasselbe begleiten.
Nach dem lebenden Thier 6v/1

Fig. 2. Untere Partie des primären eichelförmigen Nesselknopfes von vorne gesehen mit den
24 birnförmigen Nesselkapseln. mn. Muskelstiele der Nesselzellen (Cnidoblasten).
cnbl². Nesselzellen mit 2 resp. 3 Muskelstielen. k. Kerne der Nesselzellen.
pons. Brückenförmige Ausläufer der gefensterten Membran 620/1

Fig. 3. Untere Partie des primären Nesselknopfes von der Seite. mn. Bundelweise sich ver-
einigende Muskelstiele der Nesselzellen. pons. Brücke der gefensterten Membran 620/1

Fig. 4. Nesselknopf von unten mit den 24 birnförmigen Nesselzellen. tect. Gerüstzellen.
cn. t. Die untersten der zu 7 Längsreihen angeordneten Nesselkapseln der
Batterie 440/1

Fig. 5. Jugendlicher primärer Nesselknopf von der Seite . . . 450/1

Fig. 6. Längsschnitt durch einen jugendlichen primären Nesselknopf. k. Kern einer Gerüst-
zelle. k'. Kerne der gefensterten Membran 600/1

Fig. 7. Querschnitt durch einen jugendlichen Nesselknopf, welcher die verbreiterte Partie
der Batterie getroffen hat. k. Kerne der Gerüstzellen. c. t. n. schräg an-
geschnittene Partie des Gefässes 600/1

Fig. 8. Nesselband eines ausgebildeten sekundären Nesselknopfes von oben gesehen. Auf
der linken Seite der Figur ist nur die gefensterte Membran (m. f.) angedeutet,
in der Mitte sind die Bogenzellen (arc.) und rechts die oberflächliche Schichte
der Drüsenzellen (gl.) mit ihren randständigen Kernen (k.) eingezeichnet . . 520/1

Fig. 9. Durch Maceration isolirte Bogenzellen 520/1

Fig. 10. Durch Maceration isolirte Nesselkapseln der Batterie mit der aufliegenden gefensterten
Membran. Die Kerne der Nesselkapseln (k) sind etwas gequollen. x Entladungspol der Nesselkapseln.

Fig. 11. Drüsenzellen eines jugendlichen sekundären Nesselknopfes. k. Kerne. se. Secret . 680/1

Fig. 12. Drüsenzellen des ausgebildeten sekundären Nesselknopfes . 520/1

Die Figuren sind nach mit Chromessigsäure und mit Chrom-osmiumsäure behandelten Präparaten gezeichnet.

Tafel VII.

Fig. 1—26. Gonophoren.

go. Gonophor.
go ♂. Männliches Gonophor.
go ♀. Weibliches Gonophor.
go. p. Gonophorenstiel.
g. pr. Urknospe.
g. pr ♂. Männliche Urknospe.
g. pr ♀. Weibliche Urknospe.
g. v. Gefässlumen des Gonophors und der Urknospe.
u. Umbrella (Glockenmantel).
su. Subumbrella.
ve. Velum.
lam. Stützlamelle.
ek. Exumbrales Ektoderm der Umbrella.
ek'. Subumbrales Ektoderm der Umbrella.
ek''. Ektoderm des Manubriums.
enl. Gefässlamelle der Umbrella.
en'. Entoderm des Manubriums.
camp. Glockenkern.
c. camp. Glockenhöhle.
cup. Entodermkuppe.
sp. Spadix.
sp. f. Zum Eifollikel umgebildeter Theil des Spadix.
c¹ . . . c⁴ Die vier Radiärgefässe der Umbrella.
c. c. Ringkanal.
ov. Ei.
ov'. Eikern.
ov''. Kernkörperchen.
ma. n. Grosskern des jugendlichen Eies.
mi. n. Kleinkern des jugendlichen Eies.
sp. bl. Spermatoblasten.

Die Zeichnungen sind nach mit Chrom-Essigsäure behandelten Präparaten entworfen. Das Ektoderm ist in bläulichem, das Entoderm in bräunlichem Tone gehalten.

Vergr.

Fig. 1. Weibliche Urknospe an der Basis einer Traube, deren Gonophoren je 3 Eier enthalten. Aus 4 aufeinander folgenden Schnitten combinirt. ov^I jüngste, ov^II mittlere, ov^III älteste Gruppe von je 3 Eiern . . . $\frac{270}{1}$

Fig. 2. Weibliche Urknospe. Längsschnitt . . . $\frac{250}{1}$

Fig. 3. Weibliche Urknospe, von der ein Gonophor (go ♀) sich abzuschnüren beginnt . . . $\frac{130}{1}$

Fig. 4. Längsschnitt durch das sich abschnürende Gonophor (Fig. 3 go ♀) . . . $\frac{380}{1}$

Fig. 5. Tangentialschnitt durch die weibliche Urknospe (Fig. 3) . . . $\frac{380}{1}$

Fig. 6—8. Jugendliche Eier aus der Urknospe Fig. 3 . . . $\frac{380}{1}$

Fig. 9. Eizelle aus einem jungen Gonophor mit randständigem Kleinkern . . . $\frac{350}{1}$

Fig. 10. Junges Gonophor in der Aufsicht mit dreieckig gefaltetem Spadix . . . $\frac{150}{1}$

Fig. 11. Junges Gonophor in der Aufsicht mit drei Eiern, welche von dem Spadix umwachsen werden . . . $\frac{150}{1}$

Fig. 12. Aelteres Gonophor in der Aufsicht mit vier Eiern, dessen Spadix die Umwachsung nahezu vollendet hat. Die Umbrella, welche in Fig. 10 und 11 noch allseitig das Manubrium umhüllt, ist eingerissen und bei der Aufsicht nicht wahrnehmbar . . . $\frac{130}{1}$

Fig. 13. Schnitt durch ein Ei von mittlerer Grösse mit dem randständigen Kern . . . $\frac{200}{1}$

-- --

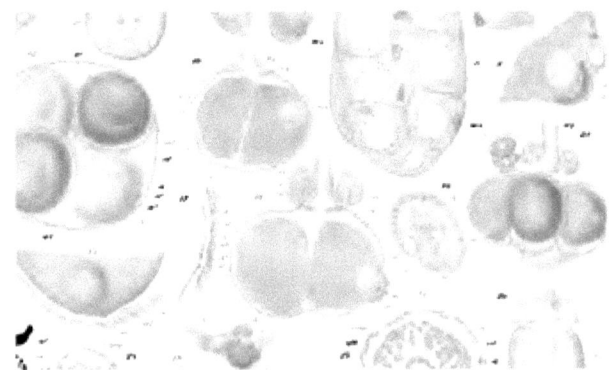

Die Canarischen Siphonophoren

in monographischen Darstellungen

von

Carl Chun.

II. Die Monophyiden

nebst Bemerkungen über Monophyiden des pacifischen Oceans.

Seitdem die Formenfülle, der Bau und die Entwicklung der Calycophoriden uns genauer bekannt geworden sind, gewinnt die Familie der Monophyiden an erhöhtem Interesse. Sie repräsentiren bekanntlich die einfachst gestalteten Calycophoriden, welche im ausgebildeten Zustande durch den Besitz nur einer Schwimmglocke ausgezeichnet sind. Diese Schwimmglocke ist entweder mützenförmig und glatt oder pyramidenförmig und nach Art der Diphyiden- und Abylidenglocken mit scharfen Firsten auf der Exumbrella ausgestattet. Für die Beurteilung der systematischen Stellung der Monophyiden dürfte nun der früher von mir erbrachte Nachweis entscheidend sein, dafs alle durch kantige Glocken ausgezeichneten Monophyiden, und mit ihnen sämtliche höheren Calycophoriden eine primäre, mützenförmige resp. glockenförmige Schwimmglocke zur Ausbildung bringen. (Vergl. Holzschnitt 1 p. 90 [66] u. 3 p. 92 [68].) Der Nachweis, dafs eine solche primäre Schwimmglocke an der embryonalen Calycophoridenkolonie angelegt wird, welche abgeworfen und durch sekundäre heteromorphe Glocken ersetzt wird, konnte allerdings mit aller Schärfe bis jetzt von mir nur für die Anfangs- und Endglieder der Reihe, nämlich für eine Monophyide (Muggiaea) und für eine Polyphyide (Hippopodius) geführt werden. Alle bis jetzt vorliegenden Beobachtungen über die Entwicklung der Diphyiden weisen indessen darauf hin, dafs die bisher für die obere Schwimmglocke gehaltene Glockenanlage ebenfalls eine vergängliche, primäre ist.

Durchlaufen somit die höheren Calycophoriden bei ihrer Entwicklung ein Monophyiden-Stadium, so werde ich späterhin noch darauf hinweisen, dafs auch den Physophoriden ein solches zukommt. Die primäre Schwimmglocke der Calycophoriden ist homolog

11

der Pneumatophore der Physophoriden. Die Entwicklung der Pneumatophore der Physophoriden vermittelst eines Glockenkernes weist klar darauf hin, dafs sie als eine Schwimmglocke aufzufassen ist, welche durch Funktionswechsel die Fähigkeit erhält, ein Gasgemenge zu secerniren.

Nach meinem Dafürhalten lassen sich die larvalen Entwicklungsvorgänge der Siphonophoren unter einem einheitlichen Gesichtspunkte in folgender Weise zusammenfassen: Die **flimmernden Planula-Larven sämmtlicher Siphonophoren bilden an dem vorderen (oberen) Pole des zum Polypen mit der Fangfadenanlage sich umgestaltenden Larvenkörpers eine primäre Medusenknospe aus, neben der spaterhin heteromorphe sekundäre bei allen Calycophoriden und bei zahlreichen Physophoriden entstehen. Die primäre Medusenschwimmglocke wird bei den Calycophoriden abgeworfen, während sie bei den Physophoriden zeitlebens neben den heteromorphen sekundären Schwimmglocken persistiert und sich zur Pneumatophore umbildet.**

Sollte diese Auffassung das Richtige treffen, so liegt auf der Hand, dafs die Familie der Monophyiden ein besonderes theoretisches Interesse beansprucht. Das um so mehr, als gute Gründe für die Annahme sprechen, dafs die primäre Schwimmglocke bei den Gattungen Monophyes und Sphaeronectes zeitlebens als definitive persistiert.

Da die Vertreter der Monophyiden, wie ich sie mit ihren Abkömmlingen in den nachfolgenden Blättern vorführe, früherhin wenig Beachtung fanden, so mag zunächst ein historischer Überblick die allmähliche Entwicklung unserer Kenntnisse vorführen.

I. Geschichtlicher Überblick.

Im Jahre 1826 fanden die Naturforscher der „Astrolabe", nämlich Quoy und Gaimard in der Meerenge von Gibraltar eine originell gestaltete Siphonophore auf, welcher sie den Namen Enneagonum hyalinum gaben[1].

Eschscholtz reihte dieselbe in seinem ausgezeichneten „System der Akalephen" der von ihm neu begründeten Gattung Cymba unter dem Namen C. enneagonum ein und wies ihr, nach dem Vorgange der Entdecker, ihre Stelle in der Familie der Diphyiden (die ja mit der heutigen Ordnung der Calycophoriden sich vollkommen deckt) an[2].

---

[1] Quoy et Gaimard: Observations Zoologiques faites à bord de l'Astrolabe, en mai 1826, dans le détroit de Gibraltar. Annales des Sciences Naturelles. T. X 1827 p. 17 Tab. 2 D.

[2] F. Eschscholtz: System der Akalephen. 1829 p. 134.

Leider sind die Beschreibungen älterer Autoren nicht minder mangelhaft als die Abbildungen, welche sie von Siphonophoren entwarfen. So läßt es sich denn auch nicht entscheiden, ob das Enneagonum identisch ist mit der von Haeckel und mir an den Canarischen Inseln aufgefundenen Gattung Halopyramis. Mit Sicherheit geht indessen aus der Schilderung einer zweiten Siphonophore, welche sie als Cuboides vitreus beschrieben, hervor, daß sie die freien Endoxienabkömmlinge von Halopyramis vor Augen hatten.

Wenn ich im Vorstehenden Quoy und Gaimard als die ersten Beobachter von Monophyiden resp. deren Anhangsgruppen hinstellte, so darf ich immerhin nicht unerwähnt lassen, daß zwei Jahre vor dem Erscheinen ihres Berichtes Eschscholtz auf die sogenannten monogastrischen Diphyiden aufmerksam machte. In seinem noch auf Kamtschatka niedergeschriebenen Reiseberichte[1] schildert er mit kurzen Worten eine Endoxia Bojani, welche ich — soweit die beigegebene Abbildung einen Schluß gestattet — für den Abkömmling einer zierlichen, neuen Monophyidengattung, nämlich der Doramasia, halte.

Es vergeht inzwischen eine Reihe von Jahren, bevor wir von einer Monophyide Nachricht erhalten, welche in ihrem Habitus durchaus der oberen Schwimmglocke einer Diphyide gleicht. Im Jahre 1844 beschrieb Will[2] in seinen an zutreffenden Beobachtungen reichen „Horae Tergestinae" eine vermeintliche Diphyide unter dem Namen Diphyes Kochii. Er bemerkt ausdrücklich, daß es ihm nie gelungen sei, bei dieser Siphonophore eine untere Schwimmglocke zu beobachten. Dieselbe Beobachtung teilt auch Busch[3] in seinen bekannten Beobachtungen über wirbellose Seetiere mit, der ebenfalls in Triest die Diphyes Kochii studierte und eine offenbar mit ihr identische Art auf heute als unzulänglich erkannte Charaktere hin als Muggiaea pyramidalis beschreibt.

Daß thatsächlich die Diphyes Kochii eine Monophyide repräsentirt, deren frei werdende Endoxiengruppen von Will und Busch ebenfalls beobachtet wurden, ist freilich erst durch meine später zu erwähnenden Beobachtungen nachgewiesen worden.

Die bisherigen Beobachtungen erstreckten sich somit auf Formen, welche man mit guten Gründen für Diphyiden halten durfte, denen die untere Schwimmglocke fehlt. Indessen macht schon Will in seinen oben erwähnten Horae Tergestinae (p. 82 Taf. II Fig. 18) auf

---

[1] F. Eschscholtz: Bericht über die Zoologische Ausbeute während der Reise von Kronstadt bis St. Peter und Paul. Isis v. Oken, 1825, I p. 743, Taf. V, Fig. 15.

[2] Will: Horae Tergestinae 1844, p. 77, Taf. II, Fig. 22.

[3] W. Busch: Beobachtungen über Anatomie und Entwicklung einiger wirbellosen Seetiere. 1851, p. 46—49, Taf. IV.

monogastrische Diphyiden aufmerksam, welche durch den Mangel von scharfen Firsten auf der Aufsenseite der Deckstücke und Genitalschwimmglocken sich nicht unerheblich von den bisher bekannt gewordenen Arten unterschieden. Will nannte diese zierlichen Gruppen Ersaea truncata. Offenbar ist mit ihnen eine Endoxiengruppe identisch, welche Gegenbaur als Diplophysa inermis schilderte [1].

Ein für die Biologie der Siphonophoren wesentlicher Fortschritt war inzwischen durch die Erkenntnis der wahren Natur der „monogastrischen Diphyiden" [2] angebahnt worden. Der gefeierte Entdecker des Generationswechsels der Medusen, M. Sars, gelangte 1846 bei Darstellung des Baues der nordischen Diphyes truncata zu der Ansicht, dafs die Eschscholtz'schen Gattungen Ersaea und Endoxia aus dem Systeme gestrichen werden müfsten, weil sie abgerissene Anhangsgruppen von Diphyiden repräsentieren [3]. Unabhängig von einander wiesen dann die Altmeister zoologischer Forschung, wie Leuckart [4], Vogt [5] und Gegenbaur [6] nach, dafs die monogastrischen Diphyiden die vom Stamme sich losbisenden terminalen Anhangsgruppen der Gattungen Abyla und Diphyes repräsentierten.

Mit diesen fundamentalen Entdeckungen war der späteren Forschung eine aussichtsvolle Perspektive eröffnet. Handelte es sich doch von jetzt an darum, mit dem merkwürdigen Vorgang der Endoxienbildung zu rechnen und für die zahlreichen beschriebenen monogastrischen Colonieen die Stammformen ausfindig zu machen.

Die neue Phase in der Erforschung des Baues der Calycophoriden und speciell auch der Monophyiden wird durch das ausgezeichnete Werk von Huxley über die „Oceanic Hydrozoa" eingeleitet. [7] Zum ersten Male erfahren wir durch Huxley von der Existenz einer zierlichen medusenähnlichen Monophyide mit rundlicher Schwimmglocke, welche als Sphaeronectes Köllikeri aus der Südsee beschrieben wird. Aufserdem schildert Huxley eingehend den Bau von Eudoxia Bojani Eschsch. und von Cuboides vitreus Quoy und Gaim. — jener Endoxiengruppen also, welche in den nachfolgenden Zeilen als Abkömmlinge von Mono-

[1] C. Gegenbaur: Beiträge zur näheren Kenntnis der Schwimmpolypen (Siphonophoren). 1854, Zeitschr. f. wiss. Zool. Bd. 5, Taf. XVI. Fig. 3, Seite p. 9.

[2] R. P. Lesson: Histoire naturelle de Zoophytes. Acalèphes. Paris 1843, p. 153 „Monogastricae".

[3] M. Sars: Fauna littoralis Norvegiae. 1846. p. 11.

[4] R. Leuckart: Die Siphonophoren, eine zoologische Untersuchung. 1853, p. 56—60.

[5] C. Vogt: Sur les Siphonophores de la mer de Nice. Mém. Inst. Nat. Genève, Bd. 1, 1853, p 126.

[6] C. Gegenbaur: l. c. p. 10—15.

[7] T. H. Huxley: The Oceanic Hydrozoa. A description of the Calycophoridae and Physophoridae observed during the voyage of H. M. S. „Rattlesnake" in the years 1846—1850. Ray Society 1859.

phyiden ihre Berücksichtigung finden werden. Von besonderem Interesse ist weiterhin die Vermutung Huxley's, dafs Cuboides vitreus der Abkömmling einer an der australischen Küste entdeckten Abylide, welche als Abyla Vogtii beschrieben wird, sein möge. Thatsächlich trifft er mit dieser Vermutung das Richtige, obwohl er die systematische Stellung seiner Abyla Vogtii verkannt hat. Ob auch jene diphyidenähnliche Calycophoriden, von denen Huxley nur die obere Schwimmglocke beobachtete, nämlich Diphyes Chamissonis und D. mitra Monophyiden repräsentieren (wie Häckel neuerdings annimmt) mufs einstweilen noch unentschieden bleiben. Bei der Leichtigkeit, mit der die Schwimmglocken der Diphyiden sich trennen, ist es geboten, durch eingehende Untersuchung der Knospungsvorgänge am Anfangsteile des Stammes den Beweis für die Monophyidennatur isoliert zur Beobachtung kommender Glocken zu liefern.

Dafs indessen die Sphaeronectes-Arten auch dem Mittelmeer nicht fehlen, läfst sich zum ersten Male aus den Beobachtungen Pagenstechers über „eine neue Entwicklungsweise bei Siphonophoren" erschliessen[1]. Pagenstecher beschreibt eine Sphaeronectes-Art, deren Bau er freilich irrtümlich beurteilte, insofern er die Schwimmglocke für ein Larvenorgan mit Ernährungsmaterial hielt.

Die Aufklärung über die wahre Natur jener zierlichen medusenähnlichen Sphaeronectiden brachte uns eine für die Kenntnis der Monophyiden grundlegende Untersuchung von Claus[2]. Er schildert nicht nur eingehend den Bau der Schwimmglocken und die Knospungsvorgänge am Stamme, sondern weist auch überzeugend nach, dafs die von Will und Gegenbaur beobachteten Diplophysen die frei gewordenen Stammgruppen der Sphaeronectiden sind. Um die auch von Huxley nur unzulänglich erkannten Charactere der Gattung und Familie im Gegensatz zu den Diphyiden zum Ausdruck zu bringen, führt er die Bezeichnung „Monophyes" und den seitdem allgemein eingebürgerten Familiennamen: „Monophyidae" ein. Zwei Arten der Gattung Monophyes, nämlich M. gracilis (identisch mit der von Pagenstecher beobachteten Form) und M. irregularis konnte er nebst den zugehörigen Diplophysen im Mittelmeer nachweisen.

Seit den Untersuchungen von Claus hat die Familie der Monophyiden ihr Bürgerrecht im Systeme erhalten — anfänglich freilich wenig beachtet und meist als Anhang bei Schilderung der Calycophoriden erwähnt.

---

[1] A. Pagenstecher: Über eine neue Entwicklungsweise bei Siphonophoren. Zeitschr. f. wiss. Zool. Bd. 19. 1869. p. 244, Taf. XXI.

[2] C. Claus: Schriften zoologischen Inhalts. II. Die Gattung Monophyes, Claus und ihr Abkömmling, Diplophysa Gegbr., Wien 1874.

Daß indessen die von Claus genauer studierten Monophyiden nur einen Bruchteil der Familie ausmachen und daß ihnen eine offenbar recht große Zahl zierlicher Formen zuzurechnen ist, welche durch kantige Schwimmglocken ausgezeichnet sind, glaube ich durch meine Untersuchungen über die Entwicklung der Muggiaea[1] dargethan zu haben. Eine kleine Monophyide mit mützenförmiger Schwimmglocke, die ich anfänglich für eine neue selbständige mediterrane Art, Monophyes primordialis, hielt, ließ an dem Anfangsteil des Stammes stets noch die Anlage einer zweiten Schwimmglocke erkennen. Zu meiner Überraschung bildete sich diese zweite Glocke nicht zu einer mit der ersten identisch gestalteten aus, sondern sie nahm eine gänzlich verschiedene Form mit fünfkantiger Exumbrella an. Eine genauere Untersuchung der sekundären Glocke ergab eine völlige Übereinstimmung mit der fünfkantigen Schwimmglocke jener von Will als Diphyes Kochii und von Busch als Muggiaea pyramidalis beschriebenen Siphonophoren. Die primäre mützenförmige Schwimmglocke wird abgeworfen, während die sekundäre fünfkantige zeitlebens persistirt und niemals durch Reserveglocken verdrängt wird. Weiterhin gelang es mir noch nachzuweisen, daß die Endoxiengruppen von Muggiaea Kochii (wie ich durch Combination der Benennung von Will und Busch die Art bezeichne) sich zu der Ersten pyramidalis Will[2], welche offenbar mit der von Busch[3] genauer studierten Endoxia Eschscholtzii identisch ist, entwickeln.

Die früher von mir geäußerte Auffassung, daß Monophyes primordialis eine selbständige Art sei, welche eine zweite Generation, nämlich die Muggiaea Kochii aufnimmt, halte ich heute ebensowenig aufrecht, wie die Vorstellung, daß Monophyes primordialis die Stammform der Calycophoriden repräsentire. Claus[4] hat mit Recht in einer kritischen Besprechung meiner Untersuchungen darauf hingewiesen, daß Monophyes primordialis nur ein Larvenstadium repräsentirt, das durch eine hinfällige primäre Schwimmglocke ausgezeichnet ist. Was hier für zwei in der Entwicklung aufeinander folgende, verschieden gestaltete Schwimmglocken zutrifft, das findet bei der Entwicklung der Physophoriden sein Analogon in der Ausbildung primärer Nesselknöpfe und Deckstücke, von denen verschiedene Formen sich ablösen können.

[1] C. Claus: Über die cyklische Entwicklung und die Verwandtschaftsverhältnisse der Siphonophoren. Sitzungsber. Akad. d. Wissensch. Berlin 1862, p. 1155—1172, Taf. XVII.
[2] Will: l. c., p. 81, Tab. II, Fig. 12.
[3] Busch: l. c., p. 31, Taf. IV, u. V.
[4] C. Claus: Über das Verhältnis von Monophyes zu den Diphyiden. Arb. Zool. Inst. Wien. Bd. 5. p. 15. 1883.

Nachdem es mir, wie oben (pag. 81 (57)) auseinander gesetzt wurde, gelungen ist, auch für die Polyphyiden einen Wechsel heteromorpher Schwimmglocken bei der Entwicklung nachzuweisen, habe ich die Entwicklungserscheinungen der gesammten Siphonophoren unter jenem gemeinsamen Gesichtspunkt aufgefaßt, den ich in der Einleitung auseinandersetzte.

Der in der Entwicklung sich vollziehende Wechsel zweier heteromorpher Schwimmglocken bei Muggiaea legte die Vermutung nahe, dass auch die Glocken von Monophyes und Sphaeronectes als sekundäre heteromorphe zu betrachten seien. Ich glaubte thatsächlich denn auch nachweisen zu können, [1] dass den kugligen oder mützenförmigen Glocken der gesammten Gattungen heteromorphe primäre vorausgehen. Vorwiegend war es die mit Monophyes irregularis identische Gruppirung der Knospen an dem kleinen Stämmchen, welche Veranlassung gab, eine kantige isolierte Schwimmglocke als primäre Glocke von Monophyes und die an der Basis der ersteren sitzende Knospe als Anlage der sekundären mützenförmigen zu betrachten.

Diese Auffassung erwies sich indessen bei weiterer Untersuchung [2] als irrtümlich, da es sich herausstellte, dass die vermeintlichen Primärglocken keine Beziehungen zu Monophyiden aufweisen, sondern einer neuen Diphyide, welche ich Diphyes subtilis nenne, zugehören. Obwohl diese Diphyide zu den gemeinsten Siphonophoren des Mittelmeeres gehört (sie fehlt auch nicht im Atlantischen Ocean), so blieb sie doch bisher offenbar aus dem Grunde unbeachtet, weil ihre beiden Glocken sehr selten im Zusammenhang gefunden werden.

In den zuletzt erwähnten Publikationen versuchte ich dann weiterhin die Unterschiede zwischen Monophyiden und Diphyiden schärfer klar zu legen durch Untersuchung der Knospungsvorgänge am Anfangsteile des Stammes. Schon ältere Beobachter waren gelegentlich auf Ersatzglocken am Grunde der beiden Diphyidenglocken aufmerksam geworden. Ich wies nun nach, daß bei sämtlichen Diphyiden die beiden definitiven Glocken durch identische obere resp. untere Ersatzglocken verdrängt werden, während bei den Monophyiden, mögen sie rundliche oder kantige Glocken besitzen, niemals Ersatzglocken am Anfangsteile des Stammes auftreten. Hiermit war ein Kriterium gefunden, das uns gestattet, stets mit Schärfe den Nachweis der Monophyidennatur bei jenen Calycophoriden zu erbringen, an deren Stamme nur eine Schwimmglocke zur Beobachtung gelangt.

[1] C. Chun: Über die cyklische Entwicklung der Siphonophoren. Sitzungsber. Akad. Wissensch. Berlin 1885, XXVI, p. 511—528, Taf. II.
[2] Derselbe: Über Bau und Entwicklung der Siphonophoren. ibid. 1886, XXXVIII, p. 681—688.

Den Anschauungen, welche ich über die Fassung der Familie der Monophyiden äußerte, pflichtete auch bald Haeckel bei[1]), indem er in einer kurzen Übersicht über seine Siphonophorenstudien die Claus'sche Bezeichnung „Monophyidae" beibehielt und die Familie zutreffend in die zwei Unterfamilien: Sphaeronectidae (mit abgerundeter Schwimmglocke) und Cymbonectidae (mit kantigen Schwimmglocken) einteilte.

Während des Winters 1887/88 fand ich Gelegenheit auf den Canarischen Inseln meine Untersuchungen über die Monophyiden an den Atlantischen Arten fortzuführen.[2]) Aufser den früher bekannten Formen fand ich eine neue Sphäronectide, Monophyes brevitruncata und zwei neue Cymbonectiden, nämlich Doramasia picta und Halopyramis adamantina, auf. Von allen drei Arten gelang es mir auch die sich loslösenden Endoxiengruppen nachzuweisen. Ich vermochte festzustellen, dafs einerseits die ältest bekannte Endoxie, nämlich die von Eschscholtz entdeckte Endoxia Bojani, der Gattung Doramasia zugehört und dafs andererseits die freiwerdenden Stammgruppen von Halopyramis adamantina durch Quoy und Gaimard als Cuboides vitreus beschrieben wurden.

Kurz nach der Publikation meines Reiseberichtes erschien der umfassende „Report on the Siphonophorae" von Haeckel.[3]) In ihm werden ausführlich jene Arten beschrieben, deren Namen ohne weitere Diagnose bereits in dem oben erwähnten „System der Siphonophoren" aufgeführt wurden. Haeckel bereichert unsere Kenntnisse über die Monophyiden durch die Entdeckung einer Sphaeronectide aus dem Indischen Ocean, nämlich Monophyes princeps und einer Cymbonectide aus derselben Region, nämlich Cymbonectes Huxleyi. Aufserdem beschreibt er von den Canarischen Inseln Cymba crystallus, eine Art, die ich für identisch mit der von mir geschilderten Halopyramis adamantina halte. Die freiwerdenden Endoxiengruppen, deren Zugehörigkeit zu Cymba Haeckel richtig erkannte, werden als Cuboides crystallus seiner Familie der Eudoxidae eingereiht.

Dafs dagegen die Gattung Mitrophyes mit ihrem von Haeckel für ein Deckstück gehaltenen schildförmigen Aufsatz entschieden nicht den Monophyiden zugehört, habe ich bereits in dem vorhergehenden Aufsatz betont.[4])

---

[1] E. Haeckel, System der Siphonophoren auf phylogenetischer Grundlage. Jen. Zeitschr. f. Naturwissensch. Bd. XXII. 1888.

[2] C. Chun, Bericht über eine nach den Canarischen Inseln im Winter 1887/88 ausgeführte Reise. I. Die Siphonophoren. Sitzungsber. Akad. Wissensch. Berlin 1888 XLIV. p. 1141—1173.

E. Haeckel, Report on the Siphonophorae. The Voyage of H. M. S. Challenger. Zoology Vol. XXVIII.

[4] C. Chun: Die Canarischen Siphonophoren I, Stephanophyes superba. Diese Zeitschr. Bd. XVI p. 8 [560].

II. Allgemeine Bemerkungen über den Bau und das System
der Monophyiden.

„Calycophoriden mit nur einer einzigen definitiven Schwimmglocke", so lautet die kurze Diagnose jener Formen, welche auf den nachfolgenden Blättern als Monophyiden zusammengefaßt werden. Thatsächlich ist es denn auch lediglich das Verhalten der Schwimmglocken, welches uns eine sichere Handhabe bietet, die Monophyiden scharf von den Diphyiden abzuzweigen. Die Gruppenanhänge des Stammes können bei Monophyiden und Diphyiden zum Verwechseln ähnlich angelegt werden; zur Unterscheidung beider Familien sind wir daher auf die Zahl der Schwimmglocken angewiesen.

In erster Linie habe ich nun den Umstand zu betonen, daß die einzige definitive Schwimmglocke der Monophyiden niemals durch identisch sich ausbildende Reserveglocken verdrängt wird. Ich habe dieses Verhalten schon bei den mittelländischen Formen nachgewiesen und kann es nach sorgfältiger Prüfung auch für die Canarischen Arten bestätigen. An und für sich wäre es ja nicht undenkbar, daß ein Nachschub identisch gestalteter Glocken den Monophyiden zukomme. Er ist indessen in keinem Falle nachweisbar und bedingt somit einen wichtigen Gegensatz zu den Diphyiden, deren definitive Glocken bei allen genauer hierauf untersuchten Arten einen Ersatz durch Reserveglocken erleiden.

Auf den hier angeführten Charakter lege ich bei der Beurteilung der Monophyidennatur kleiner Calycophoriden entscheidensten Wert. Siphonophorenstöckchen, deren einzige mützenformige oder kugige Schwimmglocke an ihrer Basis eine Schwimmglockenknospe tragen, werden als Larven von Calycophoriden zu beurteilen sein; Stöckchen mit einer einzigen kantigen Schwimmglocke, welche ebenfalls eine Reserveglocke erkennen lassen, werden als Diphyiden sich herausstellen, deren obere resp. untere Schwimmglocke abgefallen ist und einen Ersatz durch die Reservekno-pe findet. Alle Arten hingegen mit nur einer Schwimmglocke, an deren Basis nie eine Reserveglocke angelegt wird, repräsentieren ächte Monophyiden.

Seitdem ich nun nachgewiesen habe, daß die kantige Schwimmglocke der Monophyidengattung Muggiaea eine definitive secundäre Glocke repräsentiert, welcher eine larvale primäre mützenformige Glocke vorausgeht, ist ein derartiger Entwicklungsmodus für alle Monophyiden mit kantigen Glocken wahrscheinlich geworden. Da ich auf

12

dieses Verhalten besonderen Wert lege, so gestatte
ich mir in nebenstehendem Holzschnitt Fig. 1 ein
Jugendstadium der Muggiaea Kochii abzubilden,
wie ich es im Oktober 1882 mehrfach im Golfe
von Neapel zu beobachten Gelegenheit fand. Die
primäre mützenförmige und glatte Glocke (A) mit
ihrem grossen Ölbehälter (c. ol.) und der kleinen
Scheide (Hydröcium hy) hat bereits ein längeres
Stämmchen (tr.) zur Ausbildung gebracht, an
dessen Proximalabschnitt eine heteromorphe fünfkantige und definitive Sekundärglocke (B) knospt
Dieselbe ist der Primärglocke opponiert, aber in
gleichem Sinne   d. h. ebenfalls mit nach unten
gekehrtem Schirmrande — angeordnet. Gelegentlich findet man (wie ich früherhin abbildete) beide
Glocken in entgegengesetztem Sinne — d. h. die
eine mit dem Schirmrande nach oben, die andere
mit demselben nach unten gewendet — gerichtet.
Die definitive Glocke (B) knospt auf der Dorsalfläche des Stammes, während die Gruppenanhänge
auf der Ventralfläche entstehen. Von den letzteren
sind in vorliegendem Stadium zwei angelegt, welche
aus einem Magenschlauche (p) mit dem Fangfaden
(t) und der anfänglich gemeinsamen Anlage für
die Genitalglocke (go) und das Deckstück (br.)

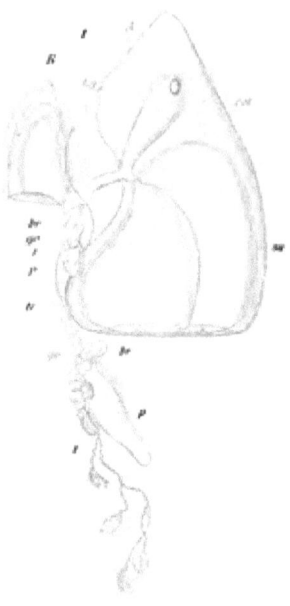

Fig. 1. Jugendstadium des Muggiaea Kochii Sars. A. Primäre mützenförmige Glocke. B. Sekundäre fünfkantige
Glocke. c. ol. Ölbehälter. hy Hydröcium. tr Stamm. br Deckstück. go Genitalglocke. p Magenschlauch. t Fangfaden.

bestehen. Mit um so grösserem Rechte darf ich
nun einen Wechsel heteromorpher Glocken für
alle Cymbonectiden, wie Haeckel die mit kantigen Glocken versehenen Monophyiden benannte,
in Anspruch nehmen, als Haeckel denselben auch für die Gattung Cymbonectes bestätigte.[1]
Vier Entwicklungsstadien, welche er von dem befruchteten Ei der Cymbonectes Huxleyi abbildet, stimmen in den Hauptzügen so völlig mit den entsprechenden Stadien der Muggiaea

[1] E. Haeckel. Report p. 131. Taf. 27, Fig. 9—12.

überein, dafs ich allen Anlafs habe, sämtlichen Cymbonectiden eine primäre mützenförmige Schwimmglocke zuzuschreiben.

Unsere Kenntnisse über die Entwicklung der Monophysiden weisen indessen noch eine fühlbare Lücke auf, insofern wir bis jetzt noch nicht mit Sicherheit beurteilen können, ob die Schwimmglocken der Gattungen Monophyes und Sphaeronectes primäre sind, welche zeitlebens persistieren oder sekundäre, denen heteromorphe vorausgingen. Ich glaubte früherhin mich in letzterem Sinne entscheiden zu können, überzeugte mich indessen später, dafs die von mir für primäre Glocken gehaltenen kantigen Medusome mit der Gattung Monophyes Nichts gemein haben, sondern einer neuen Diphyes-Art (D. subtilis) angehören. In dem Mittelmeer sowohl wie im Atlantischen Ocean habe ich späterhin aufserordentlich junge Colonien von Sphaeronectes und Monophyes beobachtet, deren Stamm erst eine Individuengruppe zur Ausbildung gebracht hatte. Die Medusenglocke läfst indessen trotz ihrer geringen Gröfse keine wesentlichen Unterschiede von der erwachsenen Glocke erkennen: sie besafs bei Monophyes einen noch stark aufgetriebenen Ölbehälter und bei Sphaeronectes bereits eine voluminöse Scheide, in welche der Stamm völlig zurückgezogen werden konnte. Der neben-

Fig. 2. [...] Sphaeronectiden-Glocke [...] Exemplares [...] Colonie, [...] by [...] a zwei Knospengruppen [...] späterer Stammgruppe in Stamm [...] Polyp [...] ausgebildeter Stammgruppe.

stehende Holzschnitt Fig. 2 mag den Habitus des jüngsten von mir beobachteten Exemplares versinnlichen. Wenn nun auch die Möglichkeit nicht ausgeschlossen ist, dafs diese junge Glocken sich sehr frühzeitig von einer heteromorphen Primärglocke ablösten, so möchte ich doch mit Rücksicht auf den Umstand, dafs die Form der definitiven Sphaeronectidenglocke von den Primärglocken der Cymbonectiden, Diphyiden und Polyphyiden rekapituliert wird, mich der Auffassung zuneigen, dafs die definitive mützenförmige oder halbkugelige Glocke der Sphaeronectiden zugleich auch eine primäre Glocke repräsentiert.

Die Übereinstimmung der Primärglocke bei den Cymbonectiden und Diphyiden mit der definitiven Glocke der Gattung Monophyes einerseits und der Primärglocke der Polyphyiden (Hippopodius) mit der definitiven Glocke von Sphaeronectes andererseits ist so auffällig, dafs ich nicht umhin kann, einen Wechsel heteromorpher Glocken bei den Sphaeronectiden für unwahrscheinlich zu erklären.

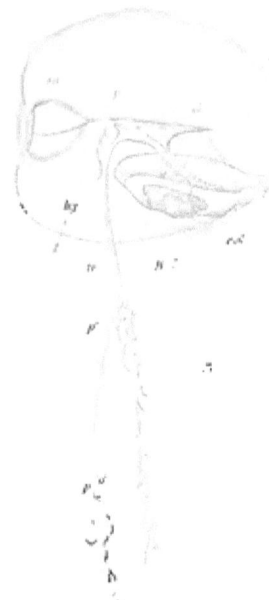

Um die Ähnlichkeiten zwischen der Primärglocke der Polyphyiden und der Glocke von Sphaeronectes (s. Holzschnitt 5 p. 109 [85]) zu illustrieren, so
bilde ich ein Jugendstadium von Hippopodius im nebenstehenden Holzschnitt 3 ab. Die Primärglocke (A)
ist durch einen sehr feinen horizontal verlaufenden
Ölbehälter (c. ol.) ausgezeichnet: ein Verhalten,
das bei Sphaeronectes wenigstens im Proximalabschnitt des Ölbehälters angedeutet ist. Im Gegensatz zu der Primärglocke von Muggiaea tritt eine
ungemein voluminöse Scheide (Hydröcium hy) auf,
welche vollständig die älteste definitive, einem Pferde-
hufähnliche Hippopodius-glocke (B) aufnimmt. Letztere
ist ebenfalls der Primärglocke opponirt und knospt
auf der Dorsalseite des kleinen Stämmchens. Hinter
der ältesten definitiven Glocke ist eine Knospe für
die zweitälteste (B') ausgebildet. Das Stämmchen
liegt in breiter Ausdehnung dem Ölbehälter an und
bringt auf seiner Ventralfläche die Anhangsgruppen
zur Ausbildung, von denen zwei ältere und die
Knospen einer jüngeren Gruppe hervortreten.[1]

Sollte sich thatsächlich die Annahme sich
bewahrheiten, daß bei Monophyes und Sphaeronectes
die Primärglocke als definitive persistiert, so würde
ich geneigt sein, jenen beiden Unterfamilien, in
welche Haeckel mit vollem Rechte die Monophyiden
schied, nämlich den Sphaeronectiden und Cymbo-
nectiden, den Wert selbständiger Familien zuzuerkennen, welche den übrigen Calycophoriden-
familien, nämlich den Diphyiden, Polyphyiden u. A., als gleichwertig zu erachten sind. Mit

[1] Eine Beschreibung dieser Stadien, wie ich sie sowohl im Golfe von Neapel, als auch an den Canarischen Inseln beobachtete, habe ich in folgenden Abhandlungen gegeben:

C. Chun. Die pelagische Tierwelt in großeren Meerestiefen. Bibl. Zool. Heft 1 1887, p. 14, Taf. II, Fig. 1—3.
C. Chun. Die Siphonophoren d. Canar. Inseln. Sitzungsber. Berl. Akad. d. Wissensch. 1888. XLIV.
p. 10 und 11 [1150 und 1151].

Rücksicht auf das Verhalten der Schwimmglocken würde dann die Definition der Monophyiden und Diphyiden folgendermaßen lauten:

Calycophoridae Leuck.

I. Fam. *Monophyidae* Claus.

(*Sphaeronectidae* Huxley).

Die primäre Schwimmglocke persistiert zeitlebens als definitive und wird nie von Reserveglocken verdrängt. Sie ist entweder mützenförmig oder halbkuglig gestaltet und entbehrt scharfer Firsten auf der Exumbrella.

Gen. *Monophyes* Claus.
Sphaeronectes Huxl.

II. Fam. *Cymbonectidae* Haeckel.

Die primäre mützenförmige Schwimmglocke wird abgeworfen und durch eine pyramidale, heteromorphe, sekundäre ersetzt. Die letztere wird nie durch Reserveglocken verdrängt und ist entweder fünfkantig oder vierkantig gestaltet.

Gen. *Cymbonectes* Haeck.
Muggiaea Will.
Doramasia Chun.
Heteropyramis Chun.

III. Fam. *Diphyidae* Eschsch.

Die primäre mützenförmige Schwimmglocke wird abgeworfen und durch zwei sekundäre, heteromorphe, entweder abgerundete oder pyramidale oder prismatische Glocken ersetzt. Die definitiven, sekundären Glocken erleiden einen ständigen Ersatz durch identisch gebildete Reserveglocken.

Da uns indessen die Entwicklung der Monophyiden noch nicht ausreichend bekannt ist, so wird es angezeigt sein, die Familie der Monophyiden weiter zu fassen und ihr die im Eingang erwähnte Definition: „Calycophoriden mit nur einer definitiven Schwimmglocke" zu belassen. Bei einer derartigen Fassung wird natürlich keine Rücksicht darauf genommen ob die definitive Glocke eine primäre oder sekundäre ist. Selbstverständlich erhalten dann die beiden Gruppen der Sphaeronectiden und Cymbonectiden den Wert von Unterfamilien.

deren Diagnosen nur insofern von der soeben gegebenen abweichen würden, als für die sphaeronectiden die Persistenz der Primärglocke lediglich vermutet wird.

Die Gruppenanhänge des Stammes gleichen bei den Monophyiden in so vieler Hinsicht jenen der Diphyiden, dafs sie wohl zur Unterscheidung der Gattungen und Arten, nicht aber der Familien, Verwertung finden können. Sie nehmen in distaler Richtung allmählich an Gröfse zu, indem sie gleichzeitig durch immer weitere Zwischenräume getrennt erscheinen. Eine internodiale Neubildung von jüngeren Gruppen zwischen älteren kommt bei keiner Monophyide vor. Jede einzelne Gruppe besteht mindestens aus vier Constituenten: aus einem Magenschlauche mit dem aufsitzenden Fangfaden, aus einem Deckstück und aus der Genitalschwimmglocke. Zu diesen gesellt sich, wie ich nachweisen werde, bei der Gattung Doramasia noch eine sterile Spezialschwimmglocke.

Eine jede Gruppe, mag sie aus vier oder fünf Constituenten zusammengesetzt sein, nimmt am Anfangsteile des Stammes aus einer einzigen bezeichnen, ist dünnwandig, während die gegenüberliegende Ventralhälfte eine mächtige Verdickung des ektodermalen und entodermalen Epithels erkennen läßt.

Allmählich sondert sich diese verdickte ventrale Anfangspartie in einzelne Knospen, die anfänglich rundlich, späterhin cylindrisch gestaltet sind. Die cylindrischen Knospen stehen nicht rechtwinklich vom Stamme ab, sondern neigen sich distal derart gegen den Stamm, daß wir eine dem Stamme zugekehrte Axialseite von einer ihm abgewendeten Abaxialseite unterscheiden können. Auf der Abaxialseite einer jeden Knospe tritt nun genau wie an dem geschlechtlich erzeugten Embryo der Monophyiden zunächst eine mittlere knospenartige Ausbuchtung (t) auf, der späterhin in der Nähe des Stammes eine zweite obere Knospe (br + go) nachfolgt.

Die distale Partie der schlauchförmig sich ausziehenden Knospenanlage gestaltet sich zum Polypen (p) um, die mittlere Knospe liefert den Tentakel (t) und die obere giebt die gemeinsame Anlage für das Deckstück und für die Genitalschwimmglocke (br + go) ab. Erst relativ spät teilt sich die letztere Knospe in zwei Hälften, von denen die obere (proximale) das Deckstück (br), die untere (distale) die Genitalglocke (go) liefert. Zwischen der Fangfadenknospe und der gemeinsamen Anlage für Genitalglocke und Deckstück zieht sich bei der Gattung Sphaeronectes die mittlere Partie der Gruppe zu einem langen schlanken Magenstiel (p. p.) aus.

Frühzeitig prägt sich nun an den Constituenten der einzelnen Stammgruppen ein charakteristisches Stellungsgesetz aus, das wohl für einzelne Arten bisher richtig abgebildet wurde, in seiner allgemeinen Giltigkeit für die gesamten Monophyiden und Diphyiden jedoch noch nicht betont wurde.

Die gemeinsame Anlage für Genitalglocke und Deckstück, ursprünglich abaxial gelegen, rückt auf die rechte Seite des Stammes. Nachdem dieselbe sich in eine obere (proximale) und untere (distale) Knospe gesondert hat, beginnt die obere, das Deckstück liefernde Knospe von rechts nach links den Stamm dorsal zu umwachsen. Die Geschlechtsknospe bleibt dagegen rechts liegen und drängt, wenn sie als „Urknospe" eine mit Geschlechtsprodukten erfüllte Schwimmglocke abgeschnürt hat, den Polypen mit dem Fangfaden nach links. An der völlig ausgebildeten Stammgruppe liegt daher das Deckstück dorsal, während rechts ventral die Genitalglocke, links ventral und axial (dem Stamme zugekehrt) der Polyp und links ventral und abaxial der Tentakel ihre Stellung finden.

Gesellt sich zu diesen vier Constituenten einer Gruppe noch eine Spezialschwimmglocke, wie sie unter den Monophyiden für die Gattung Doramasia charakteristisch ist

so nimmt dieselbe stets aus der Urknospe für die Genitalglocken ihre
Entstehung (Taf. IX. Fig. 8 u. sp.) und zwar schnürt sie sich von der Urknospe
ab, bevor die Gonophoren angelegt werden. Die Spezialschwimmglocke rückt in
die Mediane der Ventralseite; die später knospenden Gonophoren liegen stets rechts neben
der sterilen Schwimmglocke.

III. Die Eudoxien der Monophyiden.

Die Gruppenanhänge der Monophyiden lösen sich von dem Stamme los
und führen als Eudoxien eine freie Existenz. Wenn wir den Begriff einer Eudoxie in weiterem
Sinne fassen und unter Eudoxienbildung überhaupt das Loslösen der Stammgruppen verstehen,
welches dieselben zu einer längeren Periode freien Lebens befähigt, so kommt ein derartiges
Verhalten sämtlichen Monophyiden zu. Es wäre nicht undenkbar, dafs Arten existieren, bei
denen die Gruppen sessil bleiben und ihre Geschlechtsprodukte am Stamme reifen lassen.
Thatsächlich giebt denn auch Haeckel[1]) an, dafs bei den Gattungen Mitrophyes und Cymbonectes, wahrscheinlich auch bei Monophyes, die Gruppen sessil bleiben. Was zunächst Monophyes anbelangt, so hat bereits Claus für dieselbe eine Eudoxienbildung nachgewiesen und
ich werde für eine neue Monophyes-Art im Nachfolgenden denselben Vorgang beschreiben.
Die Gattung Mitrophyes ist keine Monophyide, sondern verwandt der von mir aufgestellten
Diphyidengattung Amphicaryon, für welche ich ebenfalls genauer den Prozefs der Eudoxienbildung schildern werde. So bliebe denn nur die Gattung Cymbonectes übrig, bei der Haeckel
keine Eudoxienbildung beobachtete. Ich vermisse indessen für Haeckels Angabe einen voll-
giltigen Beweis. Die Abbildungen, welche er von den Stammgruppen derselben entwirft,
lassen eine so nahe Beziehung zu der Gattung Muggiaea erkennen, dafs ich wohl kaum fehl-
greife, wenn ich auch für Cymbonectes eine Eudoxienbildung vermute. Ich werde zudem bei
Schilderung der Gattung Epibulia unter den Diphyiden, die durch den Mangel einer Eudoxienbildung charakterisiert ist, auf Verhältnisse hinweisen, die bereits aus der Bildung der letzten
Stammgruppen die Sessilität derselben erklärlich erscheinen lassen — Verhältnisse, welche
für Cymbonectes nicht zutreffen.

Da wir für sämtliche Monophyiden, deren Bau uns genauer bekannt geworden ist,
eine Eudoxienbildung nachweisen können, so glaube ich wohl im Rechte zu sein, wenn ich
diesen Vorgang als charakteristisch für die Familie bezeichne.

[1]) Report p. 127.

Bekanntlich hat Haeckel die frei werdenden Endoxiengruppen der Monophyiden und Diphyiden in die beiden Familien: *Endoxidae* und *Ersaidae* eingeteilt und diese als den übrigen Familien der Calycophoriden gleichwertig in das System eingeführt. Ich habe schon mehrfach Gelegenheit genommen mich energisch gegen einen derartigen Classifikationsversuch zu äussern. Indem ich daher auf meine früheren Ausführungen verweise (Stephanophyiden p. 9—11), so glaube ich das Unhaltbare einer solchen Classification nicht drastischer darlegen zu können, als durch den Hinweis, dass die Endoxiengruppen einer so harmonisch in sich abgeschlossenen Unterfamilie, wie sie durch die Cymbonectiden repräsentiert wird, nach Haeckels System sowohl den Ersaiden wie den Endoxiden mit ihren beiden Unterfamilien der Diplophysiden und Aglaismiden einzurechnen sind. Ein Forscher, der gewohnt ist, die Lehren der Abstammung und Entwicklung scharf zugespitzt in den Vordergrund unserer zoologischen Betrachtungen zu stellen, hätte es vermeiden müssen, in einem „System der Siphonophoren auf phylogenetischer Grundlage" Familien zu bilden, deren Gattungen ein buntes Durcheinander von Abkömmlingen heterogener Familien bilden. Bei consequenter Durchführung des Haeckel'schen Einteilungsprincipes erhalten wir zwei einander parallel laufende Calycophoridensysteme, von denen das eine auf die Gestaltung der Schwimmglocken, das andere auf die Stammgruppen basiert ist. Führt nun schon die einseitige Betrachtung der frei werdenden Endoxiengruppen zu der Consequenz, dass bunt zusammengewürfelte Familien gebildet werden, so kann auch die einseitige Wertschätzung der Schwimmglocken für rationelle Systematik keine Verwendung finden. Um das zuletzt Erwähnte an einem den Monophyiden entnommenen Beispiele zu erläutern, so wären wir genötigt, alle Monophyiden mit fünfkantigen diphyidenähnlichen Schwimmglocken zu einer Gattung zu vereinigen. Die von mir begründete Gattung Doramasia müsste wegen der ähnlichen Gestaltung der Schwimmglocken eingezogen und zu Muggiaea gestellt werden, obwohl die Endoxiengruppen wesentliche Differenzen erkennen lassen, insofern diejenigen von Doramasia eine sterile Specialschwimmglocke mit ansitzender Gonophorentraube, diejenigen von Muggiaea nur eine Genitalschwimmglocke aufweisen.

Gerade der entgegengesetzte Weg, nämlich die gleichmässige Berücksichtigung der Schwimmglocken und der Stammgruppen — mögen letztere sessil bleiben oder als Endoxien frei werden — führt zum Ziel.

Aus praktischen Gründen bin ich allerdings der Ansicht, dass man die für die Endoxiengruppen seit Eschscholtz's Zeiten eingebürgerten Bezeichnungen festhalten soll. Man wird in dem Beibehalten der alten Bezeichnungen ebensowenig eine Inconsequenz erblicken können

13

wie an dem Festhalten von Bezeichnungen für Larvenstadien (ich erinnere nur an die bekannten Bezeichnungen der Echinodermenlarven), die früherhin für selbständige Organismen galten. Ich gestatte mir daher eine tabellarische Uebersicht über die Eudoxiengruppen der Monophyiden mit kurzer Angabe der charakteristischen Merkmale und dem Hinweis auf die Stammformen zu geben.

Sphaeronectidae.

Monophyes Claus |
Sphaeronectes Huxl. | *Diplophyes* Gegenbaur.

Deckstück rundlich oder mützenförmig gestaltet, ohne scharfe Firsten mit einfachem, verlängertem, gerade aufsteigendem Ölbehälter; Genitalschwimmglocke halbkugelig mit glatter Exumbrella.

Cymbonectidae.

| *Eudoxia* Eschscholtz s. str.
Muggiaea Koch . | *(Cuenlulus* Quoy und Gaim.)

Deckstück helmförmig mit kurzer, scharfer, quer verlaufender Firste auf der Spitze und zwei schwachen Längsriefen auf der Ventralseite. Ölbehälter, einfach, verlängert und gerade aufsteigend. Genitalschwimmglocke vierkantig.

Cymbonectes Haeckel . . . .   ?
Doramasia Chun . . . .   . *Ersaea* Eschscholtz.

Deckstück schildförmig, ohne Firsten auf der convexen Außenseite; am Unterrand ausgeschweift und gezähnelt. Ölbehälter kurz und breit. Eine große vierkantige sterile Specialschwimmglocke, neben welcher rechts eine kleine Gonophorentraube ansitzt.

Halopyramis Chun . . . . *Cuboides* Quoy und Gaim.

Deckstück würfelförmig mit trichterförmig vertiefter unterer Fläche. Ölbehälter kurz mit zwei breiten ventralwärts sich ausbauchenden basalen Aussackungen. Genitalglocke mit mehr als vier scharfen Firsten versehen.

Was nun die Geschlechtsverhältnisse der Eudoxiengruppen anbelangt, so glaube ich in der Erkenntniß derselben um einen wesentlichen Schritt weiter gekommen zu sein. Indem ich die Resultate meiner Untersuchungen kurz zusammenfasse, so bemerke ich zunächst, dafs an sämtlichen Eudoxiengruppen der Monophyiden die Urknospe für die Gonophoren zeitlebens persistiert und successive die definitiven Gonophoren aus sich hervorgehen läfst. Dasselbe successive Abschnüren der Gonophoren von einer zeitlebens persistierenden Urknospe werde ich in den nachfolgenden Abhandlungen auch für die Diphyiden nachweisen.

Die einzelnen Eudoxiengruppen sind nun entweder monözisch oder diözisch angelegt; in ersterem Falle fungiert die Urknospe als Ovarium resp. Hoden, in letzterem als eine Zwitterdrüse. Diözisch sind, wie ich schon früherhin nachwies,[1] die Diphophysen der Gattungen Monophyes und Sphaeronectes und die Eudoxien der Gattung Muggiaea. Wie in den nachfolgenden Zeilen dargelegt wird, so sind auch die Ersäen der Gattung Doramasia diözisch. Monözisch dagegen sind die als Cuboides beschriebenen Eudoxiengruppen der Gattung Halopyramis.

Ein regelmäfsiger Ersatz der Genitalschwimmglocken, welche ihre Geschlechtsprodukte entleert haben, durch nachrückende Genitalglocken ist für sämtliche Eudoxien charakteristisch. Bereits Busch[2] war auf die accessorischen Genitalglocken bei der Eudoxia Eschscholtzii aufmerksam geworden und deutete sie anfänglich richtig als Ersatzglocken. Späterhin glaubte er sich indessen überzeugt zu haben, dafs ihre Gestalt von derjenigen der ausgebildeten Genitalglocken verschieden sei (es sollten ihnen die 4 Radiärgefäfse fehlen und die relativen Gröfsenverhältnisse zwischen Manubrien und Glocken sich abweichend gestalten) und so zweifelte er daran, dafs thatsächlich diese Knospen zu einem Ersatz der älteren bestimmt seien.

Erst Leuckart[3] erkannte diesen Ersatz bei der Eudoxia campanula des Mittelmeeres und wies zutreffend nach, dafs die accessorische Schwimmglocke aus zamtlichen Gründen die ältere verdrängt. „Dafs diese gröfseren Schwimmglocken nach ihrer vollen Entwicklung nicht länger mit dem Stamm der Eudoxien verbunden bleiben, davon kann man sich leicht überzeugen. Wenn man diese Tiere isoliert einige Tage im Wasser hält, dann wird man immer eine Anzahl abgetrennter Schwimmglocken zwischen ihnen schwimmend antreffen."

[1] C. Chun: Über die cyklische Entwicklung der Siphonophoren. Sitzungsber Akad. Wissensch. Berlin. 1882. 52 p. 5 (1159).

id. Sitzungsber. Akad Wiss. Berlin 1885. 28 p. 14 (524).

[2] Busch: Beobachtungen über Anatomie und Entwicklungsgeschichte . . . . 1851 p. 48.

[3] R. Leuckart: Zoolog Unters. I. Die Siphonophoren 1853 p. 34

— 100 —

Die Auffassung Leuckarts teilt auch Gegenbaur[1]) in seinen gleichzeitig begonnenen Untersuchungen über die Schwimmpolypen. An sämtlichen von ihm untersuchten Eudoxien-gruppen — so an jenen der Abyla, an den Diplophysen und an der mit Endoxia campanula identischen Eudoxia Messanensis — wies er die der Basis der ausgebildeten Genital-schwimm-glocke ansitzenden Schwimmglockenknospen nach. Er erklärt „Knospe und Schwimmstück für homologe, nur in verschiedenen Entwicklungsstadien begriffene Gebilde" und fügt richtig hinzu: „Die Schwimmglocke ist also kein für das ganze Leben des Tieres persistierendes Organ, sondern sie scheint zu gewissen Zeiten, mit heranreifenden Geschlechtsprodukten ausgerüstet, vom Stamme sich zu trennen, in welchen Fällen dann die unterdessen an der Basis ihres Stiels entstandene Sprosse als Ersatzschwimmglocke ihre Stelle einnimmt."

Den Anschauungen von Leuckart und Gegenbaur pflichten denn auch die späteren Beobachter, welche Ersatzknospen an der Basis der Genitalschwimmglocken beobachteten, bei. Ich selbst habe mich bemüht, den regelmäßigen Ersatz älterer Genitalglocken durch jüngere Reserveglocken nicht nur bei verschiedenen Eudoxien der Monophyiden und Diphyiden nach-zuweisen, sondern ihn geradezu als eine für sämtliche Eudoxiengruppen typische Erscheinung hinzustellen.

Daß er thatsächlich keiner Eudoxie fehlt, soll in den nachfolgenden Blättern noch aus-führlich dargelegt werden.

Was nun die Art des Ersatzes der Genitalschwimmglocken anbelangt, so lassen sich nach meinen Erfahrungen drei Modalitäten unterscheiden, welche denn auch bei den Monophyiden verwirklicht sind.

Der erste und einfachste Modus ist bei den Diplophysen, bei den Eudoxien der Gat-tungen Muggiaea und Diphyes und bei den Diploxien der von mir begründeten Gattung Amphicaryon verwirklicht. Er besteht darin, daß die heranwachsende Reserveglocke rasch die ältere Genitalglocke verdrängt und zur Ablösung bringt, oft noch bevor sie ihre Geschlechts-produkte entleert hat. Die Folge ist, daß man fast stets nur eine einzige mit reifen Geschlechtsprodukten erfüllte Genitalglocke an der Eudoxiengruppe antrifft.

Der zweite Modus ist charakteristisch für die mit würfelförmigen oder prismatischen Deckstücken versehenen Eudoxien der Gattung Halopyramis unter den Monophyiden (Culeolus) und einigen Abyliden (Amphiroa, Aglaisma). Er trifft auch für die größte aller Eudoxien,

*) C. Gegenbaur: Beitr. zur näheren Kenntnis der Schwimmpolypen. Zeitschr. f. wiss. Zool. Bd. 5, p. 287—290.

nämlich für die von mir als Ceratocymba beschriebene Form, zu. Bei allen diesen Gruppen wird die ältere Genitalschwimmglocke von der heranwachsenden jüngeren nicht sofort verdrängt, sondern sie erhält sich oft noch lange Zeit neben der jüngeren, bevor sie ihre Geschlechtsprodukte entleert.

Am eigenartigsten verhalten sich endlich die Ersäen, nämlich sämtliche Endoxien mit sterilen Spezialschwimmglocken. Bei ihnen tritt rechts neben der Spezialglocke eine Gonophorentraube, gebildet von drei bis fünf auf verschiedenen Entwicklungsstadien befindlichen kleinen Genitalglocken auf. Die sterile Spezialschwimmglocke nimmt stets, wie bereits oben hervorgehoben wurde, aus der Urknospe der Gonophoren ihre Entstehung noch bevor die letzteren knospen. Sie ist zwar bedeutend größer als die Sexualglocken, wiederholt aber so völlig den Bau derselben, daß ich sie als eine Genitalglocke auffasse, bei welcher die Ausbildung eines Manubriums unterblieb. Daß eine derartige Auffassung nicht ohne Weiteres für alle mit Spezialschwimmglocken ausgestattete Calycophoriden zulässig ist, insofern die sterilen Glocken Strukturverhältnisse aufweisen können, welche den Sexualglocken fehlen, habe ich bei Gelegenheit der Schilderung von Stephanophyes bereits betont.

Es liegt auf der Hand, daß die beiden ersten Modalitäten des Gonophorenersatzes nicht unvermittelt einander gegenüber stehen. Die Endoxiengruppen der mediterranen Calpe (Abyla) pentagona, der Abylopsis und Bassia (sie sind als Aglaismoides und Sphenoides beschrieben worden) vermitteln zwischen beiden Extremen, insofern man sie bald mit einer, bald mit zwei Sexualglocken antrifft, deren Manubrien von Geschlechtsprodukten prall geschwellt sind. Bemerkenswert ist immerhin die Thatsache, daß jene Endoxien, welche durch den zweiten Modus des Genitalglockenersatzes ausgezeichnet sind, nach meinen Erfahrungen konstant monoeische Gruppen repräsentieren.

Was nun die feineren Vorgänge bei der Knospung der Gonophoren anbelangt, so bin ich zuerst bei der als Cuboides bezeichneten Endoxie der Gattung Halopyramis auf ein fundamentales Knospungsgesetz aufmerksam geworden, dessen allgemeine Giltigkeit auch für die Endoxien der Diphyiden ich späterhin noch nachweisen werde.

Die Urknospe persistiert zeitlebens in der Mitte der Gonophoren und schnürt successive in regelmäßigem Wechsel nach links und rechts alternierend die Gonophoren ab. Um das Knospungsgesetz an einer Formel zu demonstrieren, so sei die Urknospe mit U, die älteste Genitalglocke mit 1, die zweitälteste mit 2 u. s. w. bezeichnet. Nach meinen Untersuchungen wird nun zunächst nach links von der Urknospe die älteste Gonophore, nach rechts die zweitälteste abgeschnürt. Die älteste

Glockenanlage bleibt bei den Ersäen der Doramasia und Diphyopsis steril. Wir erhalten also folgende Stadien für die Anlage der Gonophorentraube:

1. Stadium:　　　　　1'
2. Stadium:　　　　　1, 1'
3. Stadium:　　　　　1, 1', 2
4. Stadium:　　　　　1, 3, 1', 2
5. Stadium:　　　　　1, 3, 5, 1', 4, 2
6. Stadium:　　　　1, 3, 5, 1', 4, 2.

Links von der Urknospe liegen also die ungerade nummerierten, von links gegen die Mitte an Größe abnehmenden Gonophoren, rechts von der Urknospe die gerade nummerierten, von rechts gegen die Mitte an Größe abnehmenden Gonophoren.

Das oben angeführte Stellungsgesetz für die sterile Spezialschwimmglocke der Ersäen — daß nämlich stets rechts neben der Specialglocke die Gonophorentraube liegt — erweist sich somit nur als ein Specialfall des allgemeinen Knospungsgesetzes der Gonophoren.

Ich werde im Nachfolgenden noch Gelegenheit nehmen, alle oben bezeichneten Stadien (spätere Stadien lassen sich einfach a priori aus dem Gesetze ableiten) bei den einzelnen Eudoxien vorzuführen.

IV. Spezielle Schilderung der Arten.

A. Die Sphaeronectiden.

Nach den im Allgemeinen Teil gegebenen Erörterungen würde die Diagnose der Unterfamilie und ihrer Gattungen folgendermaßen lauten:

Sphaeronectidae Huxl. s. str.

Sphaeronectidae Huxley, Oceanic Hydrozoa, 1858, p. 50.
Sphaeronectidae Haeckel, Rep. Chall. 1888, p. 128.
Sphaeronectidae Chun, Siph. Canar. Ins. 1888, p. 15 [1155].

Monophyiden mit mützenförmiger oder halbkugliger Schwimmglocke, welche der scharfen Firsten auf der Exumbrella entbehrt und wahrscheinlich als primäre Glocke zeitlebens persistiert. Die Anhangsgruppen des Stammes werden als Diplophysen (Diplophysidae Haeck.) frei.

Schwimmglocke mützenförmig. Hydrocium (Scheide)
nicht bis zur Mitte der Glocke ragend, mit langgezo-
gener schlitzförmiger Öffnung auf der Ventralseite der
Glocke. Ölbehälter gerade aufsteigend . . . . *Monophyes* Claus.

Schwimmglocke halbkugelig. Hydrocium bis zur Mitte
der Glocke als tiefer trichterförmiger Canal ragend, mit
mäßig langer schlitzförmiger Öffnung auf der Ventralseite der Glocke. Ölbehälter geknickt mit horizontal
verlaufendem Proximalabschnitt . . . . *Sphaeronectes* Huxley.

Monophyes Claus.

Monophyes Claus. Die Gattung Monophyes 1874.
Monophyes Chun. Siph. Canar. Ins. 1888. p. 13 [1155].
Monophyes Haeckel. Rep. Chall. 1888. p. 128.

1. Monophyes brevitruncata Chun.

M. brevitruncata Chun. Siph. Canar. Ins. 1888. p. 13 [1155].

Taf. VIII. Fig. 1 und 2, Taf. IX. Fig. 1—4.

Die zierliche Monophyide, welche ich als Monophyes brevitruncata bezeichne, ist eine
wohl charakterisierte Art, welche im Ganzen ziemlich selten von Januar bis März bei Orotava erschien.

Die Schwimmglocke ist bei seitlicher Ansicht (Taf. VIII. Fig. 1) mützenförmig gestaltet und erreicht eine Länge von 6 mm. Ihre Umbrella ist dünnwandig und weist auf
der Ventralseite die lang ausgezogene spaltförmige Mündung des kurzen trichterförmigen
und ungefähr bis zur Mitte der Subumbrella reichenden Hydrocinms auf. Der Ölbehälter
ist von relativ ansehnlicher Länge und steigt von der Spitze des trichterförmigen Hydrocinms
auf der Ventralseite der Glocke nahezu senkrecht in die Höhe. Stets birgt er an seinem
oberen Ende einen ungefärbten, stark lichtbrechenden Öltropfen. Seine entodermalen Saftzellen
ragen nur in der distalen Hälfte beträchtlicher gegen das Lumen vor, ohne indessen (wie
bei allen Sphaeronectiden) jene mächtige Ausbildung zu gewinnen, welche für die meisten
Cymbonectiden charakteristisch ist. Von dem oft gefäßartig verengten Proximalabschnitt des
Ölbehälters entspringt aus der Insertionsstelle des Stammes ein sehr kurzer Stielkanal, welcher
ventralwärts ungefähr auf halber Höhe der Subumbrella sich in die vier Radiärgefäße der
Glocke gabelt. Entsprechend der relativ tief gelegenen Ursprungsstelle der genannten Gefäße

ist das Ventralgefäss kaum halb so lang, wie das Dorsalgefäss; ein Verhalten, welches einem typischen Unterschied von der Gattung Sphaeronectes bedingt, deren Ventralgefäss mindestens ebenso lang wie das Dorsalgefäss ist. Die beiden seitlichen Subombrellargefäse laufen einem Fragezeichen ähnlich gebogen zum Schirmrande, wo sie gemeinsam mit den übrigen in einen auf dem Proximalabschnitt des Velums gelegenen Ringkanal einmünden.

Ein auffälliges Kriterium für die Art, dem auch die Bezeichnung „brevitruncata" entlehnt wurde, liegt in der Kürze des Stammes und dementsprechend in der geringen Zahl von Knospengruppen. Da dies Verhalten bei allen untersuchten Exemplaren (ich habe deren vier genauer daraufhin geprüft) wiederkehrte und da zudem die letzte (älteste) Gruppe bereits zur Ablösung reif war, so darf ich wohl in der Kürze des Stammes und in der beschränkten Zahl von drei oder höchstens vier Knospengruppen einen wichtigen Charakter dieser Sphaeronectide erblicken.

Was nun die Ausbildung der Knospengruppen anbelangt, so kann ich mich bei deren Schilderung um so kürzer fassen, als die Stellung und Entwicklung der Knospen sich durchaus dem oben dargelegten gesetzmäßigen Verhalten fügt. Ich verweise auf Fig. 1 Taf. IX, welche den kurzen Stamm mit vier successive an Größe und Ausbildung in distaler Richtung zunehmenden Knospengruppen darstellt. An der Insertionsstelle des Stammes ist bei keinem Exemplar die Andeutung einer Schwimmglockenanlage wahrnehmbar; ein Verhalten, das ja für sämtliche Monophyiden typisch ist. Dagegen tritt hier eine einzige Knospe auf der Ventralseite hervor (1), welche, wie der Vergleich mit anderen Exemplaren ergiebt, die gemeinsame Anlage für die späteren vier Constituenten einer Gruppe repräsentiert. Bei der darauf folgenden Gruppe (II) sind diese vier Knospenanlagen bereits deutlicher ausgebildet. An der Basis des kurzen Magenschlauches (p) deutet eine sanfte Vorwölbung den späteren Fangfaden (t) an, während die Leibeshöhlen der aus gemeinsamer Knospe sich differenzierenden Anlagen des dorsalen Deckstückes (br) und der ventralen Gonophore (go) noch in breiter Communication stehen. Bei der dritten Gruppe (III) haben sich die vier Anlagen, speziell auch diejenige des Deckstückes der Gonophore, deutlich gesondert. Endlich fällt an der letzten Gruppe (IV) die ansehnliche Entwicklung des Magenschlauches, die erste Anlage der Nesselköpfe, die völlige Abgliederung des Deckstückes, dessen entodermale Lamelle sich zu dem Ölbehälter ausbildet, und die Entwicklung des Manubriums in der Gonophore in die Augen.

Besonders wertvoll war mir das Auffinden eines Exemplares, dessen älteste terminale Gruppe in der Ausbildung so weit vorgeschritten war (Taf. IX, Fig. 2), daß sie eine Identificierung mit frei flottierenden Endoxiengruppen ermöglichte, die ich gleichzeitig mit den Stammformen erbeutete. Hier hatte sich das Deckstück zu einem bilateralen kegelförmigen Gebilde entwickelt, welches durch einen gerade aufsteigenden ansehnlichen Ölbehälter ausgezeichnet war. Die Gonophorenanlage war zu einer kleinen Schwimmglocke mit deutlichem Manubrium' und Velum ausgebildet. Eine bilaterale Architektonik der Glocke tritt auf diesem Stadium bereits hervor; bei seitlicher Ansicht erscheint sie breiter, als bei dorsaler (Fig. 3).

Diplophysa codonella Chun.

Die Abkömmlinge von Monophyes brevitruncata.

Nachdem ich auf die neue Monophyes-Art aufmerksam geworden war, stand zu erwarten, dafs ihre Abkömmlinge in dem pelagischen Auftriebe nicht fehlen mochten. Ich suchte allerdings längere Zeit hindurch vergeblich nach ihnen, bis ich endlich im März 1888 ziemlich ansehnliche, vollkommen durchsichtige Diplophysen beobachtete, von denen es in hohem Grade wahrscheinlich war, dafs sie die frei lebenden Endoxiengruppen von M. brevitruncata repräsentieren möchten. Diese Vermutung wurde zur Gewifsheit, als es mir gelang das eben geschilderte Exemplar von Monophyes aufzufinden, dessen älteste Stammgruppe mit ihrem charakteristisch gestalteten Deckstück durchaus die Merkmale der frei flottierenden Diplophysa codonella aufwies.

Die genannten Diplophysen stehen an Gröfse hinter jenen von Sphaeronectes gracilis nicht zurück, insofern sie eine Länge von 6—7 mm erreichen. Wie allen Diplophysen, so fehlen auch ihnen Spezialschwimmglocken und scharfe Firsten auf dem Deckstück und auf der Exumbrella der Glocken.

Die 3 mm langen Deckstücke sind zeitlebens fast konisch gestaltet und deutlich bilateral gebaut. Ihre Unterseite ist flach trichterförmig vertieft und deckt den Magenschlauch mit der Kuppe der Glocke. Der Ölbehälter mit seinem Öltropfen ist von ansehnlicher Länge; er liegt der Ventralseite des Deckstückes stark genähert und ragt bis in die Nähe der Kuppe.

In Form und relativen Gröfsenverhältnissen halten die Deckstücke ungefähr die Mitte zwischen den Diplophysenabkömmlingen von Monophyes irregularis und Sphaeronectes gracilis.

Während diejenigen von M. irregularis relativ sehr klein (etwa halb so lang und breit wie die entwickelte Schwimmglocke) sind und durch einen kurzen central gelegenen Ölbehälter sich auszeichnen, so nehmen die Deckstücke von Sphaeronectes fast kuglige Gestalt an und kommen an Länge und Breite mindestens den Schwimmglocken gleich. Diejenigen der

Diplophysa columella unterscheiden sich von Beiden durch die centrale Lagerung des Öl-behälters; von jenem der Diplophysa irregularis durch die der Genitalglocke fast gleichkommende Länge und von jenen der Dipl. gracilis durch die geringere Breite und konische Gestalt. Der Magenschlauch ist vollkommen durchsichtig und entbehrt im Gegensatz zu jenem der Dipl. gracilis eines deutlichen Magenstieles. Basalmagen, Hauptmagen und Proboscis sind ebenso wie bei den übrigen Monophyiden ausgebildet.

Sehr auffällig war es mir, daß an sämtlichen Stammgruppen der Mon. brevitruncata nicht nur, sondern auch an den freilebenden Diplophysen der Fangfaden nur wenige und dazu noch in der Entwicklung zurückgebliebene Nesselknöpfe aufwies. Ich bedaure daher, über den Bau der Knöpfe keine genaueren Angaben machen zu können.

Die Genitalschwimmglocken werden 3–4 mm. lang und sind etwa um ein Drittel breiter als die Deckstücke. Ihre bilaterale Gestaltung ist nur schwach angedeutet durch die seitliche Compression und den wenig auffallenden Unterschied in der Länge der vier Radiärgefäße. Der Stielkanal mündet fast auf der Kuppe der Subumbrella ein, über deren Belag mit quergestreiften Epithelmuskelzellen ich an einer anderen Stelle noch berichten werde. Der Ringkanal rückt nahezu auf die Mitte des wohl entwickelten Velums. Das mit Geschlechtsprodukten erfüllte Manubrium ist bei den männlichen Glocken lang gestreckt cylindrisch, bei den weiblichen (Taf. IX, Fig. 4) eiförmig oder kuglig. Stets läßt sich neben der Basis des Magenschlauches eine Ersatzknospe (Taf. VIII, Fig. 2) nachweisen, welche gelegentlich schon zu einer ziemlich großen Genitalglocke heranwächst, während die ältere mit reifen Geschlechtsprodukten erfüllte noch der Basis des Deckstückes ansitzt (Fig. 4 go[II]). Da in jenem Falle an der Insertion der Ersatzglocke deutlich eine kleine knospenförmige Auftreibung (go[III]) zu beobachten ist, so steht zu vermuten, daß letztere die Urknospe repräsentiert, von der sich successive die Gonophoren abschnüren.

2. Monophyes irregularis Claus.

Monophyes irregularis Claus, die Gattung Monophyes 1874, p. 32.

Taf. IV, Fig. 16, 17, 5 und 6.

Monophyes irregularis Chun, Siph. Canar. Ins. 1888, p. 14 [1154]

Monophyes irregularis Haeckel, Report Chall. 1888, p. 128.

Die kleinste aller Sphaeronectiden, welche im Mittelmeer sehr häufig ist, und zuerst durch Claus beschrieben wurde, fehlt auch dem Atlantischen Ocean nicht. Sie erschien an den Canarischen Inseln gemeinsam mit den ebenfalls von Claus als ihr zugehörig erkannten Diplophysenabkömmlingen den ganzen Winter hindurch, jedoch nie so häufig, wie in dem

Mittelmeer. Der Besitz der Mittelmeere...

Sphaerozoum Huxley.

Eine befriedigende Aufklärung über die Natur dieser zierlichen medusenähnlichen Organismen brachte erst die treffliche Untersuchung von Claus „Die Gattung Monophyes Cls. und ihr Abkömmling Diplophysa Gbr." Wie schon der Titel andeutet, so erkannte Claus zuerst die Zugehörigkeit der von Will als Ersaea truncata, von Gegenbaur als Diplophysa inermis beschriebenen monogastrischen Colonien zu Sphaeronectes. Gleichzeitig führt er den stricten Nachweis, daſs diesen Formen thatsächlich nur eine Schwimmglocke zukommt, welcher ein Stamm mit den für die Calycophoriden typischen Individuengruppen ansitzt. Gestützt auf diese wichtige Erkenntnis wird die Huxley'sche Bezeichnung der Gattung „Sphaeronectes" durch „Monophyes" ersetzt. Es ist nun immerhin mislich, eine in die Wissenschaft eingeführte Bezeichnung der Gattung für obsolet zu erklären und sie durch eine neue zu ersetzen, selbst wenn auch anerkannt werden muſs, daſs sie auf eine zutreffende Erkenntnis der Organisation hin gegründet ist. Ich glaube indessen, daſs wir beiden Forschern, Huxley sowohl wie Claus, gerecht werden können, indem wir nach dem Vorgang von Haeckel beide Gattungsnamen in Anwendung bringen. Der Unterschied zwischen den von Claus unter der gemeinsamen Bezeichnung „Monophyes" zusammengefaſsten Arten sind so bedeutungsvolle, daſs sie vollkommen zu einer generischen Trennung berechtigen. Die Form der Schwimmglocke, die Gestaltung der Scheide, der Verlauf des Ölbehälters, die Anordnung der Radiärgefäſse und der Bau der Magenschläuche geben ausreichend Veranlassung, um die bis jetzt bekannt gewordenen Monophyes-Arten (M. irregularis Claus, M. brevitruncata Chun, M. princeps Haeckel) von den gleich zu erwähnenden Sphaeronectes-Arten generisch abzuzweigen.

Die Gattungsdiagnose würde demgemäſs folgendermaſsen lauten:

Sphaeronectes: Schwimmglocke halbkugelig mit engem und langem, bis über die Mitte der Glocke ragendem Hydrocium, das mit relativ kurzer spaltförmiger Öffnung auf der Ventralseite ausmündet. Radiärgefäſse von fast gleicher Länge. Polypen mit langem Magenstiel. Ölbehälter geknickt, mit seinem Proximalabschnitt horizontal verlaufend.

8. Sphaeronectes gracilis Claus.

Monophyes gracilis Claus. Die Gattung Monophyes 1874. Taf. IV. Fig. 8—10.

? Pagenstecher. Neue Entwicklungsweise bei Siph. 1869. Taf. 21.

Sphaeronectes inermis Fewkes, Contrib. Tub. Jelly Fishes. Mus. Comp.
    Zool. Cambridge 1880. Vol. VI. Taf. III. Fig. 6.

Monophyes gracilis Chun. Cykl. Entw. siph. Sitzungsber. Akad.
    Wissensch. Berlin 1885. Taf. II. Fig. 1, 2.

Sphaeronectes gracilis Chun. Siph. Canar. Ins. Ibid. 1888. p. 14.

Sphaeronectes gracilis Haeckel, Rep. Chall. 1888. p. 130.

Diplophysa inermis Gegenbaur.

Die monogastrischen Abkömmlinge von Sphaeronectes gracilis.

Ersaea truncata Will. Horae Tergestinae 1844. p. 82. Taf. 2. Fig. 28.

Diplophysa inermis Gegenbaur. Beitr. z. näh. Kenntn. d. Schwimm-
    polypen. Zeitschr. wiss. Zool. 1854. Bd. 5. Taf. 16. Fig. 3.

Diplophysa inermis Claus. Die Gattung Monophyes 1874. Taf. IV.
    Fig. 1—4.

Diplophysa inermis Fewkes. Jelly Fishes Narragansett Bay. Bull.
    Mus. Comp. Zool. Cambr. 1881. Vol. VIII. Taf. 6. Fig. 12.

Diplophysa inermis Haeckel. Rep. Chall. p. 107.

Sphaeronectes gracilis erschien mit den zugehörigen Abkömmlingen. Diplophysa inermis, den
ganzen Winter hindurch an den Canarischen Inseln.
Indessen zeigte sich diese zierliche medusenähnliche
Form niemals so häufig und in solchen Schwärmen,
wie sie gelegentlich von mir im Mittelmeer beobachtet
wurden. Um die Charactere der Gattung Sphaeronectes, wie sie oben im Gegensatz zu jenen der Gattung Monophyes pracisiert wurden, auch im Bilde darzustellen, so verweise ich auf die nebenstehende
Figur von Sphaeronectes gracilis und auf den Holzschnitt 4 p. 94 [70]b, welcher den Anfangsteil des Stammes
bei starkerer Vergrößerung darstellt.

Sphaeronectes gracilis ist eine für das Mittelmeer und für den Atlantischen Ocean characteristische

und typische Art. Außer an den Canarischen Inseln, wo ich sie nebst ihren Diplophysenabkömmlingen den ganzen Winter hindurch beobachtete, ist sie auch an der Ostseite des
Atlantischen Oceans aufgefunden worden. Jedenfalls glaube ich aus der Abbildung entnehmen
zu dürfen, daß Fewkes im Rechte ist, wenn er die von ihm in der Narragansett-Bay
beobachteten Diplophysen auf Sphaeronectes gracilis bezieht.

Bemerkungen über die pacifische Sphaeronectes Köllikeri Huxley.

Durch eine recht zutreffende Abbildung hat Huxley die von ihm an den Küsten
Australiens beobachtete Sphaeronectes Köllikeri illustriert. Ich war lange Zeit im Zweifel, ob
thatsächlich zwischen der pacifischen und atlantisch-mediterranen Art specifische Unterschiede
existieren möchten, bis ich selbst Gelegenheit fand, wohl erhaltene Exemplare zu unter-
suchen, welche der durch seine Sammlungen und Beobachtungen gleich ausgezeichnete ita-
lienische Marineofficier Chierchia bei Valparaiso im Januar 1885 fischte. Auf den ersten
Blick scheinen die fünf mir vorliegenden Exemplare durchaus Sphaeronectes gracilis zu
gleichen, bei genauerer Prüfung ergiebt sich indessen ein Character, der bisher noch nicht
betont wurde, aber leicht und sicher zur Unterscheidung beider Arten herangezogen werden
kann. Der Ölbehälter von Sph. Köllikeri ist mit seinem distalen allmählich
anschwellenden Abschnitt nach abwärts (dem Schirmrande zugekehrt) gebogen
im Gegensatz zu jenem von Sph. gracilis, der aufwärts gelegen ist. Es spricht gewiß für die
Zuverlässigkeit der Huxley'schen Darstellungen, daß auch auf seiner Abbildung dieses Verhalten angedeutet ist. Ob auch zwischen den Stammgruppen beider Arten Unterschiede obwalten, vermag ich nicht sicher zu entscheiden. Um solche zu constatieren, muß durchaus
das lebende Objekt, nicht aber conservierte Exemplare mit stark contrahirtem Stamme, berücksichtigt werden.

Sphaeronectes Köllikeri scheint durch das Gesammtgebiet des pacifischen und indischen
Oceans verbreitet zu sein. Huxley beobachtete diese Monophyide an der Ostküste Australiens
(1848), in der Torres-Straße und im Indischen Ocean, während die mir vorliegenden Exemplare von der chilenischen Küste stammen. Auch Haeckel giebt an, daß Exemplare, welche
mit Sph. Köllikeri übereinstimmten, im Materiale der Challenger-Expedition aus dem tropischen
Pacific sich vorfanden.

Wenn es erlaubt ist, den Ausdruck „vikariirende Arten", der bisher nur von Land-
tieren gebraucht wurde, auch auf pelagische Organismen anzuwenden, so geben die beiden

B. Die Cymbonectiden.

Wir kennen bis jetzt vier Gattungen von Cymbonectiden, welche durch folgende Charactere ausgezeichnet sind.

	Stammgruppen ohne Spezialschwimmglocke, als Eudoxien frei werdend. Eudoxia mit helmförmigem Deckstück, dessen verlängerter Ölbehälter gerade aufsteigt. Genitalschwimmglocke vierkantig.	Hydröcium tief, bis über die Mitte der Schwimmglocke reichend. Ölbehälter kurz und aufgetrieben, nahe bis zur Spitze der Glocke aufsteigend, Ventrales Subumbrellargefäß lang. *Cymbonectes* Haeckel.
Schwimmglocken pyramidal, fünfkantig, einer oberen Diphyidenglocke gleichend.		Hydröcium kurz, nur das untere Viertel der Glocke einnehmend. Ölbehälter verlängert bis zur Mitte der Glocke reichend. Ventrales Subumbrellargefäß verkürzt. *Maggiaea* Koch.
	Stammgruppen mit Spezialschwimmglocke, als Ersäen frei werdend. Ersaea mit schildförmigem Deckstück, dessen Ölbehälter kurz und breit gestaltet ist. Neben der vierkantigen großen sterilen Spezialschwimmglocke sitzt eine männliche oder weibliche Gonophorentraube.	Distalabschnitt der Subumbrella röhrenförmig ausgezogen. *Doromasia* Chun.
Schwimmglocken pyramidal, vierkantig, einer oberen Abylidenglocke gleichend.	Stammgruppen ohne Spezialschwimmglocke, als Cuboïdes frei werdend. Cuboïdes mit würfelförmigem Deckstück, dessen untere Fläche trichterförmig vertieft ist. Ölbehälter kurz, mit zwei breiten basalen Aussackungen. Genitalglocke mit mehr als vier scharfen Firsten.	Subumbrella dorsal, Ölbehälter und Hydröcium central gelegen; ersterer gerade aufsteigend, flaschenförmig verlängert. *Halopyramis* Chun.

Unter die hier aufgeführten Gattungen lassen sich auch jene Formen einreihen, deren Zugehörigkeit zu den Cymbonectiden noch zweifelhaft ist. Es sind das vor Allem die von Huxley 1858 in seinen „Oceanic Hydrozoa" als *Diphyes Chamissonis* (Taf. I, Fig. 3) und *Diphyes mitra* (Taf. I, Fig. 4) beschriebenen Arten. Wenn ich auch nicht in Abrede stellen will, dafs die eine oder andere der hier angeführten Siphonophoren thatsächlich den Cymbonectiden zugehört, so kann doch erst die genaueste Prüfung des lebenden Tieres, die sich vor Allem auf die Anwesenheit oder den Mangel von Reserveglocken an der Basis des Stammes zu erstrecken hätte, einen sicheren Entscheid über die Zugehörigkeit zu Cymbonectiden resp. Diphyiden liefern.

Da uns weiterhin die voraussichtlich als Eudoxien frei werdenden Stammgruppen von *Cymbonectes* noch nicht sicher bekannt sind, so ist es fraglich, ob die oben angegebenen Charactere der Gattung *Cymbonectes* ausreichen, um eine generische Trennung von *Muggiaea* zu rechtfertigen. [*]

Muggiaea Busch.

Muggiaea Busch, Beob. über Anat. und Entw. einiger Wirbellosen
    Seetiere 1851, p. 48.

Diphyes Busch, ibid. p. 46.

Diphyes Will. Horae Tergestinae 1844, p. 77.

Muggiaea Chun, Über d. cyklische Entw. d. Siphonoph. Sitzungsber.
    Acad. Wissensch. Berlin 1882. LII. p. 1155—1164.

Muggiaea Chun, Siph. Canar. Inseln ibid. 1888. p. 15 [1155].

Muggiaea Haeckel. Rep. Siph. Challenger 1888, p. 136.

4. **Muggiaea Kochii** Chun.

Diphyes Kochii Will, Horae Tergestinae 1844. Taf. 2. Fig. 22.

Diphyes Kochii Busch, Beob. Wirbellose Seeth. 1851. Taf. 4.
    Fig. 3—5.

---

[*] Haeckel rechnet die oben erwähnte Diphyes *mitra* Huxl. zur Gattung *Cymbonectes*, die Diphyes Chamissonis hingegen zu Muggiaea. Nach meinem Dafürhalten würden beide zu Muggiaea gehören. Jedenfalls geht aus der Schwierigkeit, die genannten Formen bei dieser oder jener Gattung unterzubringen, hervor, dafs die relativen Gröfsenverhältnisse von Hydoecium und Ölbehälter nicht ausreichen, generische Unterschiede zu begründen. Sollten thatsächlich die Stammgruppen von *Cymbonectes* sich isolieren und die Charactere von Eudoxia aufweisen, so wäre die Gattung *Cymbonectes* einzuziehen und die beschriebene Art zu Muggiaea zu zählen.

Muggiaea pyramidalis Busch. ibid. Taf. 4, Fig. 6.

Muggiaea Kochii Chun. Cykl. Entw. Siph. 1882. Taf. 17. Fig. 1—7.

Muggiaea Kochii Chun. Siph. Canar. Inseln 1888. p. 15.

Muggiaea Kochii Haeckel. Rep. Siph. Challenger 1888. p. 137.

Eudoxia Eschscholtzii Busch.

Die monogastrischen Abkömmlinge von Muggiaea Kochii.

Ersaea pyramidalis Will. Horae Tergestinae 1844. p. 81. Taf. 2.
Fig. 17.

Eudoxia Eschscholtzii Busch. Beob. Wirbellose Seeth. 1851. p. 35.
Taf. 4. Fig. 7—10. Taf. 5. Fig. 1—9.

Eudoxia Eschscholtzii Chun. Cykl. Entw. Siphonoph. 1882. p. 4. 1158.

Cucullus Eschscholtzii Haeckel. Rep. Siphonoph. Chall. p. 169.

Als *Diphyes Kochii* beschrieb Will eine kleine Siphonophore, welche offenbar mit der späterhin von Busch geschilderten *Muggiaea pyramidalis* identisch ist. Ich kombinierte daher die Benennungen beider Beobachter zu der Speziesbezeichnung *Muggiaea Kochii* und wies nach, daß diese im ganzen Mittelmeer verbreitete Form keine Diphyide repräsentiert, sondern nur eine einzige oder oberen Diphyidenglocke gleichende, fünfkantige Glocke mit Ölbehälter zur Ausbildung bringt, die nie durch identisch gebildete Reserveglocken verdrängt wird. War hiermit zum ersten Male der Nachweis geführt, daß Monophyiden mit kantigen Glocken vorkommen, so gelang es mir weiterhin durch das Studium der Embryonalentwicklung nachzuweisen, daß dieser fünfkantigen definitiven Glocke eine primäre, glatte, mützenförmige Glocke vorausgeht, sich bezeichnete dieses Stadium als Monophyes primordialis), welche abgeworfen wird. Endlich konnte ich konstatieren, daß die frei werdenden Stammgruppen sich zu der von Busch genau studierten *Eudoxia Eschscholtzii* ausbilden, welche mit der *Ersaea pyramidalis* Will identisch sein dürfte.

Muggiaea Kochii fehlt auch dem Atlantischen Ocean nicht. Ich beobachtete sie vereinzelt mitsamt ihren Eudoxien den ganzen Winter 1887/88 hindurch.

Auch Haeckel (Report p. 169 und 137) giebt an, daß er eine Muggiaea-Art, die sich nur geringfügig von *M. Kochii* unterschide (die Spitze des Hydrociums soll bis zur halben Länge des Schwimmsackes reichen) an den Canaren beobachtet habe. Er belässt ihr die Bezeichnung *Muggiaea pyramidalis* und nennt ihre Eudoxienabkömmlinge *Cucullus pyramidalis*.

Doramasia Chun.

Doramasia ?) Chun. Die Siphonoph. der Canarischen Inseln. Sitzungsber. Akad. Wissensch. Berlin 1888. XLIV, p. 14 [1154].

Schwimmglocke fünfkantig. Distalabschnitt der Subumbrella rohren-
förmig ausgezogen, die frei werdenden Stammgruppen entwickeln sich
zu *Ersaea*.

Ersaea diöcisch mit grosser, steriler Spezialschwimmglocke und ansitzender Gonophorentraube. Deckstück schildförmig mit kurzem und
breitem Ölbehälter."

5. Doramasia picta Chun.

Taf. VIII. Fig. 3—5. Taf. IX. Fig. 5—10. Taf. X. Fig. 1—9.

Doramasia picta ist eine der zierlichsten Formen, welche an den Canarischen Inseln
erscheint. Bei einer geringen Grösse von 6 bis 10 Millimetern fällt sie doch durch die lebhafte orange Färbung leicht in das Auge. Trotzdem sie nebst den zugehörigen, früherhin
zur Gattung *Ersaea* gerechneten freien Endexiongruppen während der ganzen Zeit meines
Aufenthalts — von September bis Anfang April — regelmäßig und häufig erschien, ist sie
doch bis jetzt der Aufmerksamkeit der Beobachter entgangen. Ich werde allerdings darauf
hinzuweisen haben, dafs von einer nahe verwandten vikariierenden pacifischen Art die freien
monogastrischen Abkömmlinge bereits durch Eschscholtz und späterhin durch Huxley unter
dem Namen *Ersaea (Endoxia) Bojani* kenntlich beschrieben wurden. Das häufige Erscheinen
der *Doramasia picta* setzte mich in den Stand, ihren Bau und die Entwicklung ihrer Stammgruppen zu freien Ersaen eingehender zu verfolgen.

Schwimmglocke.

Taf. VIII. Fig. 3. Taf. IX. Fig. 5, Fig. 9.

Exumbrella. Die durchsichtige und seitlich komprimierte Schwimmglocke erreicht eine
Länge von 6 bis 10 Millimetern. Sie ist mit fünf scharfen nur am unteren Glockenrande
gezähnelten Firsten versehen, welche in dem oberen Viertel auf dem Querschnitte (Taf. IX,
Fig. 5a) streng radiär fünfstrahlig angeordnet sind. Führt man den Schnitt etwas tiefer
in der Höhe der Spitze des Ölbehälters (Fig. 5b), so tritt bereits eine bilaterale Anordnung
der flügelförmig vorspringenden Kanten in drei dorsale (er. d.) eine mediane und zwei
laterale) und in zwei ventrale (er. v.) hervor. Während die Dorsalflügel auf dem Quer-

---

*) Die Gattungsbezeichnung ist dem Namen des „letzten Canariers", Doramas, entlehnt, der im Kampfe
gegen die Spanier als Fürst der Guanchen 1478 den Heldentod bei Las Palmas fand.

schnitte durch tiefeinschneidende Furchen herzförmige Gestalt besitzen, so bilden die beiden Ventralflügel auf dem Querschnitt zusammen ungefähr ein Rechteck mit seicht eingebuchteter medianer Fläche. Zwischen die letzteren senkt sich das Hydröcium (hy) ein, während die Subumbrella (su) mehr nach der Dorsalseite gelagert ist. Die bilaterale Gestalt der Glocke tritt auf tiefer geführten Schnitten (der Schnitt 5c geht durch die Mitte des Hydröciums) klar hervor.

Die Schwimmglocke verjüngt sich in ihrem oberen zugespitzten Viertel, verbreitert sich dagegen nach der Öffnung des Schwimmsackes zu mit convex gekrümmten Kanten ganz allmählich. In der Höhe der Mündung des Schwimmsackes verhält sich der Dorsoventraldurchmesser zu dem Längsdurchmesser der Glocke wie 1 : 3, 5. Im Ganzen genommen ist sie ungemein schlank und vorzüglich geeignet bei Contraktionen der Subumbrella das Wasser zu durchschneiden, ohne großen Widerstand zu finden.

Die drei Dorsalflügel laufen an dem unteren Glockenrande in drei scharf vorspringende Zähne (d) aus, von denen der Dorsalzahn (d. d.) um ein Drittel länger ist, als die Lateralzähne (d. l.). Der Dorsalzahn ist vierkantig, die Lateralzähne dreikantig; sämtliche Kanten sind fein gezähnelt. Nicht so scharf wie die Dorsalflügel laufen die Ventralflügel in zwei Ventralzähne (d. v.) aus, welche zugleich durch ihre concav eingebuchteten und gezähnelten Ventralkanten den ventralen Abschluß des Hydröciums bilden. (Taf. IX. Fig. 9).

Das Hydröcium (hy) (Scheide, Trichterhöhle oder Stammbehälter) nimmt die untere Ventralhälfte der Glocke ein. Es ragt als glockenförmiger Raum gegen die Basis des Ölbehälters zu nur wenig sich verjüngend nicht ganz bis zur halben Höhe der Schwimmglocke. Auf dem Querschnitte (Taf. IX. Fig. 5c) erscheint es nahezu dreikantig mit abgerundeten Ecken; die Basis des Dreiecks ist ventral gewendet, die abgerundete Spitze ist dem Ventralrande der Subumbrella zugekehrt. Die basale Mündung des Hydröciums ist rechteckig gestaltet und springt an den Ecken mit 4 scharfen Zähnen vor. Die beiden Ventralzähne bilden gleichzeitig die Ausläufer der ventralen Glockenfirsten, während die beiden dorsalen Hydröcialzähne (d. hy) (mit Rücksicht auf ihre Stellung zur ganzen Glocke könnte man sie auch die ventralen Seitenzähne der Glocke nennen) keine Beziehungen zu den Firsten der Glocke aufweisen. Die letzteren (d. hy.) sind ungewöhnlich kräftig entwickelt und besitzen die doppelte Länge des Dorsalzahnes (d. d.). Die unteren, den Rand des Hydröciums bildenden Kanten der Zähne gehen in concavem Bogen ineinander über; der schmale Dorsal- und Ventralrand ist stärker concav eingebuchtet (Taf. IX. Fig. 9) als die breiten lateralen Ränder. Gleichzeitig bauchet sich der Dorsalrand auch gegen die Dorsalseite hin aus. Alle Kanten sind deutlich gezähnelt.

Die Subumbrella (oder Schwimmsack) ist ungewöhnlich schmal und tief, insofern der Durchmesser an der Mündung sich zu der Längsachse wie 1 : 8 bis 1 : 9 verhält. Eine charakteristische Auszeichnung der Gattung wird durch das Verhalten des oberen Drittels der Subumbrella bedingt, welches röhrenförmig ausgezogen bis in die Nähe der Glockenspitze gerade aufsteigt. Die umfangreichere untere Partie des Schwimmsackes verjüngt sich ganz allmählich, indem sie gleichzeitig ein wenig gegen die Ventralseite sich neigt, in die röhrenförmige Verlängerung. Eine schwache und breite Striktur ist auf der Dorsalfläche der Subumbrella dicht oberhalb der Mündung kenntlich (Taf. VIII, Fig. 5 bei x).

Das Velum (Taf. IX, Fig. 9 ve) ist wohl entwickelt und von mittlerer Breite.

Sehr auffällig ist die prächtige und lebhaft orange Pigmentierung der Subumbrella. Fast stets ist die röhrenförmige Verlängerung der letzteren intensiv orange gefärbt; meist tritt auch diese Pigmentierung längs des Ölbehälters auf der Ventralseite auf. Dazu gesellen sich noch orange Partieen an der Einmündung des dorsalen und ventralen Subumbrellargefäßes in den Ringkanal.

Die Subumbrellargefäße nehmen ihre Entstehung aus einem Stielkanale (c. ped.) der seinerseits von der Dorsalfläche der Stammwurzel kurz unterhalb der Einmündung des Ölbehälters entspringt. (Taf. VIII, Fig. 5 c. ped., Taf. IX, Fig. 6, c. ped.) Auf diesen dorsalen Ursprung des Stielkanales, dessen Haeckel in dem Report keine Erwähnung thut, obwohl er in einzelnen Fällen — so bei *Abyla* durch Leuckart und bei *Diphyes* durch Huxley — beobachtet wurde, lege ich um so mehr Wert, als ich nicht nur die allgemeine Giltigkeit dieses Verhaltens bei den Calycophoriden nachweisen, sondern auch das Knospungsgesetz für die Schwimmglocken der Polyphyiden und Physophoriden auf die dorsale Anlage der ersten definitiven Glocke zurückführen werde.

Der Stielkanal steigt nahe dem Ventralrande der Subumbrella nach abwärts, um erst dicht oberhalb der Glockenmündung auf den Schwimmsack überzutreten. Hier gabelt er sich nicht direkt in die vier Subumbrellargefäße, sondern löst sich in ein Maschenwerk von anastomosierenden und proliferierenden Gefäßen, das ich als Gefäßplatte bezeichne, auf. Indem ich bezüglich des Habitus der Gefäßplatte auf Taf. IX, Fig. 9 verweise, so bemerke ich an dieser Stelle nur, daß eine derartige Auflösung der Glockengefäße in ein capillares Maschenwerk (eine Art von Wundernetz) nicht nur bei Monophyiden, sondern auch bei Diphyiden, Abyliden und Polyphyiden vorkomme. Es ist auffällig, daß die Gefäßnetze der Calycophoriden bisher von sämtlichen Beobachtern übersehen wurden, obwohl schon Leuckart genau die Stelle abbildet und beschreibt, wo auf der Dorsal-

— 154 —

Fläche der Submbrella von *Hippopodius* die plattenförmige Erweiterung des Dorsalgefäßes vorkommt [1]. Unter dem Mikroskope gewahren die in der Platte nach allen Richtungen sich verzweigenden und anastomosierenden Capillaren ein reizvolles Bild; bald ist ihr Lumen sehr fein, wenn die Flüssigkeit nach anderen Partieen der Submbrella abströmt, bald werden sie ansehnlich durch das Zufließen der Leibeshöhlenflüssigkeit geschwellt. Den physiologischen Wert der Netzbildungen glaube ich wohl nicht unrichtig zu beurteilen, wenn ich in ihnen Einrichtungen sehe, die eine ausgiebige Diffussion der Nahrungsflüssigkeit in die umgebenden Regionen vermitteln. Dafür spricht ja auch ihr Vorkommen gerade an jenen Stellen des Siphonophorenorganismus, welche energischen Arbeitsleistungen vorstehen.

Die merkwürdige Gestaltung der Kerne in den entodermalen Gefäßzellen der Wandung werde ich späterhin — namentlich bei Gelegenheit der Schilderung der Gefäßnetze von Abyliden — eingehender schildern. Ich verweise daher an dieser Stelle auf eine kurze Mitteilung [2], in der ich meine Ansichten über die Bedeutung der durch direkte Teilung sich vermehrenden Zellkerne in den Gefäßnetzen auseinandersetzte.

Was nun den Verlauf der Radiärgefäße selbst anbelangt, so liegt auf der Hand, daß er durch die weit nach abwärts verschobene Einmündung des Stielkanales wesentlich modificiert wird. Das Ventralgefäß (c. v.) ist nur an der Einmündung in den Ringkanal angedeutet, während sein Proximalteil in das Gefäßnetz aufgegangen ist. Das ungewöhnlich lange Dorsalgefäß (c. d.) steigt in der Mediane der ventralen Submbrellarseite nach aufwärts, umkreist den röhrenförmig verlängerten Abschnitt des Schwimmsackes und läuft auf der Dorsalseite abwärts. Seine Einmündung in den Ringkanal ist etwas verbreitert und dadurch ausgezeichnet, daß die Gefäßzellen einen smaragdgrünen Schiller aufweisen (Taf. VIII, Fig. 3). Die Seitengefäße (c. l.) gehen aus den lateralen Teilen des Gefäßnetzes hervor (Taf. IX, Fig. 9) und beschreiben die für alle diphysidenähnliche Glocken charakteristische Schleifenwindung; die Stelle, wo die beiden Schleifenschenkel bogenförmig umbiegen, liegt wenig unterhalb der röhrenförmigen Verlängerung der Submbrella.

Nur in einem Falle beobachtete ich in der Höhe des Proximalteiles des Ölbehälters einen kurzen queren Canal, welcher eine Verbindung zwischen dem Dorsalgefäß und den Seitengefäßen herstellte.

[1] R. Leuckart, Zur näheren Kenntnis der Siphonophoren von Nizza. Arch. f. Naturg. 1854. Jahrg. 20, p. 57 (305). Taf. XII, Fig. 1 und 2.
[2] C. Chun, Über die Bedeutung der direkten Kernteilung. Schriften d. Physik. Ökon. Ges. Königsberg. Jahrg. 31 1890 Sitzungsber. v. 3. April.

Der Ölbehalter (e. ol.) ist nur um ein Geringes kürzer als das Hydrosium; er steigt als gerade gestreckter Canal von der Kuppe des Hydrosiums aus schräg gegen die Dorsalseite der Glocke geneigt und dicht der Subumbrella sich anschmiegend etwa bis zum unteren Drittel ihrer röhrenförmigen Verlängerung aufwärts. Auf der Dorsalseite ist er mit entodermalem Plattenepithel belegt, welches auf der Ventralfläche in die prismatischen Saftzellen übergeht. Ein grofser ungefärbter Öltropfen schwebt in dem distalen Ende und bedingt durch sein geringes spezifisches Gewicht die aufrechte Haltung der Glocke. In einigen Fällen war das distale Ende etwas verjüngt, während gleichzeitig die mit körnigem Inhalt (Guaninablagerungen?) erfüllten Zellen einen grünlichen Schiller erkennen liefsen. Ganz konstant fluoresirt bei sämtlichen Exemplaren die ventrale entodermale Basalzelle des Ölbehälters im Leben; bei durchfallendem Lichte rosa, bei auffallendem complementär smaragdgrün. (Taf. IX, Fig. 6 und 7 ev.)

Die Stammgruppen.

Der Stamm von *Doramasia picta* ist auffällig kurz und dabei durch eine geringe Zahl von Gruppen, die ihm ansitzen, ausgezeichnet. Das auf Taf. VIII, Fig. 3 dargestellte Exemplar weist nur drei auf verschiedenen Entwicklungsstadien befindliche Stammgruppen unterhalb der am proximalen Stammende befindlichen Knospungszone auf; eine Zahl, die selten durch gleichzeitige Ausbildung einer vierten Gruppe überboten wird. Häufig habe ich indessen Exemplare mit zwei oder gar nur einer Stammgruppe unterhalb der erwähnten Knospungszone beobachtet. Mit dieser relativ geringen Zahl von Gruppen mag es in Zusammenhang stehen, dafs die Muskulatur des Stammes nur schwach entwickelt ist.

In allen Fällen ist dicht unterhalb des proximalen Anfangsteiles des Stammes an dessen Ventralseite eine Knospungszone entwickelt, welche durch eine beträchtliche Verdickung sowohl des Entodermes wie des Ektodermes gebildet wird (Taf. IX, Fig. 6 und 7). Bald in flachem Bogen verstreichend, bald stärker vorgewölbt (Fig. 6), bald geknickt (Fig. 7 bei x) giebt diese verdickte Zone das Material für die Knospengruppen des Stammes ab. Ganz besonders habe ich meine Aufmerksamkeit auf das eventuelle Auftreten einer Schwimmglockenanlage neben der Knospungszone gerichtet, welche entweder als Reservegbocke für die fünfkantige Schwimmgbocke oder als untere Diphyidenglocke zu betrachten wäre. Da gerade der Mangel einer solchen Glocke entscheidend für die Monophyidennatur von Doramasia ist, so darf ich wohl erwähnen, dafs ich gegen 40 Exemplare oft mehrere Tage hindurch beobachtete und zeichnete, ohne je auch nur eine Spur einer zweiten Glockenanlage wahrzunehmen. Nur in einem Falle wurde ich schwankend, da eine Glockenanlage sich nachweisen liefs — wie indessen die genauere Untersuchung lehrte, so handelte es sich bei diesem Exemplar, das nur eine Knospengruppe anfwies, um die Anlage der gleich zu erwähnenden Spezialschwimmglocke der Gruppe. Wie schon im allgemeinen Teile (p. 94 [70]) dargelegt wurde, so wölbt sich am distalen Ende der Zone eine Knospe vor, aus der erst sekundär die Constituenten einer Gruppe in gesetzmäfsiger Weise hervorsprossen. Claus[1]) hat dies Verhalten bei *Sphaeronectes* zutreffend dargestellt. Während jedoch bei *Sphaeronectes* eine gröfsere Zahl derartiger Knospen auftritt (Holzschnitt 4 (p. 94 [70]) so läfst sich bei *Doramasia* nur eine einzige (g) nachweisen. Dieselbe zerlegt sich sekundär in zwei Knospen, von denen die proximale die gemeinsame Anlage des Deckstückes und der Gonophorentraube (br + go) mit der sterilen Spezialschwimmglocke, die distale hingegen die Anlage für Magenschlauch und Fangfaden (p) abgibt.

An weiter entwickelten Gruppen sondert sich allmählich die proximale Knospe wiederum in zwei Particen (Fig. 7, unterste Knospe) von denen die proximale (br) zum Deckstück, die distale zur gemeinsamen Anlage der Spezialschwimmglocke und Gonophorentraube (Urknospe der Geschlechtstiere) sich entwickeln.

Während auf diesen Stadien alle Knospenanlagen noch auf der Ventralseite des Stammes gelegen sind, so beginnt an den weiter entwickelten Gruppen eine Lageverschiebung derart sich einzuleiten, dafs die Knospe des Deckstückes von rechts nach links allmählich den Stamm umgreift und auf dessen Dorsalseite rückt, indessen die Anlage für die Spezialschwimmglocke und Gonophorentraube nach der rechten Seite gedrängt wird. Wenn ich dem noch hinzufüge, dafs inzwischen der Fangfaden auf der abaxialen (vom Stamme abgewendeten) Seite der gemeinsamen Anlage für Magenschlauch und Fangfaden proximalwärts hervorknospt, so würden wir jene vier Anlagen einer Stammgruppe erhalten, welche auf der Gruppe II in Fig. 6 dargestellt sind. An ihr fällt vor Allem das ansehnliche Deckstück (br) auf, das tütenförmig eingerollt die ventralen Anlagen umhüllt. Sein oberer (proximaler) Rand ist glatt und convex gewölbt, sein ventraler (distaler) verläuft schräg abgestutzt zwischen zwei Zähnen (d. br) von links unten nach rechts oben. Der entodermale Hohlraum der Knospe hat sich zur Anlage des Ölbehälters (r. ol.) ausgebildet, der auffällig breit gezogen der Dorsalseite des Stammes sich anschmiegt. Relativ klein schimmert die kuglige gemeinsame Knospenanlage für Spezialschwimmglocke und Gonophorentraube (go) auf der

---

[1]) C. Claus. Die Gattung Monophyes 1874, p. 30, Taf. IV. Fig. 10.

rechten Seite des Stammes hindurch .... durch seine Größe der Magenschlauch (p.), welcher — wenn auch nicht scharf von einander abgegrenzt — die bekannten vier Abschnitte aufweist: einen kurzen Magenstiel (p. p.), den mit verdicktem Ektoderm belegten Basalmagen (g.), den Hauptmagen (st.) und den mit Magenwülsten ausgestatteten rüsselförmigen Endabschnitt, Proboscis (pr.). Die Mundöffnung ist auf diesem Stadium zum Durchbruch gelangt. An der Grenze zwischen Magenstiel und Basalmagen wölbt sich auf der Ventralseite und etwas nach links gewendet die spiral eingerollte Anlage für den Tentakel (t.) hervor.

Häufig fand ich die jugendlichen Magenschläuche entweder vollständig oder teilweise intensiv orange pigmentiert.

Der Stamm beschreibt an der Insertionsstelle von Deckstück und Magenschlauch einen dorsal gerichteten Knick, indem er sich gleichzeitig etwas ausweitet.

An den am weitest entwickelten, dem Stammende ansitzenden Gruppen (Taf. VIII. Fig. 3, C. Taf. IX. Fig. 8) imponiert durch seine Größe vor Allem das Deckstück (br.). Es umhüllt tutenförmig eingerollt vollständig sämtliche Gruppenanhänge und hat sich namentlich in proximaler Richtung ausgedehnt. Im Übrigen ist seine Contour nicht wesentlich von der soeben geschilderten verschieden. Der Ölbehälter (e. ol.) liegt an der Grenze des oberen Drittels und fällt durch seine plumpe, breit gezogene Form auf. Seine lateralen Aussackungen und die dorsale Kuppe schillern zart smaragdgrün.

Besonders auffällig ist die Gliederung der rechtsseitig gelegenen Knospe in eine Spezialschwimmglocke und in die Urknospe der Gonophorentraube. Aus der Abbildung (Taf. IX. Fig. 8) geht hervor, daß einerseits die Spezialschwimmglocke sich abschnürt, bevor die Gonophoren angelegt werden, und daß sie andererseits nach der Ventralseite zu gelegen ist, ... die Urknospe ihre rechtsseitige Stellung beibehält. Keine Spur eines mit Geschlechtszellen erfüllten Manubriums ist an der Spezialschwimmglocke nachweisbar, die im Übrigen sich nach dem für alle Medusenknospen bekannten Schema anlegt. Auf dem in Fig. 8 dargestellten Stadium ist der Stiel der Glocke mit dem Stielkanale (c. ped.) aufgetrieben; die vier Radiärgefäße, der Ringkanal und die Subumbrellarhöhlung mit ihrer ektodermalen Auskleidung treten deutlich hervor, während der Schirmrand noch geschlossen erscheint. An der Urknospe (g. p.) fällt die Verdickung des Entoderms, welches den Mutterboden für die Geschlechtszellen abgiebt, auf. Der Magenschlauch hat seine definitive Länge erreicht, ohne indessen wesentliche Differenzen von jenem der mittleren Gruppe erkennen zu lassen. Dagegen hat der Fangfaden eine größere Zahl von Seitenfäden zur Ausbildung gebracht.

welche die für die Calycophoriden charakteristische Dreiteilung in einen Stiel, in einen nierenförmigen Nesselknopf und in einen Endfaden klar erkennen lassen. Da der Bau der Nesselknöpfe noch eingehender geschildert werden wird, so sei an dieser Stelle nur hervorgehoben,
dafs das Nesselband orange pigmentiert ist und dafs jederseits drei grofse stabförmige Nesselkapseln ausgebildet werden.

Es dürfte sich vielleicht empfehlen, am Schlufs dieser Darstellung von der Entwicklung
der Stammgruppen schematisch die allmähliche Hervorbildung der einzelnen Bestandteile
einer Gruppe aus der primären ventralen Stammknospe zu wiederholen. Um die Namen ab-
zukürzen, so wähle ich die Bezeichnungen, welche für die Figurentafeln Geltung haben.

Erstes Stadium   g

Zweites Stadium   p + i   go + br

Drittes Stadium   p   i   go   br

Viertes Stadium   p   i s sp.   g. pr   br

Ungefähr auf jenem zuletzt beschriebenen Stadium, welches durch die Sonderung der
Spezialschwimmglocke von der Urknospe charakterisiert ist, beginnt die terminale Gruppe
sich von dem Stamme zu trennen und noch lange Zeit hindurch unter beträchtlicher Grofsen-
zunahme eine freie Existenz zu führen. Begünstigt wird die Lostrennung einerseits durch
das beträchtliche Dickenwachstum des Deckstückes, andererseits durch die Pumpbewegungen
der rasch zu ansehnlicher Gröfse heranwachsenden Spezialschwimmglocke. Der Stamm reifst
schliefslich an jener Stelle ein, wo er in den Ölbehälter des Deckstückes übergeht und die
frei werdende Gruppe lebt als „monogastrische Calycophoride" weiter.

Ersaea picta Chun.

Die freien Eudoxienabkömmlinge von *Doramasia picta*.

Die frei werdenden Stammgruppen von Doramasia entwickeln sich
zu monogastrischen Colonieen, welche durch das Auftreten einer sterilen
Spezialschwimmglocke sich als Ersäen erweisen und von mir als *Ersaea
picta* bezeichnet werden. Sie besitzen eine gewisse Ähnlichkeit mit der von

Eschscholtz[1] aus dem Atlantischen Ocean ... ... längere, die späterhin genauer durch Huxley[2] ... ... unter demselben Namen dargestellt wurde. Ich nahm früherhin keinen Anstand, die ... ... beobachteten ... ... speciell mit den von Huxley beschriebenen zu identificiren ... Ein genauerer Vergleich, der mir durch das von Chierchia im pacifischen Ocean gesammelte Material ermöglicht ... ... überzeugte mich ... dass die von Huxley abgebildete Gruppe einer neuen für ... pacifischen Ocean typischen Art, welche ich *Doromasa Bojani* benenne, zugehört. Sie unterscheidet sich durch ... ... Merkmale, welche von Huxley zwar im Texte nicht erwähnt, aber in der Figur ... dargestellt werden von der Atlantischen Form.

Da ... ... die Abbildung, welche Huxley giebt, weit zutreffender ist, als ... ... Eschscholtz ... ... letztere die Identität von *Eschara Bojani* mit *Eenna picta* ... ... lässt, so schlage ich vor, die Benennung *Eenna* (*Eenna* ... *Bojani*) der pacifischen Eudoxiengruppe zu ... ... und die atlantische Gruppe als *Eenna picta* zu bezeichnen.

Auf *Eschara Bojani* Eschscholtz bezieht Gegenbaur ... eine atlantische Eudoxiengruppe von der er allerdings „bei der Unmöglichkeit, jene oft nur ganz dürftig beschriebenen Formen bestimmt wieder zu erkennen" im Zweifel ist, ob sie mit der Eschscholtz'schen Form identisch sei. Thatsächlich geht denn auch aus Gegenbaurs ... nicht durch Abbildung illustrirter Beschreibung hervor, dass er die zu *Diphyes* ... gehörige *Eenna* (?) dieser *Eenna* Eschsch. schildert, welche gleichzeitig durch Huxleys in seinen „Oceanic Hydrozoa" ... ... und abgebildet wird.

Über die Zugehörigkeit der *Eudoxia Bojani* Eschsch. zu einer bekannten ... ... ausser einer weiter Huxleys noch vorzigen ... Vermuthungen. Nur Haeckel[3] betrachtet sie als die Geschlinge von *Diphyes dispar* Chamisso aus der Südsee; eine Zurückführung, die unzutreffend ist und lediglich auf ... Vermuthungen basieren kann.

Indem ich nun zu einer Schilderung der *Eenna picta* übergehe, so bemerke ich, dass sie eine der häufigsten Eudoxiengruppen des Atlantischen Oceans repräsentirt und mit viel

[1] F. Eschscholtz, Bericht ... ... Peter und Paul ... Bd. ... ...
id. System ... ...
[2] H. Huxley ... ... Hydrozoa ... ... Tab. X, fig. ...
... ... hau, 18... ... ... Akad. Wien ... the 1881 XLIV ... ...
N. Kölliker ... Neue Beiträge zur näheren Kenntn. der Siphonophoren ... Nova Acta ... Leopoldina. Bd. 27, 1869, 1870, p. 59.
[3] Haeckel, System der Siphonophoren 1888 ... Zeitschr. Bd. 22, p. 37.
id. Report ... Siph. ... ... Vol. 1888, p. 127.

constant von September bis April in dem pelagischen Auftriebe begegnete. Sie erreicht eine Durchschnittsgröße von 6 Millimetern (von dem oberen Rande des Deckstückes bis zu den Zähnen der Spezialglocke gemessen); doch sind mir gelegentlich Exemplare — so das auf Taf. VIII. Fig. 5 dargestellte — vorgekommen, welche bis zu 10,5 Millimeter lang wurden.

Die Zugehörigkeit der *Ersaea picta* zu *Doramasia picta* vermag ich mit aller wünschenswerthen Schärfe zu erweisen. Aus dem Atlantischen Ocean ist bis jetzt nur noch eine freie Eudoxiengruppe mit einer Spezialschwimmglocke, nämlich die zu *Diphyopsis campanulifera* gehörige *Ersaea Lessonii*, bekannt geworden. Da eine Verwechselung mit dieser ausgeschlossen ist, so ward es mir schon von vorneherein wahrscheinlich, daß *Ersaea picta* zu *Doramasia picta* gehört — eine Vermutung, die bald durch die Identität der Nesselknöpfe und Deckstücke mit den ältesten Stammgruppen von Doramasia zur Gewißheit wurde.

Die einzelnen Constituenten von *Ersaea picta* setzen sich aus dem Deckstücke, dem Magenschlauche mit Fangfäden, der Spezialschwimmglocke und einer entweder männlichen oder weiblichen Gonophorentraube zusammen.

Das Deckstück.

Das Deckstück ist oval schildförmig gestaltet; der Längsdurchmesser beträgt 3—5,5 mm, der Breitendurchmesser 2—4 mm. Die Dorsalfläche[*] ist sanft gewölbt und entbehrt scharfer Firsten. Der convexe obere Rand ist glatt, während der untere constant drei stärkere Zähne aufweist, von denen der mittlere und linksseitige Zahn ihre Spitzen

---

[*] Für den einheitlichen Gebrauch der Ausdrücke „dorsal" und „ventral" bei Beschreibung sowohl der Siphonophorentektonien und der von ihnen sich lösenden Eudoxiengruppen als auch der einzelnen Constituenten ganz gleichgiltig, ob wir sie als Individuen oder Organe der Colonie auffassen) werde ich folgende Grundsätze in Anwendung bringen. Die Medianlinie des Stammes, an welche die einzelnen Anhänge knospen, wird nach dem einstimmigen Vorgehen aller früheren Beobachter als Ventrallinie betrachtet; sämtliche dem Stamme zugekehrten Seiten der einzelnen Anhänge die Innenseiten gelten als Ventralseiten. Demgemäß gelten wiederum in Übereinstimmung mit den meisten Beobachtern diejenigen Seiten der bilateralen Schwimmglocken, welche flaglförmig den Stamm anschließen resp. als Hydröcien ihn in sich aufnehmen, als Ventralseiten; gleichgiltig, ob die Schwimmglocken opponiert sind Glocken der Diphyiden, Polyphyiden und Agalmiden oder ob sie einseitig angeordnet sind (Spezialschwimmglocken). Es ist das mit Rücksicht auf die spirale Drehung des Stammes und auf die Wanderungen einzelner Anhänge (z. B. der Deckstücke) die einzige Möglichkeit, Homologes nach homolog zu benennen. Da wir bei Beschreibung der Gesamtkolonie als normale Haltung eine aufrechte Stellung annahmen (wie sie auch thatsächlich bei ruhigem Schweben durch die spezifisch leichteren Öltropfen im Ölbehälter der Calycophoriden und durch die Pneumatophore der Physophoriden bedingt wird), so wurde in Übereinstimmung mit der für den Menschen eingeführten Terminologie die Ventralseite auch als Vorderseite, die Dorsalseite als Hinterseite zu gelten haben im Gegensatz zu der Terminologie von Huxley, der gerade umgekehrt die Ventralseite als Hinterseite bezeichnet. Die Bezeichnungen für „oben" und „unten" ergeben sich aus dem Gesagten von selbst (z. B. obere und untere Schwimmglocke der Diphyiden).

einander zukehren. Selten war dicht über dem linken Zahn noch ein schwächerer entwickelt, wohl aber waren häufig die Seitenwände oberhalb der Seitenzähne fein gezähnelt. Wie die nebenstehende Abbildung Fig. 6 andeutet, kann oberhalb des linken Zahnes die Zähnelung so kräftig angedeutet sein, daß der Rand gesägt erscheint. Auch rechts neben dem Mittelzahn ist gelegentlich der Rand mit schärferen Zähnchen ausgestattet.

Im optischen Längsschnitt (Taf. VIII, Fig. 4) gleicht das Deckstück dem Schnabel eines Raubvogels, insofern die verdickte obere Partie sich rasch verjüngend und hakenförmig sich zuspitzend in die untere übergeht. Die concav gewölbte untere Ventralfläche des Deckstückes bildet mit der gerade abgestutzten Ventralfläche der Spezialschwimmglocke einen Hohlraum, in welchem der Magenschlauch mit dem Fangfaden und die Gonophorentraube geschützt gelegen sind.

Fig. 6. Deckstück bei Eudoxia, von der Seite. zm Zentralzahn, sm Seitenzähne, d Deckstückzahn.

Der Ölbehälter (Taf. VIII, Fig. 4 und 5, Taf. X, Fig. 2 c. ol.) zeigt eine höchst charakteristische Form. Breiter als hoch und nahezu eiförmig gestaltet zieht er sich etwas

Wenden wir die hier dargelegten Grundsätze auf die Beschreibung der Eudoxiengruppen an, so ergibt zunächst die Beobachtung, daß der Magenschlauch seine ventrale Stellung am Stamme beibehält, während das Deckstück von der Ventralseite auf die Dorsalseite des Stammes übertritt und demgemäß eine Drehung von 180° beschreibt. Die übrigen Anhänge (Spezialschwimmglocken, Gonophoren) werden nach links resp. rechts bis zu 90° verschoben. Der Magenschlauch verrät dagegen nach Loslösung der Eudoxie d u. d fehlenden Stamm, sämtliche dem Magenschlauche zugewendeten Flächen der übrigen Anhänge sind als Ventralflächen zu bezeichnen. Da bei den Eudoxien Deckstück und Spezialschwimmglocke nahezu opposiert sind, so kehren sie einander ihre Ventralflächen zu; andererseits ist die dem Magenschlauch abgewendete Fläche des Fangfadens, an welchen die Seitenfäden knospen, als Dorsalfläche zu bezeichnen.

Die aufrechte Stellung der Eudoxie wird durch den Öltropfen im Deckstück bedingt; die meisten Forscher beziehen daher im Einklange mit der Anlage der Gruppe am senkrecht herabhängend gedachten Stamme, zutreffend die Mündung des Schwimmsackes der Gonophore resp. Spezialschwimmglocke als nach "unten" abwärts, die zugespitzte oder abgerundete Kuppe des Deckstückes als nach "oben" aufwärts gewendet. Wenn wir nun, ähnlich wie für die Gesamtkolonie, auch für die Eudoxie im Ganzen die Bezeichnung dorsal und ventral, links und rechts einführen wollen, so empfiehlt es sich das Deckstück nicht die Schwimmglocken zum Ausgangspunkt zu nehmen. Einerseits stimmen wir dann die Eudoxie in Lösung aus ihrer Stellung am Stamme, andererseits ist das Deckstück stets deutlich dorsal gerichtet, während die Schwimmglockenrichtung nur geringe Störungen des inferen Baues aufweisen.

über der Mitte des Deckstückes quer durch dasselbe. Constant liegt der ungefärbte Öltropfen am rechten Pole, der bei jüngeren und mittelgrofsen Deckstücken es umstehende Abbildung) ein wenig vorgezogen ist. Die obere dorsale Innenfläche ist mit den grofsen Saftzellen
belegt, während die Ventralfläche von Plattenepithel angekleidet wird. Ganz allmählich geht
der Ölbehälter auf der Ventralseite in den Anfangsteil des Magenstieles über, indem gleichzeitig die Gallertlage zu einer dünnen Stützlamelle sich verjüngt. Dicht oberhalb der Insertion des Magenstieles beobachtet man an conservierten Exemplaren ein eigenartiges Verhalten des Ektodermes. Es verdickt sich nämlich zu einer den Basalabschnitt des Ölbehälters
ringförmig umkreisenden Zone (Taf. VIII, Fig. 5 ek) von mehrkernigen Zellen (Taf. X,
Fig. 7), welche mit körnigem Inhalt erfüllt sind und sich gegenseitig polyedrisch abplatten.
Die Kerne, gewöhnlich zu zweien, oft aber auch zu mehreren in einer Zelle gelegen,
sind häufig unregelmäfsig contouriert und deuten schon durch ihre Gestalt und wechselnde Gröfse
darauf hin, dafs sie ohne Mitose durch direkte Teilung aus einem ursprünglich in der Einzahl
vorhandenen Kerne ihre Entstehung nahmen. Ich werde bei Schilderung des Ölbehälters
der Endoxiengruppen von *Halopyramis (Cuboides)* noch eingehender auf die dort ebenfalls auftretenden vielkernigen Ektodermzellen zu sprechen kommen.

Magenschlauch und Fangfaden.

Über den Magenschlauch habe ich dem bereits oben (p. 121 [97]) Erwähnten nur wenig
hinzuzufügen. Der Magenstiel ist kurz und geht breit in den Ventralabschnitt des Ölbehälters
über. An der Grenze zwischen Magenstiel und dem mit dickem ektodermalem Nesselpolster
belegten Basalmagen ist eine Pylorusklappe ausgebildet. Der Hauptmagen schillert an seinem
Proximalabschnitt smaragdgrün, während der rüsselförmige Endabschnitt zart rosa gefärbt ist.
Die intensiv orange Färbung, welche an den jüngern, dem Stamme von *Doramasia* ansitzenden
Magenschläuchen häufig auftritt, vermifste ich an den Ersen.

Der Fangfaden entspringt auf der Dorsalseite des Magenschlauches und bildet zahlreiche Seitenfäden aus, die ihrerseits als knospenförmige Auftreibungen der dorsalen verdickten Wandung des Tentakels ihre Entstehung nehmen. Die Seitenfadenknospen ver-
längern sich zu schlanken keulenförmigen Gebilden (Taf. IX, Fig. 8), an denen zunächst der
Endfaden posthornförmig gekrümmt deutlicher sich abhebt, während der Stiel- und Nesselknopf erst auf jenen späteren Stadien sich sondern, wo der Endfaden sich spiral aufrollt und
die Nesselkapseln der Batterie angelegt werden. Frühzeitig treten am Nesselknopf (n, n)
jederseits die Anlagen von grofsen stabförmigen Nesselzellen (Taf. X, Fig. 9 cn. ps.) hervor,

Gewöhnlich werden deren jederseits drei ausgebildet, doch habe ich häufig vier (Taf. X, Fig. 8), manchmal sogar fünf beobachtet. Das Nesselband (Nesselbatterie t. n.) besteht aus sieben Längsreihen von schwach kommaförmig gebogenen Nesselzellen, zwischen denen ein intensiv orange gefärbtes Pigment abgelagert wird. Die birnförmigen terminalen Nesselkapseln (c n, p.) werden in beschränkter Zahl ausgebildet; durchschnittlich fand ich deren nur sieben bis neun: eine mediane und sechs resp. acht laterale Kapseln, welche 0,04 mm messen.

Der Endfaden (f. t.) knäuelt sich an den älteren Seitenfäden auf und läuft in einen Endknopf aus. Seine Nesselkapseln sind von zweierlei Gestalt: kleine birnförmige Kapseln, 0,008 mm messend, und kleine stabförmige von 0,007 mm Länge. Der Endknopf wird lediglich von birnförmigen Kapseln (ungefähr zwölf an Zahl) umsäumt und ist gelblich pigmentiert.

Da ich bei Schilderung des Baues von *Stephanophyes* eingehend die Entwicklung, die feinere Struktur und Wirkungsweise der Nesselknöpfe erörterte, so möchte ich an dieser Stelle mich wesentlich auf jene Punkte beschränken, welche bei aller Übereinstimmung in den Grundzügen des Aufbaues einige weniger prinzipielle Abweichungen erkennen lassen. Da hatte ich vor Allem hervorzuheben, daß die Nesselknöpfe aller Monophysiden — speziell auch diejenigen von *Desmonexia* — die für *Stephanophyes* geschilderte Invagination des Proximalteiles nicht erkennen lassen. Sie verharren durchweg auf einem früheren Stadium, welches ich als jenes des gestreckten Nesselknopfes bezeichnete. Geringfügige Verschiebungen — so z. B. das Zusammendrängen der großen stabförmigen Kapseln am Proximalteile des Knopfes — können kaum als vorbereitende Stadien der Invagination gedeutet werden.

Auf einem Querschnitte durch den Nesselknopf begegnen wir denn auch den schon für *Stephanophyes* als charakteristisch beschriebenen Lage- und Strukturverhältnissen (Taf. X, Fig. 8). Seitlich liegen die Gerüst- oder Riesenzellen (ct. r.), median das Nesselband (t. n.) mit den sieben in eine Querreihe gestellten Kapseln. Von den letzteren werden am jugendlichen Nesselknopfe zuerst die beiden an die randständigen Kapseln angrenzenden Längsreihen der Batterie angelegt. Die ausgebildeten Kapseln sind kommaförmig gebogen, am Entladungspole (gegen die Dorsalseite des Nesselknopfes) etwas breiter als an dem gegenüberliegenden Pole; sie messen in der Länge 0,024 mm. Dorsal wird das Nesselband von dem Drüsenpolster (gl.) bedeckt, während ventral das Gefäs (v. t. n.) verläuft. Zu dessen Seiten fällt zunächst der Querschnitt des schwach entwickelten elastischen Knotens (el.) und weiterhin die Querschnitte der 0,08 mm. langen stabförmigen Nesselkapseln (c n. p.).

Für die Zugehörigkeit der *Erana picta* zu *Desmonexia* ist allein schon die Identität der Nesselknöpfe entscheidend.

Spezialschwimmglocke.

Die Spezialschwimmglocke nimmt, wie oben (p. 96 [72]) erwähnt wurde, aus einer Knospe ihre Entstehung, welche zugleich auch die Urknospe für die Gonophoren liefert. Wir dürfen sie als eine sterile Gonophore auffassen, welche lediglich die Funktion der Ortsbewegung für die monogastrische Kolonie übernimmt. Mit dieser Auffassung scheint es in Widerspruch zu stehen, dass ich früherhin die Spezialschwimmglocken von *Stephanophyes* als Gebilde bezeichnete, welche nicht ohne Weiteres den Gonophoren homologisiert werden dürfen, obwohl auch für sie die Anlage ursprünglich eine gemeinsame ist (p. 24). Indessen habe ich dort schon auf die bedeutsamen Unterschiede hingewiesen, welche zwischen den Spezialschwimmglocken von *Stephanophyes* einerseits und jenen der Ersäen von *Dorcasmia* und *Diphyopsis* andererseits obwalten. Sie besitzen die Spezialschwimmglocken der Ersäen von *Dorcasmia* und *Diphyopsis* Mantelgefäse, welche den Mantelgefäsen und dem Ölbehälter der Hauptschwimmglocken als homolog zu erachten sind, nie werden sie durch identisch sich ausbildende Reserveglocken verdrängt. Ich betrachtete daher mit Rücksicht auf die bedeutungsvolle Übereinstimmung in Gestalt und Ersatz die Spezialschwimmglocken der *Stephanophyes* als Homologa der Hauptschwimmglocken, welche in vielfacher Wiederholung auf der Ventralseite des Stammes auftreten. Ob ich thatsächlich mit dieser Auffassung das Richtige getroffen habe, ist mir selbst indessen zweifelhaft geworden. Die Hauptschwimmglocken der Calycophoriden stehen, wie das in der nächsten Abhandlung über die Diphyiden auseinandergesetzt werden soll, ihrer ersten Anlage nach in einem entschiedenen Gegensatz zu den Stammanlängen. Dazu kommt noch der Umstand, dass die Spezialschwimmglocken der Gattung *Lilyopsis*, welche in vieler Hinsicht *Stephanophyes* nahesteht, keine Mantelgefäse besitzen und — soweit ich bis jetzt in deren Bau eingedrungen bin — auch keinen Ersatz durch Reserveglocken erkennen lassen. Damit würde zwar einerseits ein weiterer Unterschied zwischen *Lilyopsis* und *Stephanophyes* sich ergeben, andererseits würden aber doch die Gegensätze zwischen den Spezialschwimmglocken der Calycophoriden ausgeglichen werden.

Die Spezialschwimmglocke der *Ersäa picta* liegt links von der Gonophorentraube und repräsentiert bei einer Länge von gelegentlich 9 und einer Breite von 3.5 Millimetern den ansehnlichsten Konstituenten der Eudoxiengruppe. Wenn auch der bilaterale Bau an ihr deutlich ausgeprägt ist und über den vierstrahlig-radiären die Oberhand gewinnt, so sind doch im Verlaufe der Gefäse einige auffällige Asymmetrieen nachweisbar. Im Querschnitte erscheint die Glocke vierkantig. Die Kanten sind flügelförmig vorgezogen und begrenzen vier sanft concav eingebuchtete Flächen, von denen wir jene als Ventralfläche bezeichnen, welche dem Magenschlauch zugewendet ist. Es ist das jene Fläche, welche in der Höhe des Deckstückes eben und schräg abgestutzt erscheint und sich dem Deckstück bis nahe zu dessen oberem Viertel anschmiegt (Taf. VIII, Fig. 5 ex. v.). Während die Ventralfläche nur in ihrer obersten Partie der Ventralseite des Deckstückes opponirt ist, so erscheint der grössere untere Teil nach links um etwa 45° gegen die letztere verschoben Taf. VIII, Fig. 4 und 5. Dieses Verhalten prägt sich auch in dem schrägen Verlaufe der vier Kanten aus, welche in der unteren Hälfte der Glocke gezahnelt sind und in vier auffällig kräftige, weit über den Schirmrand vorragende Zähne auslaufen Taf. VIII, Fig. 4 u. 5 d. d. und d. v.). Alle Zähne sind dreikantig; ihre Seitenkanten sind auf der Dorsalseite Taf. IX, Fig. 10 cr. l. d.) und auf der rechten und linken Seite tief concav eingebuchtet und glatt. Auf der Ventralseite fehlt hingegen zwischen den Ventralzähnen diese Bucht, insofern die hier kräftig gezähnelten Seitenkanten (cr. l. v.) in convexem Bogen dachförmig ineinander übergehen.

Die Subumbrella ist eiförmig gestaltet und kann eine Tiefe von 6 mm erreichen. Der Querdurchmesser verhält sich zum Längsdurchmesser bei jüngeren Glocken wie 1 : 2, bei älteren wie 1 : 3. An dem Schirmrande ist sie mit einem wohl ausgebildeten Velum ausgestattet. Was die Subumbrellargefässe anbelangt, so entspringt der Stielkanal (c. ped.) links von den Gonophoren aus dem linken Ventralabschnitt des Ölbehälters (Taf. X, Fig. 2). Er ist mäßig lang, steigt schräg nach abwärts und mündet dicht unterhalb der eiförmigen Kuppe auf der Ventralseite der Subumbrella ein, um sich hier zunächst in das Dorsal- und Ventralgefäß zu gabeln. Charakteristisch für den Verlauf der vier Subumbrellargefässe ist der Umstand, daß sie nicht in der Medianlinie der vier von den flügelförmigen Kanten begrenzten Flächen, sondern unterhalb der Kanten selbst sich hinziehen. Was das Ventralgefäß anbelangt, so biegt es bei allen Exemplaren an seinem Proximalteil bogenförmig nach links aus, bevor es unterhalb der betreffenden Kante abwärts steigt und in den auf dem Velum gelegenen Ringkanal einmündet (Taf. VIII, Fig. 5 c. v.). Die beiden Seitengefäße (c. l. d. und c. l. s.) entspringen asymmetrisch aus dem Dorsalgefäß, insofern das rechte unter der Einmündung des Stielkanals näher abgeht, als das linke.

Die Gonophoren.

Ersaea picta ist diöcisch; männliche und weibliche Gonophorentrauben kommen niemals bei einer und derselben Kolonie zur Ausbildung. Da ich bereits im Allgemeinen Teile

(p. 90 u. 101 , 75 u. 77, auf die wesentlichen Resultate meiner Untersuchungen über die Geschlechtsverhältnisse von *Esperia* und *Oshoides* hinwies und dort auch das von mir aufgefundene Knospungsgesetz der Gonophoren klarlegte, so kann ich mich an dieser Stelle kürzer fassen.

Bereits mehrfach wurde darauf hingewiesen, daß die Knospenanlage für Gonophoren und Spezialschwimmglocken ursprünglich eine gemeinsame ist Taf. IX. Fig. 6 B. go.1 und daß sie späterhin zunächst sich in zwei Knospen: in die linksseitige Spezialschwimmglocke und in die rechtsseitige Urknospe sich zerlegt (Fig. 8 2. pr. und n. sp.). Damit ist schon von erstem Beginn an die Lagebeziehung zwischen der ausgebildeten Gonophorentraube und der Spezialschwimmglocke vorgezeichnet.

Die Urknospe persistiert zeitlebens; sie fungiert für die weiblichen Kolonien als Ovarium, für die männlichen als Hoden. Einen Längsschnitt durch eine weibliche Urknospe zeigt Fig. 3 auf Taf. X; er lehrt, wie dies durch Weismann nachgewiesen wurde und wie ich früherhin für *Stephanomyldes* eingehender darstellte (p. 57 [1691]), daß die Geschlechtszellen im Entoderm der Knospe ihre Entstehung nehmen. Man trifft jugendliche Eier in allen Entwicklungsstadien und in großer Zahl zwischen den Entodermzellen der Urknospe an.

Von der Urknospe schnüren sich nun die Gonophoren in Übereinstimmung mit dem Knospungsgesetz nach links und nach rechts alternierend ab. Die Figuren 1 und 2 auf Taf. X. welche nach dem Leben entworfen wurden, bevor ich noch das Knospungsgesetz erkannt hatte, lassen dasselbe deutlich hervortreten, obwohl sie beide noch ein wenig mehr nach links hätten gedreht werden müssen, um auf den ersten Blick die gesetzmäßige Anordnung zu zeigen. Sowohl die männliche (Fig. 1 wie die weibliche Gonophorentraube (Fig. 2) bestehen hier aus drei Gonophoren, von denen die zuerst gebildete älteste (go 1) rechts, die zweitälteste (go 11) links, die drittälteste (go 111) wieder rechts zwischen der größten Gonophore und der Urknospe (2. pr.) gelegen sind. Mehr als drei auf verschiedenen Entwicklungsstadien befindliche Gonophoren habe ich nicht beobachtet.

Da die Spezialschwimmglocke als eine sterile Gonophore aufzufassen ist, welche indessen nie ein Manubrium zur Ausbildung bringt, so steht ihre Lagerung links von der Gonophorentraube in Einklang mit dem Knospungsgesetz. Wenn wir daher die oben eingeführten Formeln für das Gesetz anwenden, so erhalten wir für *Esperia picta* folgende, zum Teil auch auf den Abbildungen dargestellte Stadien:

1. Stadium						Taf. IX. Fig. 6 B
2. Stadium (1	Spezialschwimmglocke)	1	1			Taf. IX. Fig. 8
3. Stadium .		1	1	2		
4. Stadium .		1	3	1	2	
5. Stadium .		1	3	1	4	2 Taf. X. Fig. 1 u. 2 b.

Die Stadien 3 und 4 sind an jüngeren Ersaen leicht nachweisbar und häufig von mir beobachtet worden.

Die entwickelten und mit reifen Geschlechtsprodukten erfüllten Gonophoren sind im Vergleich mit der Spezialschwimmglocke auffällig klein, insofern sie höchstens 1.5 mm lang werden. Es liegt auf der Hand, daß ihre geringe Größe in Correlation mit dem Aufgeben lokomotorischer Leistungen steht. Obwohl ihre Umbrella mit einem Velum ausgestattet ist und Pumpbewegungen ausführt, so kommen diese doch für die Ortsbewegung der Kolonie kaum in Betracht. Dagegen erweist sich eine Arbeitsteilung in der Form, daß eine große sterile Gonophore allein die Ortsbewegung übernimmt, während die übrigen lediglich mit der Produktion von Geschlechtsprodukten betraut werden, in zwiefacher Hinsicht von Vorteil. Einerseits wird der Subumbralraum der Spezialglocke, welcher bei den gleichzeitig lokomotorischen und fertilen Gonophoren der sonstigen Eudoxien mit einem zur Reifezeit mächtig anschwellenden Manubrium erfüllt ist, für die Schwimmbewegung besser ausgenützt und zu kräftigerem Rückstoß befähigt, andererseits kann bei reducierter Umbrella mehr Material für Bildung von Sexualprodukten erübrigt werden. Mit der gesteigerten Bewegungsfähigkeit und Fruchtbarkeit (welch' letztere in der Ausbildung einer Gonophorentraube ihren Ausdruck findet) steht es denn auch im Zusammenhang, daß die Ersaen producierenden Siphonophoren, nämlich *Doromasia* und *Diphyopsis* kosmopolitische Verbreitung gewinnen. Keine Siphonophore hat einen ähnlich umfangreichen Verbreitungsbezirk durch alle Oceane, wie *Diphyopsis campanulifera* mit ihren unter dem Namen *Ersaea Lessonii* bekannt gewordenen Abkömmlingen.

Die ausgebildete Gonophore weist eine auffällig dünnwandige Umbrella auf, welche seitlich leicht komprimiert ist und auf der Dorsalfläche stärker gewölbt ist, als auf der Ventralfläche (Taf. X, Fig. 1, gn [1]). Schon an jugendlichen Gonophoren (ibid. Fig. 5) tritt diese Form deutlich hervor. Ein kurzer Stiel, in welchem der Stielkanal c, ped [1] verläuft, vermittelt den Zusammenhang mit dem Ventralabschnitt des Ölbehälters. Der Stielkanal teilt sich in vier Radiärgefäße, die in einen auf dem Anfangsteil des schwach entwickelten Velums gelegenen Ringkanal einmünden. Das Manubrium schwillt zur Zeit der Geschlechtsreife

17*

mächtig an und füllt bei den männlichen Gonophoren als schwach rötlich gefärbter eiförmiger Körper fast den ganzen Subumbralraum aus (Taf. VIII. Fig. 5 go).

Was die Entwicklung der Gonophoren anbelangt, so habe ich dieselbe bei *Ersaea picta* nicht zum Gegenstande eingehenderer Studien gemacht, da die Stadien, welche ich auf Schnittserien zu Gesicht bekam, nahezu völlig mit dem Entwicklungsgang der Gonophoren von *Stephanophyes* übereinstimmten. Ich beschränke mich daher auf den Hinweis, dafs ähnlich wie bei *Stephanophyes*, so auch bei *Ersaea picta* die von der Urknospe sich abschnürenden weiblichen Gonophoren (Taf. X, Fig. 3 eine beschränkte Zahl — entweder drei oder vier — grofse Eier zugeteilt erhalten. Der Spadix (Fig. 3 sp.) ist an den jüngsten Gonophoren kolbenförmig gestaltet und beginnt erst späterhin die jugendlichen Eier bis auf eine beschränkte, dem Kern peripher anliegende Partie zu umwachsen (Fig. 6). An einigen jungen Eiern ist es mir auch gelungen den bei *Stephanophyes* beschriebenen Kleinkern (mi. un) neben dem Grofskern (ma. un) nachzuweisen (Fig. 6); auch findet man in jungen lebenden Gonophoren die vom Spadix umwachsenen Eier häufig unregelmäfsig lappig ausgebuchtet. Das von reifen Eiern geschwellte Manubrium erfüllt etwa die halbe Subumbrellarhöhle und ist gelegentlich an seinem freien Pole zipfelförmig vorgezogen und schwach rosa gefärbt.

In der vorhergehenden Schilderung habe ich mehrfach Gelegenheit genommen, auf die Analogieen zwischen *Doramasia picta* und *Diphyopsis campanulifera* hinzuweisen. *Doramasia* nimmt denn auch unter den Monophyiden eine ähnliche Stellung ein, wie *Diphyopsis* unter den Diphyiden. Beide Gattungen sind durch die Produktion von Ersatz mit Spezialschwimmglocken ausgezeichnet; beide besitzen auffällig ähnlich gestaltete Schwimmglocken, insofern die obere fünfkantige Glocke von *Diphyopsis* ebenfalls die charakteristische röhrenförmige Verlängerung der Subumbrella aufweist.

Bemerkungen über die pacifische
Doramasia Bojani Chun und Ersaea Bojani Huxley.

In meiner ersten Mitteilung über die Canarischen Siphonophoren [1] hielt ich die Abkömmlinge der *Doramasia picta* für identisch mit der von Huxley [2] aus dem pacifischen Ocean beschriebenen *Ersaea Bojani*. Seitdem ich indessen Gelegenheit fand, das von

---

[1] C. Chun, Die Siphonophoren der Canarischen Inseln, Sitzungsber. Akad. Wiss. Berlin 1885. XLIV. p. 11 [1154].

[2] T. H. Huxley, Oceanic Hydrozoa 1859, p. 39, Taf. III. Fig. 7.

Chierchia's bei der Erdumsegelung der Corvette „Vettor Pisani" gesammelte Material zu durchmustern, ist es mir klar geworden, dafs die pacifische *Discomedusa* mit ihren Abkömmlingen einige Verschiedenheiten von der atlantischen Art aufweist. Wir begegnen hier dem bereits bei Gelegenheit der Schilderung von *Spherozoetes* betonten Verhalten, dafs zwei einander sehr nahe stehende Arten einerseits auf das pacifische, andererseits auf das atlantische Gebiet angewiesen sind. Sie spielen gewissermafsen die Rolle von „vikarirenden Arten", welche vielleicht ursprünglich identisch waren und erst späterhin durch die kalten Strommagen im äufsersten Süden der Oceane an gegenseitiger Vermischung behindert, eine Divergenz der Charaktere aufwiesen.

Was zunächst die *Ersaen Bojani* anbelangt, so liegt mir dieselbe in mehreren Exemplaren vor, welche am 24. Juli und 8. August 1884 zwischen den Sandwich-Inseln und den Carolinen gefischt wurden. Was ihre Gröfse, die Form des Deckstückes und die Gestalt der Spezialschwimmglocke anbelangt, so stimmen die Exemplare so vollkommen mit den atlantischen Ersaen überein, dafs ich auf eine eingehendere Schilderung, die nur Bekanntes wiederholen würde, verzichte. Eine genauere Untersuchung des in nebenstehender Figur 7 dargestellten Deckstückes zeigt zunächst, dafs Huxley den mittleren Zahn am unteren Rande übersehen hat. Dagegen giebt Huxley ganz richtig in seiner Abbildung einen Charakter wieder, welcher leicht und sicher die pacifische Art von der atlantischen unterscheidet. Der Olbehalter, anfällig niedrig im Vergleich zu seiner Breite, zieht sich auf der rechten Seite in einen schräg aufwärts steigenden Fortsatz aus. Bei sämtlichen Exemplaren ist in durchaus übereinstimmender Weise dieser Fortsatz, welcher nur ganz schwach bei den atlantischen Ersaen angedeutet ist, (siehe Holzschnitt 6 p. 125 [101]) an dem einen Millimeter breiten Olbehälter ausgebildet. Wenn Huxley von dem Olbehälter der *Ersaen Bojani* angiebt: „I suspect that it had undergone some abnormal alteration", so ist er offenbar

Fig. 7. Deckstück der Ersaen Bojani. ... Deckstück. ... Olbehälter, d + Senker, d. m. Mittlerer. d. l. Rechter Zahn.

1) G. Chierchia, Collezioni per studi di scienze naturali della R. Corvetta „Vettor Pisani" 1882—85. Rivista marittima 1885.

durch die ungewöhnliche, aber in der Abbildung richtig wiedergegebene Form, zu Zweifeln veranlaßt worden.

Gleichzeitig mit den Ersten trat an denselben Fundorten eine kleine fünfkantige Glocke auf, die ich mit gutem Grund für die Stammform halten darf und daher als *Dorumasia Bojani* bezeichne. Um einen Vergleich mit *Dorumasia picta* zu erleichtern, so gebe ich von der pacifischen Art die nebenstehende Abbildung. Aus derselben erhellt, daß bei aller Ähnlichkeit doch auch charakteristische Unterschiede obwalten. *Dorumasia Bojani* ist von derselben Größe wie *D. picta*; das größte der vier mir vorliegenden Exemplare erreicht eine Länge von 11 Millimetern. Auf den ersten Blick fällt im Gegensatz zu *D. picta* die auffällige Verbreiterung der fünf Flügel und die spirale Drehung der Flügelkanten in dem oberen Drittel der Glocke auf. Nicht minder charakteristisch ist die Form der Seitenzähne (d. l.), welche bedeutend breiter und größer als der Dorsalzahn (d. d.) sind. Der untere Rand des Hydröciums verläuft gerade (nicht concav eingebuchtet) und die röhrenförmige Verlängerung der Subumbrella ist relativ kürzer als bei *D. picta*.

Trotz dieser Differenzen wüßte ich doch keine Schwimmglocke einer Calycophoride anzuführen, welche größere Ähnlichkeit mit der hier beschriebenen aufwiese, als diejenige der *Dorumasia picta*. Wenn auch erst die Untersuchung des lebenden Tieres den endgültigen Entscheid liefern kann, ob die von mir gegebene Deutung zutreffend ist, so darf doch jetzt schon aus dem gleichzeitigen Vorkommen mit *Ersaea Bojani*, aus der Übereinstimmung in der Form und aus der Analogie mit der von mir constatierten Abstammung der *Ersaea picta* mit großer Wahrscheinlichkeit der Schluß gestattet sein, daß die Glocke zur Gattung *Dorumasia* gehört und daß ihre Abkömmlinge sich zu *Ersaea Bojani* entwickeln.

Fig. 8. *Dorumasia Bojani* Chun. aus dem pacifischen Ocean. Vergr. 10,1 c. of. Oberhälfte in Hydröcium. d. d. *mesia picta*. d. l. Seitenzahn.

Halopyramis Chun.

? *Enneagonum* Quoy et Gaimard, Observations Zoologiques faites à bord de l'Astrolabe, en mai 1826, dans le détroit de Gibraltar. Annales des Sciences nat. T. X 1827, p. 17.

? *Diphyes* Quoy et Gaimard. Zoologie du Voyage de l'Astrolabe sous les ordres du Capitaine Dumont d'Urville pendant les années 1826—1829. Paris 1830—33. Zoophytes. T. IV, p. 100.

? *Cymba* Eschscholtz. System der Akalephen 1829, p. 134.

? *Enneagonum* de Blainville. Manuel d'Actinologie 1834, p. 155.

? *Enneagonum* Lesson. Hist. nat. des Zoophytes. Acaléphes. 1843. p. 155.

Abyla Huxley. Oceanic Hydrozoa 1859, p. 46.

Cymba Haeckel. System d. Siphonoph. auf phylogenetischer Grundlage. Sitzungsber. Jen. Zeitschr. f. Naturwissensch. 1888, p. 34.

Halopyramis Chun. Die Canarischen Siphonophoren. Sitzungsber. Akad. Wiss. Berlin 1888, p. 15 [1155].

Cymba Haeckel. Report Challenger. Siphonophorae. 1888. p. 138.

Obere Hälfte der Schwimmglocke eine vierseitige Pyramide bildend, die untere Hälfte aus 4 dreiseitigen Pyramiden zusammengesetzt. Ölbehälter voluminös, flaschenförmig gestaltet und mit dem Hydrocium central gelegen. Stamm verkürzt. Die Anhangsgruppen werden als *Eudoxien* frei.

Eudoxia monoecisch mit würfelförmigem Deckstück. Ölbehälter kurz und breit mit zwei basalen Anssackungen. Spezialschwimmglocke fehlt.

6. Halopyramis adamantina Chun.

Taf. X. Fig. 10. Taf. XI und XII.

? *Enneagonum hyalinum* Quoy et Gaimard. Ann. Sc. nat. T. X 1827, p. 18, Taf. 2, D Fig. 1—6.

? *Diphyes enneagona* Quoy et Gaimard. Voyage de l'Astrolabe. Zoologie T. IV 1833. p. 100. Zoophytes Taf. 5. Fig. 1—6.

? *Cymba enneagona* Eschscholtz. System d. Akalephen 1829, p. 134.

? *Aglaïe Vogtii* Huxley, Oceanic Hydrozoa 1859. p. 46. Taf. II, Fig. 3
Halopyramis adamantina Chun, Die Canar. Siphonophoren 1888.
Sitzungsber. Akad. Wiss. Berlin, p. 15 [1155].
Cuneolus crystallus Haeckel, Report Challenger. Siphonophorae 1888.
p. 138. Taf. 41 und 42.

Cuboides adamantina Chun.

Die freien Endoxiengruppen von *Halopyramis adamantina*.
Cuboides vitreus Quoy et Gaim. Ann. Sc. nat. T. X 1827. p. 19.
Taf. 2 E. Fig. 1–3.
Diphyes Cuboides Quoy et Gaim. Voy. de l'Astrolabe. Zoologie
T. IV 1833. p. 98. Zoophytes Taf. 5. Fig. 7–11.
Cuneolus cuboides Eschscholtz. System d. Akalephen 1829. p. 135.
? *Cuboides vitreus* Huxley. Oceanic Hydrozoa 1859. p. 36, Tat. IV. Fig. 5.
Cuboides adamantina Chun. Die Canar. Siphonoph. Sitzungsber.
Akad. Wissensch. Berlin 1888. p. 16 [1156].
Cuboides crystallus Haeckel. Report Challenger. Siphonophorae 1888.
p. 111. Taf. 42.

Die Monophyide, welche ich unter dem Namen *Halopyramis adamantina* zu schildern
gedenke, gehört zu den prächtigsten und originellsten Siphonophoren, welche an den Canarischen Inseln erscheinen. Als ich zum ersten Male im Januar 1888 ein Exemplar derselben
erbeutete, war ich nicht wenig über ein Wesen erstaunt, das wie ein grofser geschliffener
Krystall, dessen Flächen glänzende Reflexe warfen, in dem Wasser flottierte. Mein Streben,
genauer diesen merkwürdigen Organismus studieren zu können, wurde durch das Auffinden
von zwei weiteren Exemplaren (im Laufe des Februar) befriedigt unter denen das auf Taf. XI,
Fig. 1 dargestellte, 15 Millimeter hohe und 20 Millimeter breite, die besten Aufschlüsse gab.
Zu meiner Befriedigung gelang es mir auch die zugehörigen freien Endoxiengruppen —
Cuboides adamantina — zu derselben Zeit in mehreren Exemplaren zu erbeuten. Sie gehören
wiederum zu den prächtigsten und gröfsten Endoxien, welche bei ihrer vollendeten Durchsichtigkeit mir manchen wertvollen Aufschlufs über feinere Strukturverhältnisse gaben. So
wurde ich an ihnen zuerst auf das im Allgemeinen Teile dargelegte Knospungsgesetz der
Gonophoren aufmerksam.

Ich hielt *Halopyramis* anfänglich für eine noch unbekannte Form, überzeugte mich indessen späterhin, daß ihre Abkömmlinge (*Cuboides*) schon vor langer Zeit beobachtet wurden.
Wie ich gelegentlich der kurzen in meinem Berichte über die Canarischen Siphonophoren gegebenen Diagnose hervorhob, so ist sogar die Möglichkeit nicht ausgeschlossen, daß das im
Jahre 1827 beschriebene *Enneagonum* mit *Halopyramis* verwandt ist. Als Haeckels prächtige
Bearbeitung der Siphonophoren des Challenger erschien, ersah ich aus derselben, daß auch
er im Jahre 1867 an den Canaren auf *Halopyramis* aufmerksam geworden war und richtig
die Zugehörigkeit von *Cuboides stenso* zu *Cystes crystallus*, wie er die neue Monophyide
nannte, erkannt hatte. Ich glaube indessen eingehender als Haeckel ihren Bau
verfolgt zu haben und hoffe, daß die nachfolgende Darstellung dazu beitragen wird, nicht
nur manche Berichtigung der Haeckel'schen Beschreibung, sondern auch manche Aufklärung
über neue und eigenartige Strukturverhältnisse zu liefern.

Um es zu rechtfertigen, wenn ich an der in meinem Reiseberichte eingeführten Bezeichnung *Halopyramis adomastion* festhalte, wird es angezeigt sein, dem im Allgemeinen
Teile (p. 82 (58)) gegebenen historischen Überblick einige spezielle Ausführungen folgen zu
lassen und an den der Gattungsdiagnose beigegebenen litterarischen Nachweis anzuknüpfen.

Im Jahre 1827 beschrieben Quoy und Gaimard, die Naturforscher der „Astrolabe", aus
der Meerenge von Gibraltar unter dem Namen *Enneagonum hyalinum* eine Siphonophore, die
leider so mangelhaft charakterisiert und abgebildet wurde, daß es nicht möglich ist, sicher zu entscheiden, ob sie mit der von mir und Haeckel an den Canaren beobachteten Art identisch
ist. Ich gestatte mir die von den Entdeckern gegebene Gattungsdiagnose hier folgen
zu lassen:

„Genre Ennéagone. Enneagonum".

„Animal libre, gélatineux, résistant, transparent, formé de deux parties.

La première, globuleuse, à neuf pointes, est creusée de trois cavités, dont la moyenne
loge les suçoirs et les ovaires, et reçoit la seconde partie.

Celle-ci, très petite, allongée, à une cavité dont l'ouverture est munie de cinq pointes
et de plus un canal latéral."

Prüfen wir die hier gegebene Diagnose eingehender und vergleichen wir dieselbe mit
den höchst primitiven Abbildungen, so fällt es ungemein schwer einen sicheren Entscheid
über die Natur des *Enneagonum* zu fällen.

Die Angabe „formé de deux parties" kehrt bei Quoy et Gaimard sowohl für *Diphyes*
und *Abyla*, wie für Endoxien wieder, insofern bald eine obere Schwimmglocke, bald ein Deck-

18

stück für einen der beiden Teile erklärt wird. Da jedoch ausdrücklich hervorgehoben wird, daß der erste Teil mit drei Hohlräumen nämlich Schwimmsack, Hydröcium und Ölhehälter ausgestattet sei, so kann nur die obere Schwimmglocke einer Abylide gemeint sein. Damit würde auch nicht in Widerspruch stehen, daß dem zweiten Teil oder unteren Schwimmglocke ein mit fünf Zähnen ausgestatteter Glockenrand und ein seitlicher Canal das Hydröcium zugeschrieben wird.

Nun entsteht allerdings die schwierige Frage, welche Abyla-Art den Beschreibern vorgelegen haben mag. Da sie die *Abyla trigona* und *pentagona* abbilden, so bliebe von bekannten atlantischen Arten nur *Abylopsis* und *Bassia* übrig, deren obere Schwimmglocken in Betracht kommen könnten. Da diese indessen nur acht Ecken (die 4 Zähne des Hydröciums abgerechnet) aufweisen, da weiterhin die Form der „première partie", wie sie Quoy et Gaimard darstellen, mit keiner oberen Glocke einer bekannten Abyla-Art harmoniert, so bleiben nur zwei Möglichkeiten übrig: entweder ist *Enneagonum* eine neue, bisher nicht wieder-gefundene Art, oder es ist identisch mit *Halopyramis*. Wollten wir zu letzterer Annahme uns entscheiden, die durch die Gestalt der Schwimmglocke nahe gelegt wird, so müßten wir annehmen, daß die Genitalglocke einer zum Loslösen reifen Stammgruppe für die „zweite Partie" gehalten wurde. Allerdings wäre es dann rätselhaft, wie wir die Angabe über die 5 Zähne am Schirmrande und über den seitlichen Canal das Hydröcium der unteren Glocke zu deuten hätten. Die geringe Größe der unteren Glocke kann andererseits gegen die Deutung des *Enneagonum* als einer Abylide nicht Verwerthung finden, da bei dem regel-mäßigen Ersatz der Glocken öfter Exemplare zur Beobachtung kommen, welche die untere Glocke abgestoßen haben und nur eine winzige Reserveglocke aufweisen.

Es ist ein eigen Ding um die Schilderungen alter Autoren von zarten pelagischen Organismen: mangelhaft abgebildete Formen, nach einem verstümmelten Exemplar entworfene Beschreibungen geben ein Ballast ab, der schwerfällig durch alle späteren Werke fort-geschleppt wird und zu endlosen Meinungsverschiedenheiten Anlaß giebt. So wird denn auch *Enneagonum* auf das Wunderlichste von späteren Autoren im System hin- und her-gewürfelt. Quoy et Gaimard selbst geben den von ihnen geschaffenen Gattungsnamen preis und nennen es in dem großen Reisewerk der „Astrolabe" *Diphyes enneagona*. Eschscholtz hingegen nennt dasselbe *Cymba enneagona* und faßt unter diesem Gattungsnamen zu-gleich noch zwei unzweifelhafte Eudoxien, welche Quoy et Gaimard beschrieben (*Cuboides citrea* und *Cymba sagittata*) als *Cymba sagittata* und *C. Cuboides* zusammen.

So unhaltbar auch die Vereinigung dreier heterogener Wesen unter einem Gattungsnamen sich erweist, so war Eschscholtz doch immerhin durch die unklare Darstellung von Quoy et Gaimard zu einem derartigen Vorgehen berechtigt. Schreiben sie doch den oben erwähnten Endoxien mehrere Magenschläuche zu und geben sie dadurch zu der irrigen Diagnose Eschscholtz Veranlassung: Ductus nutritorius tubulis pluribus obsitus.

Indessen bedarf es gar nicht einer eingehenderen Darlegung, daß die Gattung *Cymba* unhaltbar ist, da der Name *Cymba* bereits im Jahre 1826 an ein Mollusk vergeben wurde. Haeckel ist dieser Umstand entgangen, da er sonst schwerlich nach dem Vorgang von Eschscholtz an der Bezeichnung *Cymba*, die zudem von Quoy et Gaimard für eine unzweifelhafte Endoxie geschaffen wurde, festgehalten und sie auf eine polygastrische Colonie übertragen hätte.

Wenn ein Eschscholtz bei seinem systematischen Scharfblick durch die Beschreibung von Quoy et Gaimard irre geleitet wird, so kann es nicht überraschen, daß die Virtuosen in confuser Systematik, ein de Blainville und Lesson, mit dem *Enneagonum* Nichts anzufangen wissen.

De Blainville reiht es seiner Familie der Diphyiden ein, die gleichzeitig Diphyiden und Endoxien umfaßt. Lesson trägt wenigstens der Eschscholtz'schen Gliederung Rechnung, indem er die Diphyiden in *Polygastreiques* und *Monogastreiques* einteilt, greift aber entgegen der ausdrücklichen Angabe von Quoy et Gaimard über die Mehrzahl der Magenschläuche bei *Enneagonum* fehl und stellt es zu den „*Monogastreiques*".

Die erste zuverlässige Kunde über eine der *Halicyssus* nahe stehende Form bringt Huxley in seinem trefflichen „Oceanic Hydrozoa". Unter dem Namen *Abyla Vogtii* bildet er eine Schwimmglocke ab, die man allerdings eher für eine obere Abdeckungsglocke, denn für diejenige einer Monophyide zu halten geneigt ist. Das ist denn auch Huxley's Ansicht, der er dadurch Ausdruck gibt, daß er die an der Süd-Ost-Küste von Neu-Guinea entdeckte Form der Gattung *Abyla* einreiht. Wenn ich trotzdem Haeckel beistimme, der *Abyla Vogtii* für eine Monophyide erklärt, so ist für mich der Umstand entscheidend, daß die Anhang-gruppen (speziell das Deckstück) die Charaktere von *Cuboides* aufweisen. Huxley betont selbst die Ähnlichkeit zwischen dem von ihm an demselben Fundort beobachteten *Cuboides ottreus* und den sessilen Gruppenanhängen von *Abyla Vogtii*, durchaus zutreffend vermutet er, daß die

---

) Der Gattungsname ist sehr alt. In der Schreibweise *Cymbium* wird er schon 1742 von N. Gualtieri (Index testarum conchyliorum) und 1753 von J. Th. Klein (Tentamen methodi ostreologicae p. 89) für eine Volute geschaffen. 1826 trennt Broderip von der Gattung Voluta die Gattung *Cymba* (in dieser Schreibweise) ab, z. B. Sowerby und W. J. Broderip species conchyliorum I 1842—1830. Auch G. B. Sowerby jun. hält noch in seinem „Thesaurus conchyliorum" die Gattung *Cymba* aufrecht (Vol. I p. 107. 1847).

letzteren frei werden und sich zu *Coleoides* entwickeln. (l. c. p. 63). Wie ich bereits in meinem Berichte hervorhob, so ist indessen die pacifische Art entschieden nicht identisch mit der Atlantischen. Wenn Huxley den von Quoy et Gaimard angewendeten Speciesnamen *Coleoides citreus* auf die pacifischen Endoxiengruppen überträgt, so läßt sich leicht nachweisen, daß zum Mindesten das Deckstück Differenzen aufweist. Haeckel betont gleichfalls die Artverschiedenheit zwischen den Vertretern der beiden Meeresgebiete.

Vorkommen der Halopyramis adamantina.

Die drei von mir beobachteten Exemplare der *Halopyramis* erschienen am 25. Januar, 1. und 7. Februar 1888 vor Orotava. Ungefähr zu derselben Zeit, nämlich vom 18. Januar bis zum 15. März, zeigten sich auch die als *Coleoides* beschriebenen freien Endoxienabkömmlinge in vier Exemplaren.

Mit dieser Erscheinungszeit stimmt es auch vollkommen überein, wenn Haeckel sowohl die Mutterkolonie wie ihre Abkömmlinge im Februar 1867 vor Lanzarote beobachtete.

Nach den bis jetzt vorliegenden Angaben scheint *Halopyramis* mit ihren Abkömmlingen durch die wärmeren Teile des Atlantischen Oceans verbreitet zu sein. Unter dem Materiale des Challenger fand sich nach Haeckels Angaben *Halopyramis* während des April im Guinea-Strome (lat. 3° 10' N. long. 14° 51' W.) und *Coleoides* bei den Cap-Verdischen Inseln.

Wie ich schon mehrfach von den im Vorhergehenden beschriebenen Monophysiden betonte, so sind die pacifischen Arten den atlantischen zwar nahe verwandt, aber doch nicht identisch mit ihnen. Huxley beobachtete die *Halopyramis (Abyla) Vogtii* in einem Exemplar an der Süd-Ost-Küste von Neu-Guinea und die ihr zugehörigen *Coleoides Vogtii (C. citreus)* an der Ost-Küste von Australien und Süd-Küste von Neu-Guinea. Haeckel giebt außerdem an (l. c. p. 138), daß er eine ihr ähnliche Art, nämlich *Halopyramis (Cystus) sostella* 1881 im Indischen Ocean beobachtet habe.

Schwimmglocke.

Taf. XI. Fig. 1—4. Taf. XII. Fig. 1 und 2.

Die Schwimmglocke maß in Länge und Breite bei dem kleinsten Exemplar einen Centimeter, bei den größten war sie 15 mm hoch und 20 mm breit. (Taf. XI. Fig. 1). Während die Exumbrella polyedrisch und radiär gestaltet ist, so wird durch die dorsale Lagerung der Subumbrella ein Übergang zur bilateralen Symmetrie und durch die unregelmäßige Begrenzung des Hydröciums sogar eine leichte Asymmetrie bedingt.

Exumbrella. Wenn wir die Schwimmglocke uns in aufrechter Stellung (Fig. 1 mit senkrecht stehender Längsachse der Subumbrella, des Ölbehälter- und des Hydrociums vor führen, so erweist sich die obere Hälfte als eine vierseitige Pyramide, die untere dagegen als ein Complex von 4 dreiseitigen Pyramiden. Central liegen in derselben Ölbehälter und Hydrocium, excentrisch und zwar dorsal die Subumbrella. Fig. 1 führt uns daher die Glocke in aufrechter Stellung von der rechten Seite gesehen vor; Fig. 4 ebenfalls in aufrechter schräg von rechts um 45° nach links gedreht; Fig. 2 zeigt sie von oben gesehen und Fig. 3 von der Ventralseite.

Bei jüngeren Exemplaren bildet die Basis der oberen vierseitigen Pyramidenhälfte einen Rhombus, insofern die dorso-ventrale Nebenachse länger ist als die rechtwinklig auf ihr stehende. Bei älteren Exemplaren gleicht sich der Längenunterschied aus und die obere Glockenhälfte bildet eine tetragonale Pyramide mit quadratischer Basis und einer Hauptachse, die kürzer ist, als die Nebenachsen. Die obere (durch die Hauptachse bezeichnete) Ecke nenne ich „Polecke" und die vier Ecken der Pyramidenbasis „Mittelecken." Die vier an der Polecke zu sammenstoßenden Kanten heißen „Polkanten", die acht an den Mittelecken zusammen stoßenden „Mittelkanten". Mit den Mittelecken alternieren die vier „Basalecken" als Spitzen der 4 dreiseitigen Pyramiden, welche die Basalhälfte der Glocke bilden. Die Mittelkanten der dreiseitigen Pyramiden verlaufen zickzackförmig zwischen den Mittelecken; von den Basalkanten verstreichen die beiden dorsalen gegen die dorsale Partie des subumbralen Schirmrandes, die beiden ventralen gegen den Ventralrand des Hydrociums.

Die polyedrische Schwimmglocke setzt sich demgemäß aus zwölf radiär angeordneten Flächen zusammen, nämlich aus vier Vierecken, welche durch Polkanten und Mittelkanten begrenzt werden, und aus acht basalen Dreiecken, welche durch Mittelkanten und Basalkanten gebildet werden. Allerdings ist die in der Richtung der Polkanten verlaufende Trennungs linie der basalen Dreiecke nicht scharf ausgebildet, da das Hydrocium sich einschiebt. Die Flächen der Vierecke sind schwach concav eingebuchtet; auch die Mittelkanten (speziell namentlich die auf der dorsalen Mittelecke zusammenstoßenden) verlaufen in concavem Schwung, während die Basalkanten schwach convex sich vorwölben.

Die feine Zähnelung der Kanten fand ich nie so stark ausgebildet, wie sie Haeckel darstellt. An dem großen Exemplare (Fig. 1) waren die Polkanten glatt, die Mittelkanten nur gegen die Basalecken fein und die Basalkanten in ihrer ganzen Ausdehnung stärker ge zähnelt. Bei jüngeren Exemplaren wiesen auch die Polkanten gegen die Mittelecken zu eine Zähnelung auf.

An den Mittelecken und teilweise auch an den Basalecken war bei dem großen Exemplar das ektodermale Plattenepithel hochgelb pigmentiert.

Das Hydröcium (hy), bilateral symmetrisch gestaltet und an seiner Mündung einige Asymmetrien aufweisend, liegt central im basalen Viertel der Glocke. Es ist seitlich comprimiert und nahezu helmförmig gestaltet; der Dorsalrand schmiegt sich der unteren Ventralfläche der Subumbrella an, der Ventralrand ist oben kuppenförmig vorgewölbt und steigt gerade abwärts. Die basale Mündung wird von zwei ungleichen gezackten Rändern: einem kürzeren rechten und einem längeren linken begrenzt. Im Querschnitt (Taf. XII, Fig. 1) erscheint das Hydröcium dreieckig mit abgerundeten Kanten; die Spitze des Dreiecks ist der Subumbrella zugewendet, die Basis liegt ventral.

Die Mündung des Hydröciums ist ziemlich complicirt gebildet: wir finden sie von vier lamellenförmig vorspringenden Flächen: einer schmalen der Subumbrella zugewendeten dorsalen einer breiteren centralen und zwei breiten seitlichen Lamellen begrenzt. Die schmale Dorsallamelle (Taf. XI, Fig. 1 und 4, Taf. XII, Fig. 1 und 2, l. d.) springt unter dem Schirmrand vor und bildet mit ihren Ecken gleichzeitig zwei ventrale Zähne des Subumbrellarrandes (d. v.). Während ihr unterer Rand fein gezähnelt ist, so springen auf dem Seitenkanten äußerlich zwei gezähnelte Firsten (Taf. XII, Fig. 1 und 2, er. d.) vor, zwischen denen noch eine kleine quere Firste als horizontale Bindebrücke (Fig. 2 er') entwickelt ist. Auch die linke größere Seitenlamelle des Hydröciums (l. l. s) weist zwei gezähnelte Firsten: eine kürzere dorsale (er. l¹) und eine längere ventrale (er. l^{II}) auf, die in zwei entsprechende Hydröcialzähne (d. hy¹ und d. hy^{II}) auslaufen. Auf der kürzeren rechten Seitenlamelle (l. l. d.) ist dagegen nur eine gezähnelte Firste (er. hy^{III}) nachweisbar, welche von dem rechten ventralen Zahn (d. hy^{III}) ausgeht. Die Ventrallamelle (l. v.) ist an dem unteren Rande ebenso wie die übrigen Lamellen gezähnelt und wird durch einen tiefen Spalt in zwei Flügel zerlegt.

Haeckel geht bei seiner Schilderung des Hydröciums auf die feineren Verhältnisse nicht ein, insofern er der asymmetrischen Form und der auftretenden gezähnelten Firsten keine Erwähnung thut. Seiner Beschreibung muß ein jüngeres Exemplar zu Grunde gelegen haben, da er das Hydröcium als fast ebenso groß wie die Subumbrella beschreibt und abbildet. Ich finde dasselbe sowohl bei dem großen Exemplar (Taf. XI, Fig. 1) wie bei dem kleineren (Fig. 4) nur halb so groß wie die Subumbrella.

Die Subumbrella liegt in der Dorsalhälfte der Glocke und erreicht eine Länge von 9 mm bei einer größten Breite von 3 mm. An den Velarrand treten die beiden dorsalen Basalkanten heran, während die Kuppe auf der Grenze des oberen Drittels der Glocke gelegen ist. Die Subumbrella ist flaschenförmig gestaltet und seitlich etwas comprimiert. Bei der Ansicht von der linken oder rechten Seite (Taf. XI, Fig. 1) erscheint sie in der Mitte ausgebaucht und zwar auf der Dorsalfläche stärker als auf der Ventralfläche. Ihr von einem Velum umsäumter Schirmrand (Taf. XII, Fig. 1 und 2 ve) weist außer den beiden Ventralzähnen (welche von den Ecken der Dorsallamelle des Hydrocriums gebildet werden) noch zwei seitliche Zähne (d. l.) auf. Von der Dorsalseite gesehen (Taf. XII, Fig. 2) erscheinen die Seitenzähne als breite gezahnte Flügel, in deren unteren Rand die dorsalen Basalkanten übergehen. Sie sind gegen die Öffnung des Schwimmsackes bogenförmig gekrümmt (ib. Fig. 1 d. l.). Ein Dorsalzahn fehlt vollständig.

Der Stielkanal entspringt aus dem dorsalen Anfangsteil des Stammes unterhalb der Einmündung des Ölbehälters (Taf. XII, Fig. 3 c. ped.) und tritt nach kurzem Verlaufe auf die ventrale Medianlinie der Subumbrella über, um sich hier an der Grenze des unteren Viertels des Schwimmsackes in die vier Subumbrellargefäße zu teilen (Taf. XI, Fig. 4). Der lange Dorsalkanal (c. d.) weicht nicht von der Mediane ab, steigt zunächst auf der Ventralseite aufwärts, um dann in der Kuppe des Schwimmsackes umzubiegen und auf der Dorsalseite absteigend in den Radiärkanal einzumünden. Das kurze Ventralgefäß (c. v.) löst sich vor seiner Einmündung in den Ringkanal in ein capilläres Gefäßnetz auf. (Taf. XI, Fig. 4 c. v.) Die Seitengefäße (c. l.) beschreiben die bekannte Schleifenwindung, indem sie bis zur Grenze des oberen Drittels resp. Viertels des Schwimmsackes auf der Ventralfläche aufsteigen und dann umbiegend links und rechts ziemlich gerade abwärts verlaufen. An dem größten Exemplare (Fig. 4 c b) war auf der Kuppe der Schleifenwindungen ein kurzer blinder Ast entwickelt.

Die dorsale Lagerung der Subumbrella bringt es mit sich, daß die Colonie bei den Pumpbewegungen nicht in der Richtung der Hauptachse der vierseitigen Pyramide sich bewegt, sondern mit der ventralen Polkante voran eine Cycloide beschreibt.

Die Schilderung, welche ich hier von dem Schwimmsacke gab, weicht nur in einem Punkte wesentlich von derjenigen Haeckel's ab. Er schreibt nämlich dem Schirmrande auch einen unpaaren Dorsalzahn zu und bildet ihn so bestimmt ab, daß ich eine Zeit lang der Meinung war, es möchte ihm doch eine nah verwandte Art vorgelegen haben. Wenn man jedoch die wesentliche Übereinstimmung in allen sonstigen Punkten bedenkt und in Betracht zieht, daß die complicierte Gestaltung des Hydrocial- und Schirmrandes leicht zu Täuschungen Veranlassung giebt, so möchte ich eher annehmen, daß hier ein Irrtum vorliegt.

Der Ölbehälter (e. öl.) ist flaschenförmig gestaltet, in der Mitte ausgeweitet und oben verjüngt. Er liegt central und ist nur um ein Geringes kürzer als die Subumbrella, welche er dadurch überragt, dafs er der Kuppe des Hydrociums aufsitzt. Seine Längsachse steht nahezu parallel mit derjenigen der Subumbrella. Die basale Einmundung in den dorsalen Anfangsteil des Stammes (Taf. XII, Fig. 3 or) ist stark verengt. Auffällig grofs und mit blosem Auge kenntlich sind die entodermalen Saftzellen, welche in distaler und proximaler Richtung sich verkleinernd der Ventralfläche des Ölbehälters aufsitzen und namentlich in der Mitte den Hohlraum stark einengen. Sie sind gegen Reagentien sehr empfindlich und lassen an ihrer der Leibeshöhle zugekehrten Wandung einen relativ kleinen Kern erkennen. In dem wie ein Flaschenhals eingeschnürten Distalabschnitt, der von Saftzellen frei ist, schwebt ein grofser eiförmiger, leicht orange gefärbter Öltropfen, welcher durch sein geringes spezifisches Gewicht die aufrechte Stellung der Glocke, wie sie in der Ruhelage stets eingenommen wird, bedingt.

Haeckel scheint die dorsale Lagerung der Saftzellen und ihre ungewöhnliche Länge nicht erkannt zu haben, er gibt nur an, dafs der Ölbehälter „is nearly filled with large polyhedral entoderm cells" und stellt sie in seinen Abbildungen als eine dem Pflanzenmark gleichende centrale Zellmasse dar.

Stamm und Stammgruppen.

Der Stamm ist relativ kurz. Bei keinem Exemplar fand ich denselben ausgestreckt, obwohl manche derselben zwei Tage lang in den Gefäfsen isoliert gehalten wurden. Stets werden die Anhangsgruppen dicht aneinander gedrängt in dem Hydrocium geborgen. Dadurch ist es sehr erschwert einen genaueren Einblick zu erhalten, doch will ich das, was ich ermitteln konnte, mitteilen, da Haeckel, der den Stamm auch nicht ausgestreckt fand, keine näheren Angaben über den Stamm macht.

Den Anfangsteil (Taf. XII, Fig. 3) fand ich bei dem auf Taf. XI, Fig. 4 dargestellten Exemplar, welches einigen Einblick gestattete, stark aufgetrieben. Auf seiner Dorsalfläche entspringt der Stielkanal (e. ped.) und liegt die enge Einmundungsstelle des Ölbehälters, über welche wie ein breiter Blindsack der Proximalabschnitt des Stammes, besät mit dicht gedrängten kugligen Knospengruppen, hinausragt. Rasch verjüngt sich dann der Stamm zu einem schlanken röhrenförmigen Abschnitt, an dem die zur Ablösung reifen Anhangsgruppen vermittelst eines Magenstieles ansätzen (Taf. XII, Fig. 4 und 5).

Die Gruppen setzen sich aus einem Magenschlauch mit dem Fangfaden, aus dem Deckstück und aus der Urknospe für die Gonophoren zusammen. An den noch festsitzenden Gruppen schnürt sich bereits von der Urknospe die erste Gonophore linksseitig ab (Taf. XII, Fig. 4 und 6), welche niemals als Spezialschwimmglocke steril bleibt. Die Entwicklung der Knospen habe ich wegen des ungünstigen Zusammendrangens nicht so eingehend verfolgt, wie bei *Desmonema*; was ich indessen über die Ausbildung des Deckstückes und der Genitalglocken mitzuteilen vermag, soll bei Schilderung der frei lebenden Eudoxiengruppen nachgeholt werden.

Hält man eine *Halopyramis* zwei Tage isoliert, so konstatiert man leicht den Prozeß der Eudoxienbildung und überzeugt sich, daß die kleinen successive frei werdenden Eudoxien die Charaktere jener prachtvollen, zu ansehnlicher Größe heranwachsenden „monogastrischen Colonien" aufweisen, welche schon Quoy et Gaimard als *Cuboides citrea* beschrieben.

Cuboides adamantina.

Wie bereits in der Einleitung (p. 83 (38)) und in der obigen Litteraturübersicht hervorgehoben wurde, so entdeckten Quoy et Gaimard in der Meerenge von Gibraltar einen Organismus, welchen sie 1827 als *Cuboides citrea* beschrieben. Die Diagnose, welche sie von der Gattung *Cuboides* entwarfen, lautet folgendermaßen:

Animal libre, gélatineux, résistant, transparent, formé de deux parties.

La première, considérable, parfaitement cubique, ayant, sur une des faces, une ouverture moyenne donnant issue à des suçoirs et à des ovaires et dans son intérieur deux cavités.

La seconde partie, très petite, frangée, creusée d'une cavité, est reçue dans la moyenne de la précédente.

Zur Erläuterung der Beschreibung bemerke ich, daß die „erste Partie" das Deckstück repräsentiert, welches wegen seiner cubischen Form zur Bezeichnung *Cuboides* Veranlassung gab. Von den beiden Hohlräumen, welche es bergen soll, ist der eine, wie aus der Speciesbeschreibung hervorgeht, leicht als Ölbehälter wiederzuerkennen, der zweite hingegen ergiebt sich aus der Abbildung als eine kleine Genitalglocke, deren Bedeutung gänzlich verkannt wurde. Abgesehen davon, daß die Angabe über das Auftreten mehrerer Magenschläuche unrichtig ist, werden auch die eng zusammengeknäuelten Nesselknöpfe für Ovarien gehalten. Die „zweite Partie" ist leicht als die größere Genitalglocke wiederzuerkennen, deren Pumpbewegungen bei der Artbeschreibung hervorgehoben werden und deren mit Eiern erfülltes

— 146

Manubrium nicht übersehen wurde (,,nous avons remarqué une seule fois dans sa cavité de petits globules blancs, agglomérés").

Die irrige Angabe über das Vorhandensein mehrerer Magenschläuche veranlaßte Eschscholtz auch *Cuboides* mit der Gattung *Cymba* als *Cymba Cuboides* zu vereinigen, während Quoy et Gaimard wiederum die Gattungsbezeichnung aufgaben und in dem grofsen Reisewerke der Astrolabe die Art als *Diphyes cuboides* anführen.

Erst Huxley verdanken wir eine zutreffende Charakteristik der pacifischen *Cuboides*, in welcher er allerdings die atlantische Art wiederzuerkennen glaubte. Richtig vermutet Huxley, wie oben (p. 130 [115]) erwähnt wurde, dafs *Cuboides* die frei werdende Anhangsgruppe seiner *Diphy Vogtii* repräsentiere.

Die Beschreibung Huxley's wurde wesentlich durch die Darstellung Haeckel's ergänzt, welcher 1867 die atlantische *Cuboides ergstallus* an den Canarischen Inseln beobachtete.

Ich hoffe, dafs die nachfolgende Schilderung den Angaben von Huxley und Haeckel noch manches hinzufügt, was auch für das Verständnis der Eudoxiengruppen im Allgemeinen nicht ohne Belang sein dürfte.

Deckstück.

Die würfelförmige Gestalt des Deckstückes gab den Entdeckern Veranlassung zur Gattungsbezeichnung *Cuboides*. Wir haben sechs Seitenflächen, zwölf Kanten und acht Ecken an dem Deckstücke zu unterscheiden, das allerdings nie die Würfelform in geometrisch reiner Gestalt zur Ausbildung bringt. Die ungleiche Entwicklung der Seitenflächen und vor Allem die merkwürdige Form des Ölhehälters bedingen eine bilaterale Anordnung, welche uns gestattet, die Flächen als dorsale und ventrale, linke und rechte, obere oder Scheitelfläche und untere oder Basalfläche zu unterscheiden. Die Kanten wollen wir als Scheitelkanten, Mittelkanten und Basalkanten, die Ecken als Scheitelecken und Basalecken bezeichnen.

Sämtliche Kanten und Flächen sind bei jüngeren Exemplaren weniger, bei älteren stärker concav eingebuchtet. Am auffälligsten ist dies Verhalten bei der Basalfläche ausgebildet, welche als tiefer Trichter bis zum Centrum des Würfels vordringt und dadurch zur Entstehung eines Hydröcians oder einer Trichterhöhle Veranlassung giebt. In diese können mit Ausnahme der älteren Genitalglocken sämtliche Anhänge geschützt geborgen werden. Durch die concave Einbuchtung der Flächen erhält der optische Medianschnitt der hyalinen gallertigen Grundsubstanz die auf Taf. XI, Fig. 5 (jüngeres Exemplar) und auf Taf. X, Fig 10 (grofses Exemplar) angedeutete merkwürdige Form, welche namentlich in letzterem Falle einem H mit ungleich langen, sich zuspitzenden Schenkeln absetzt. Zugleich lehrt die Betrachtung der Fig. 10, dass die concave Einbuchtung der Flächen bei älteren Deckstücken sehr ungleich an den einzelnen Flächen ausgeprägt ist; ein Verhalten, welches bei jüngeren Deckstücken (Taf. X, Fig. 5 u. 6) weniger auffällig ausgebildet ist.

Stets ist die Dorsalfläche grösser als die übrigen Flächen und namentlich bei älteren Exemplaren mit ihrem verbreiterten unteren gezahnten Rande schirmartig vorgezogen, (Taf. XI, Fig. 7). Die Zähnelung der Kanten finde ich nicht so auffällig ausgebildet, wie Haeckel auf seinen Figuren andeutet. Mit Ausnahme der dorsalen Basalkante, die stets in ihrer ganzen Länge gezähnelt ist, treten nur in der Nähe der Ecken feine Zähnchen auf.

Das Deckstück kann zu einem Würfel heranwachsen, dessen Kanten eine durchschnittliche Länge von einem Centimeter aufweisen. Ein derartig grosses Exemplar ist auf Taf. X, Fig. 10 und Taf. XI, Fig. 7 dargestellt. Bei dem jüngeren auf Taf. XI, Fig. 5 dargestellten *Cuboides* messen die Mittelkanten 4 mm, die dorsale Basalkante 5,8 mm.

Der Ölbehälter (e. ol.) weist eine höchst originelle und charakteristische Form auf. Nahezu ebenso hoch wie breit an den grossen Deckstücken wächst er zu 2,5 mm heran; setzt er sich aus einem nierenförmigen basalen Abschnitt und aus einer ovalen halsartig vorgezogenen distalen Partie zusammen. Die letztere ragt bis zur Mitte der Scheitelfläche und birgt den grossen, rotbraun schimmernden glänzenden Öltropfen (ol.). Die nierenförmige Gestalt des Basalteiles, wie sie namentlich bei der Aufsicht hervortritt (Taf. XI, Fig 6.) wird durch zwei breite ventralwärts gerichtete Aussackungen bedingt, welche ebenso wie der Medianabschnitt auf der oberen Dorsalfläche mit ungewöhnlich grossen Saftzellen belegt sind. Die Zellen werden einen Millimeter lang und sind mit blossem Auge deutlich wahrnehmbar, sie flimmern nicht und weisen einen der freien oder Leibeshöhle zugewendeten Fläche anliegenden Kern auf (Taf. XII, Fig. 8, Schnitt durch einen jugendlichen Ölbehälter).

Die aussergewöhnliche Grösse der Saftzellen, wie sie nicht nur im Ölbehälter der Deckstücke, sondern auch in jenem der Schwimmglocke von *Halopyramis* auftreten, legt die Frage nahe, welche physiologische Rolle dieselben im Haushalt der Colonie spielen mögen. Die Frage ist nicht leicht zu beantworten angesichts der ungemein verschiedenartigen Ausbildung und Anordnung der Saftzellen bei den Calycophoriden. Dass sie in einem gewissen Zusammenhang mit dem Auftreten des Öltropfen stehen, geht ja aus ihrem Fehlen bei den Physophoriden[1] hervor. Man könnte aus diesem Umstande etwa den Schluss ziehen, dass sie mit der Ab-

[1] Nur in den Endblasen der Nesselknöpfe von *Apolemia* u. *Lychnagalma* finde ich einen Öltropfen vor, welche auch hier als hydrostatischer Apparat die senkrechte Haltung der Knöpfe bedingen.

148

sonderung des Oles betraut seien. Dagegen ist hervorzuheben, dafs das Öl auch bei Formen vorkommt, welche (z. B. *Praya, Lilyopsis* und *Stephanophyes*) keine Saftzellen aufweisen. Ganz entschieden stammt dasselbe als Produkt der Verdauung aus den Magenschläuchen, in denen ich oft, wenn die Magenpforte verschlossen war, die Öltropfen rotirend fand (*Stephano-phyes* Taf. III, Fig. 2). Ich darf wohl nicht ohne guten Grund vermuten, dafs das bei den Siphonophoren in Ölbehältern aufgespeicherte Öl geradezu direkt den zur Nahrung dienenden Copepoden und Ostracoden entnommen wird, welche ja bekanntlich bald ungefärbte, bald gefärbte Öltröpfchen als Produkt des Stoffwechsels aufspeichern. Damit würde es sich auch einfach erklären, weshalb bei einer und derselben Art von Calycophoriden die Öltropfen je nach der Kost in ihrer Färbung so auffällig verschieden sind.

Entschieden beteiligen sich riesige Zellen, welche wie Pflanzenparenchymzellen sich ansehnlich und nur einen relativ kleinen Kern aufweisen, nicht an den Vorgängen eines regen Stoffwechsels. Eher dürften wir Ihnen eine mechanische Function zuschreiben und da liegt es nun nahe, anzunehmen, dafs sie wie ein Verschlufspfropfen das Lumen des Ölbehälters gegen die Leibeshöhle der übrigen Anhänge abschliefsen. Der Ölbehälter kann ja durch die allgemeine Leibeshöhlenflüssigkeit geschwellt werden, die dann bei dem Abströmen nach anderen Anhängen es bedingt, dafs die dorsale Wand des Behälters den Saftzellen dicht anliegt. Für den Öltropfen hat dies Verhalten die Wirkung, dafs er stets in dem Distalabschnitt des Behälters liegen bleibt und nicht bei lebhaften Schwimmbewegungen und Drehungen seine Lage ändert. Da er ja in physiologischer Hinsicht durch sein leichtes specifisches Gewicht die Rolle eines hydrostatischen Apparates spielt, so ist es für die Colonien von Wert, dafs sie nach raschen Schwimmbewegungen wieder die durch den Öltropfen bedingte Ruhelage einnehmen.

Es liegt auf der Hand, dafs diese Auffassung von dem physiologischen Werte der Saftzellen nur für jene Fälle zutrifft, wo thatsächlich die ungewöhnliche Grofse der Zellen einen Abschluss des Lumens herbeiführen kann. Dafs sie noch andere, uns unbekannte mechanische Funktionen ausüben mögen (vielleicht sind sie selbst spezifisch leichter als andere Zellgruppen), soll nicht in Abrede gestellt werden.

Die Eigentümlichkeiten im feineren Bau des Ölbehälters sind mit den bisherigen Darlegungen noch nicht erschöpft. Bereits bei Schilderung des Ölbehälters von *Erenna picta* hatte ich darauf aufmerksam zu machen, dafs an der Übergangsstelle des Ölbehälters in den Stiel des Magenschlauches ein eigenartig modifiziertes ektodermales Epithel auftritt. Ich habe dasselbe auch bei *Cuboides* konstatiert und verweise zur Illustration dieses Verhaltens auf

Taf. XII. Fig. 10 und 11. Auf Langsschnitten durch den Basalabschnitt des Ölbehälters (Fig. 10) konstatiert man, daß die Gallertlage des Deckstückes auf eine dünne Stützlamelle (dam.) reduziert wird, welche auch in den ziemlich scharf abgesetzten Magenstiel (p. p.) übergeht. Die Entodermzellen sind im Bereich des Ölbehälters cylindrisch gestaltet (en.), während das Ektoderm als eine dünne Lamelle mit Ausnahme einer ziemlich scharf umschriebenen, direkt dem Magenstiel anliegenden Partie (ek.) erscheint. Von der Fläche gesehen setzt sich dieser Ring dickerer ektodermaler Zellen aus einem Plattenepithel zusammen (Fig. 11), welches dadurch ausgezeichnet ist, daß seine 0,15—0,2 mm großen feinkörnigen Zellen mit einer Brut kleiner Kerne ausgestattet sind. Meist treten zwei bis vier 0,03—0,05 mm messende Kerne auf, welche je ein stark glänzendes Kernkörperchen erkennen lassen. Bald rundlich, bald oval, bald gelappt deuten sie durch ihre unregelmäßige Gestalt darauf hin, daß durch direkte Kernteilung eine Brut kleiner Kerne ihre Entstehung genommen hat. In den nachfolgenden Zeilen werde ich nochmals Gelegenheit nehmen, eingehender den Vorgang direkter Kernteilung bei Siphonophoren zu beleuchten.

Die Mitteilungen Haeckel's über den Ölbehälter beschränken sich im Wesentlichen auf die Schilderung der äußeren Form. Die auffällige Größe der Saftzellen und ihre Insertion auf der oberen Basalfläche des Behälters hebt er nicht speziell hervor, wohl aber bildet er (Report, Taf. 12, Fig. 15) den Distalteil des Ölbehälters einer älteren Eudoxie als von einer Gruppe rundlicher Entodermzellen gekrönt ab. Ich habe nie ein derartiges — übrigens auch sehr ungewöhnliches — Verhalten konstatiert und möchte vermuten, daß eine Verletzung zu dieser abnormen Gestalt Veranlassung gab.

Der Darstellung vom Bau des ausgebildeten Deckstückes möchte ich einige Worte über die Entwicklung des Deckstückes nachfolgen lassen. (Taf. XII. Fig. 4, 5, 7—9.) Das jüngste Stadium, welches ich auf Schnitten untersuchte (Fig. 7) betrifft die kuglige Knospe, welche sich gerade von der Urknospe der Genitalanlage abgeschnürt hat. Beide Lamellen, sowohl Ektoderm wie Entoderm, sind beträchtlich verdickt. Das letztere liefert den Ölbehälter, während das Ektoderm in gleich zu schildernder Weise zunächst die Kanten bildet und dann die hyaline Gallertmasse abscheidet. Indem nun die Knospe eine dorsale Stellung zu den übrigen Gruppenanhängen annimmt und gleichzeitig beträchtlich heranwächst, wird frühzeitig ihre spätere kubische Gestalt durch das Auftreten von Kanten vorbereitet. Die Kanten entstehen durch eine Duplikatur des Ektodermes noch bevor die Gallertmasse abgeschieden wird (Fig. 9). Die Scheitelkanten, Basalkanten und dorsalen Mittelkanten (cr. d.) treten zuerst und gleichzeitig auf, später folgen die ventralen Mittel-

Kanten nach. Rasch wird nach Bildung der Kanten eine klare Sekretlage abgeschieden, während gleichzeitig der Ölbehälter hufeisenförmig sich krümmend der Dorsalfläche des Stammes sich anschmiegt (Fig. 4 und 5). Eine lebhafte Vermehrung der Entodermzellen, wie sie schon auf früheren Stadien (Fig. 9) sich bemerkbar macht, bedingt die rasche Größenzunahme des Ölbehälters. Gleichzeitig wird auch die Sonderung der Saftzellen von den übrigen Entodermzellen eingeleitet, wie sie Fig. 8 auf einem Schnitte darstellt, der parallel zum Magenschlauch (in der Richtung der punktierten Linie x . . . y, Fig. 5) durch den jungen Ölbehälter geführt wurde. Die der Scheitelfläche zugekehrte obere Wand des Ölbehälters ist mit den jugendlichen hellen Saftzellen (en[1]) belegt, während die seitlichen und basalen Partieen ein Polster lebhaft sich vermehrender feinkörniger Entodermzellen aufweisen (en[2]). Nur die concave Innenfläche des Behälters wird überall da, wo sie sich dem Stamme anschmiegt, von dünnem Plattenepithel ausgekleidet (en[3]). Erst sehr spät tritt als ein kleiner medianer Bruchsack die distale, den Öltropfen bergende Partie auf.

Die rasche Größenzunahme des Deckstückes, wie sie durch das Abscheiden des klaren Sekretes bedingt wird, hat zur Folge, daß ein Druck auf den Stamm ausgeübt wird. Die Ventralfläche des Deckstückes gelangt zuletzt zur Ausbildung, indem von hinten her die Gallerte sich zwischen die an jugendlichen Deckstücken unregelmäßig gebogenen mittleren Ventralkanten (Fig. 4) einschiebt und dabei den Stamm mehr und mehr ventralwärts vordrängt.

Da ich die Entwicklung der polyedrischen Deckstücke noch eingehender bei den Abyliden darstellen werde, die bei häufigerem Erscheinen mir Gelegenheit boten, den Vorgang bis in das Detail zu verfolgen, so beschränke ich mich hier auf den Hinweis, daß nie der Stamm, sei es von dem Ölbehälter, sei es von der Gallerte des Deckstückes, concentrisch umwachsen wird. Ein derartiger Prozeß, wie er von Leuckart[1] speziell für „Abyla pentagona" angenommen wird, müßte zur Folge haben, daß die Scheitelfläche des kubischen Deckstückes von Halopyramis vom Stamme durchbohrt wird. Das ist nicht der Fall: die Ausbildung der kompliziert gestalteten Deckstücke läßt sich stets als eine Modifikation des denkbar einfachsten Entwicklungsmodus, wie er bei Diomedea vorliegt, nachweisen. Wie bei dieser der Ölbehälter hufeisenförmig die Dorsalfläche des Stammes umgreift (Taf. IX, Fig. 8, c. ol.), ohne ringförmig sich um denselben zu schließen, wie das schildförmige Deckstück der Dorsalfläche des Stammes anliegt, ohne daß seine Seitenränder zu einem Cylinder zusammenwachsen, so bleiben die Grundzüge desselben Entwicklungsmodus auch bei den polyedrischen Deckstücken von Halopyramis und den Abyliden gewahrt.

[1] R. Leuckart, Zur näheren Kenntnis der Siphonophoren von Nizza. Arch. f. Naturgesch. 1854.

Magenschlauch.

Der Magenschlauch lässt die bekannte Gliederung in vier Abschnitte, nämlich in einen Magenstiel (p. p.), in einen Basalmagen (bg.), Hauptmagen (st.) und rüsselförmigen Endabschnitt (pr.) deutlich erkennen.

Der Magenstiel geht breit in die Basis des Ölbehälters über. Er ist dünnwandig (Taf. XII, Fig. 10 p. p.) und mit kräftigen ektodermalen Längsmuskeln ausgestattet, welche sich so energisch zu kontrahieren vermögen, dafs der Stiel anscheinend verschwindet und der Basalmagen dem Ölbehälter dicht anliegt. Auf der Ventralseite dicht oberhalb des Basalmagens knospen die Gonophoren.

Direkt unterhalb der Knospungszone für die Gonophoren wird der Magenstiel durch eine Pylorusklappe (Taf. X, Fig. 10 v. p.) von dem Basalmagen abgegrenzt. Der letztere ist bekanntlich durch das dicke Polster von ektodermalen Zellen ausgezeichnet, von denen die in der Tiefe gelegenen (Taf. XII, Fig. 22) einen rundlichen oder ovalen, 0,005—0,006 mm messenden Kern aufweisen, dem ein nur dünnes, häufig in einen oder zwei Fortsätze sich ausziehendes Plasma anliegt. Die mittleren und oberen Zellen (Fig. 23, 24) bilden in einer noch genauer zu schildernden Weise Nesselkapseln aus, welche indessen zeitlebens auf einem jugendlichen Stadium verharren.

Das Nesselpolster bildet die Grenze zwischen dem Basalmagen und dem ungemein dehnbaren Hauptmagen, von welch' letzterem der rüsselförmige Endabschnitt nicht scharf abgesetzt ist.

Die Magenschläuche sind, so lange die Gruppen noch dem Stamme von *Halopyramis* ansitzen, ungefärbt, mit Ausnahme einer prächtig smaragdgrün schillernden Partie auf der Ventralfläche des Basalmagens.

An den Endoxiengruppen zeigt der Magenstiel einen zarten rosa Ton, während die übrigen Partieen des Magenschlauches sehr zart orange schimmern.

Fangfaden.

Der Fangfaden (t.) entspringt direkt unterhalb der Pylorusklappe aus der linken Dorsalfläche des Basalmagens. Seine verdickte dorsale (dem Magenschlauche abgewendete) Fläche ist dicht mit den eiförmigen Knospen für die Seitenfäden bedeckt, welche kolbenförmig sich verlängernd und an ihrem Distalende gemshornförmig gekrümmt in bekannter Weise in den Stiel, Nesselknopf und Endfaden sich gliedern.

Der dehnbare Stiel ist bei der Contraktion (Taf. XII, Fig. 11) auf der Oberfläche gerunzelt und liegt mit seinem Distalabschnitt schleifenförmig gebogen der Dorsalfläche des

Nesselknopfes an. Wird er dagegen zu einem ungemein feinen Faden gedehnt, so streckt sich die Schleife bis zum Verschwinden; auch erscheint dann die Oberfläche glatt, mit Ausnahme jener Stellen, wo die Ektodermkerne halbkuglig vorgewölbt dem dünnen Fädchen aufliegen. Der Nesselknopf erreicht eine durchschnittliche Länge von 0,4 mm und ist im Verlaufe der Batterie intensiv orange gefärbt. Da ich bei Schilderung der Nesselknöpfe von *Stephanophyes* bereits Gelegenheit nahm, eingehender den Bau und die Wirkungsweise zu erörtern, so beschränke ich mich hier auf die Mitteilung jener Thatsachen, welche entweder neu sind, oder Eigentümlichkeiten im Bau der Knöpfe von *Halopyramis* betreffen.

Ebensowenig wie bei den übrigen Monophyiden findet auch bei *Halopyramis* eine Invagination des Proximalabschnittes statt. Das Nesselband oder die Batterie (t. m.), aus 7 Längsreihen schwach kommaförmig gebogener Kapseln von 0,04 mm Länge bestehend, verläuft ziemlich gerade gestreckt. Die großen cylindrischen oder stabförmigen Kapseln (Fig. 14 cn. ps., Fig. 20) werden 0,08 mm lang und finden sich jederseits zu acht angeordnet. Die birnförmigen mit Cnidocils ausgestatteten Kapseln (cn. py.) treten zu 16—20 am Distalende des Knopfes auf.

Der Gefäßkanal obliteriert an den älteren Nesselknöpfen, deren Ventralfläche von einem ungemein langen elastischen Bande eingenommen wird. Von der Seite gesehen bietet sich dasselbe als ein Gewirr kleiner heller Kreise — der optischen Querschnitte der elastischen Schleifen — dar, welche gegen den Distalabschnitt des Knopfes größer werden. Erst an Schnitten resp. Macerationspräparaten erhält man genaueren Aufschluß über die Struktur derselben. Von der Ventralfläche gesehen (Fig. 16) bietet es sich als eine im Mittel 0,07 mm breite Lamelle dar, welche aus einem wellenförmig sich biegenden und mit seinen Windungen dicht aneinanderliegenden elastischen Faden gebildet wird. Untersucht man den Faden bei schwächerer Vergrößerung, so macht er den Eindruck einer langen quergestreiften und in Windungen aufgerollten Muskelfaser. Bei Anwendung stärkerer Systeme erkennt man indessen, daß der Anschein einer Querstreifung dadurch bedingt wird, daß zwei elastische Fäden tauförmig miteinander verflochten sind (Fig. 17). Es ist das eine Struktur, wie sie allgemein bei den Abyliden verbreitet ist, deren elastisches Band ebenfalls eine tauförmige Verflechtung der Schleifenhälften von ihrem Ursprung aus der Stützlamelle an bis zu dem stärkeren distalen Ende aufweist.

Die Mitteilungen, welche ich früherhin über die Nesselknöpfe von *Stephanophyes* machte, vermag ich noch in einem wesentlichen Punkte zu ergänzen. Während ich früherhin (p. 43) mich nur mit Reserve über das von Korotneff beschriebene Vorkommen von Ganglien-

zellen auf Calycophoridennesselknopfen ansterte, so ist es mir thatsächlich gelungen, Ganglienzellen bei *Halopyramis* aufzufinden. Auf der Ventralseite des Knopfes oberhalb der Insertion
des Endfadens und dem Distalabschnitt des Nesselbandes anliegend trifft man nämlich ein
Ganglion, welches zwei bis drei Kerne aufweist und sehr zarte Fäden zu den birnförmigen
Kapseln entsendet (Fig. 14 ga. Fig 15). Die Nesselknöpfe von *Halopyramis* sind allerdings
bei ihrer geringen Größe weniger zur Erkenntnis der feineren Strukturverhältnisse geeignet,
als diejenigen der Abteilung, bei denen ich eingehender die Ganglien darstellen werde.

Der Endfaden kann lang ausgestreckt oder zu einem engen Knäuel (Fig. 14 f. l.)
aufgewunden werden. An ihm finden sich in der bereits für *Stephanophyes* betonten Weise
zweierlei Nesselkapseln: kleine stabförmige und kleine birnförmige, angeordnet. Auch der
von birnförmigen Kapseln umsäumte Endknopf ist vorhanden.

Die Entwicklung der Nesselkapseln.
Taf. XII. Fig. 16—24.

Die Entwicklung der Nesselkapseln habe ich in dem ersten Teile dieser monographischen
Darstellungen nur flüchtig berührt. Ich gestatte mir daher die dort (p. 40 und 41) ge-
gebenen Andeutungen etwas spezieller auszuführen und sie durch Abbildungen zu illustrieren,
welche ich speziell der Entwicklung der Kapseln bei *Halopyramis* und *Cuboides* entlehne.
In den späteren Abhandlungen werde ich noch öfter Gelegenheit nehmen, die hier gegebene
Darstellung zu erweitern.

Über die Bildung der Nesselkapsel stehen zwei Ansichten einander gegenüber, die nur
in dem einen Punkte überein kommen, daß sie die Entwicklung der Kapsel innerhalb eigener
Zellen, der Nesselzellen oder Cnidoblasten, annehmen. Der für alle in Aktion tretende
Nesselkapseln typische Nesselfaden soll sich nun nach den Darstellungen von Jickeli[1] und
Nussbaum[2] außerhalb der Kapsel anlegen und nachträglich in dieselbe eingestülpt werden,
während Bedot[3] und C. Schneider[4] seine Bildung aus einem in die Kapseln sich ein-
stülpenden „Nematoblasten" annehmen.

Nach meinem Dafürhalten treffen beide Anschauungen nicht das Richtige. Auf das
Entschiedenste muß ich eine Entwicklung des Fadens außerhalb der Kapsel in Abrede stellen,
wie sie von Jickeli und Nussbaum in durchaus nicht übereinstimmender Form geschildert

[1] C. F. Jickeli, Der Bau der Hydroidpolypen. Morph. Jahrb., Bd. VIII, 1882, p. 390—401.
[2] M. Nussbaum, Ueber die Teilbarkeit der lebendigen Materie. Arch. f. Mikr. Anat. Bd. 20,
1887, p. 304.
M. Bedot, Recherches sur les cellules urticantes, Recueil Zoologique Suisse. Bd. 4, 1888, p. 66—79.
[4] K. C. Schneider, Histologie von Hydra fusca. Arch. f. Mikr. Anat. Bd. 35, 1890, p. 345.

wird. Andererseits kann ich einen Gegensatz in der Entwicklung von Kapsel und Faden, wie er namentlich von Bedot betont wird, nicht anerkennen. Kapsel und Faden bilden nach meinem Dafürhalten ein einheitliches Ganze, das aus dem sogenannten Nematoblasten seine Entstehung nimmt. Immerhin muß anerkannt werden, daß namentlich Bedot der Erkenntnis des Richtigen sehr nahe gekommen ist. Nesselkapseln werden überall da, wo das Ektoderm mehrschichtig ist, in jugendlichen indifferenten, in der Tiefe gelegenen Zellen angelegt, welche allmählich an die Oberfläche rücken. Ein Überwandern fertiger Nesselzellen von gewissen Bildungsheerden aus auf die Fangfäden und Nesselknöpfe habe ich in keinem Falle mit Sicherheit nachweisen können.

In diesen indifferenten, meist polyedrisch sich abplattenden und noch wenig Plasma um den kugligen Kern aufweisenden Bildungszellen entsteht zunächst eine kleine Vakuole, die rasch sich vergrößert und es bedingt, daß der Zellkern abgeplattet wird (Fig. 23a). Während gleichzeitig die Zellen beträchtlich heranwachsen und in die Höhe steigen, dringt ein intensiv mit Tinktionsmitteln sich imprägnierender kleiner Zapfen von Plasma in das Innere der hellen Vakuole vor. Bedot hat diesen Zapfen, dessen Entstehung er richtig schildert, als Nematoblasten bezeichnet. Er nimmt an, daß er dem Nesselfaden den Ursprung giebt, während der Inhalt der hellen Vakuole sich zu der Nesselkapsel verdichten soll.

Nach meinem Dafürhalten liefert der Nematoblast nicht nur den Faden, sondern gleichzeitig auch die Anlage der Kapsel: zutreffender wäre es, wenn man die Bezeichnung „Cnidoblast", die freilich für die Nesselzelle in toto gebraucht wird, speziell dem in die Vakuole vordringenden Plasmazapfen beilegen würde.

Der Cnidoblast im engeren Sinne füllt selten den Raum der hellen Vakuole vollständig aus (Fig. 24). Er zeigt namentlich an jenen Stellen, wo dicke Nesselpolster auftreten (so z. B. am Basalmagen, im dicken ektodermalen Belag der Tentakeltaster von *Physalia*, im centralen Ektodermpolster der Velellen und Porpiten) höchst unregelmäßige und oft bizarre Formen. Bald ist er einfach kuglig oder oval gestaltet, bald wurstförmig oder hufeisenförmig ausgezogen, bald unregelmäßig gebuchtet oder mit einem stielförmigen Anfangsteil versehen. Den Stiel, vermittelst dessen er gelegentlich mit dem übrigen Plasma zusammenhängt, scheint Jickeli für die Anlage des Nesselfadens gehalten zu haben.

Es ist nun sehr bemerkenswert, daß die Bildung einer Kapsel und des Fadens häufig in den eben erwähnten Nesselpolstern am Basalmagen etc. unterbleibt. Andeutungen an eine Fadenbildung in unregelmäßig gestalteten Cnidoblasten habe ich allerdings öfter — so namentlich an den Tastern der *Physalia* — beobachtet. Damit steht es denn auch in Zusammenhang, dafs die Zellen der Nesselpolster keine Einrichtungen zur Entladung in Gestalt von Sinneshaaren (Cnidocils) und muskulösen Ausläufern erkennen lassen. Wohl aber tritt vielfach auf der Zellwandung eine feine konzentrische Streifung auf, wie ich sie in

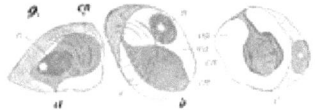

nebenstehender Figur 9 von Zellen des Ekto-dermpolsters der Physalientaster abbilde. Auf ähnlich gestaltete Zellen aus dem ringförmigen Nesselpolster des Schirmrandes von Carmarina haben die Gebrüder Hertwig[1] aufmerksam gemacht.

Fig. 9 Zellen aus dem Nesselpolster der grossen Taster von *Physalia.* n, Kern, vv helle Vakuole, en Cnidoblast, s Concentrische Verdickungsstreifen der Membran. Die Zelle d zeigt die Anlage des Nesselfadens im beginnenden Cnidoblast.

Die Cnidoblasten der späterhin funktionierenden Nesselkapseln zeigen in den Batterieen meist kolbige oder cylindrische Formen (S. *Stephanophyes.* Taf. V. Fig. 12, 20 und 21 n. bl.). Dafs sie indessen auch recht unregelmäßig geformt sein können, lehren die Entwicklungsstadien der grofsen stabförmigen Nesselkapseln, wie ich sie auf Taf. X. Fig. 9 von *Dorcmasia* und auf Taf. XII. Fig. 18 und 19 von *Halopyramis* darstelle. Stets können wir an den Cnidoblasten einen freien und einen meist zugespitzten Pol unterscheiden, von denen der letztere die Stelle markiert, von welcher aus der Cnidoblast sich in die Vakuole vorstülpte. Der freie Pol bildet sich zum Entladungspol der fertigen Nesselkapsel aus. An den Cnidoblasten der grossen stabförmigen Kapseln der Batterie tritt als erste Andeutung einer weiteren Differenzierung ein centraler Achsenstab (ax) auf, welcher die Anlage des basalen (proximalen) verbreiterten und häufig mit Borsten oder spiral verlaufenden Haaren besetzten Nesselfadenabschnittes abgiebt. Die Sonderung dieses Central-pfeilers macht sich bereits zu einer Zeit geltend, wo der Cnidoblast noch unregelmäßige Contouren aufweist, denen dann auch der Pfeiler folgt.

Allmählich schwinden jedoch die unregelmäfsigen Formen der Cnidoblasten, indem sie immer deutlicher die Gestalt der definitiven Nesselkapsel annehmen und gleichzeitig auch das intensive Tinktionsvermögen verlieren.

Fehlt an den Nesselfäden ein verbreiteter Basalabschnitt — so z. B. an den Nessel-fäden von Physalia — so tritt im Inneren des Cnidoblasten ein unregelmäfsig begrenzter heller Raum auf, welcher durch Verflüssigung der centralen Masse entsteht und offenbar das Nesselgift, dessen Natur uns freilich noch unbekannt ist, repräsentiert. Auch nur den Central-pfeiler der eben erwähnten grofsen stabförmigen Kapseln läfst sich auf späteren Stadien ein heller Mantel flüssiger Substanz wahrnehmen. Das Plasma des Cnidoblasten sondert sich

[1] O. u. R. Hertwig, Das Nervensystem und die Sinnesorgane der Medusen 1878. p. 19, Taf. I, Fig. 2, 9—12

demgemäfs in zwei chemisch durchaus differente Substanzen, einerseits nämlich in eine cuticulare, offenbar dem Chitin verwandte Masse, welche Kapsel und Faden bildet, andererseits in das seiner chemischen Natur nach uns unbekannte Nesselgift.

Aufserordentlich klar läfst es sich nun nachweisen, dafs kurz nach Ausbildung des Centralpfeilers spirale Touren zunächst in geringerer, später in grofserer Zahl (Vgl. Fig. 20, b-d) in dem peripheren Teile des Cnidoblasten als Anlage des Nesselfadens auftreten. Sobald sie sich deutlicher dadurch abheben, dafs das flüssige Nesselgift zwischen die Windungen des Spiralfadens eindringt, tritt auch die dünne Wand der Kapsel klar hervor, welche an dem Entladungspole direkt in den Centralpfeiler übergeht. Entschieden geht die Kapselwand ebenfalls aus dem Cnidoblasten hervor; würde die helle Vakuole, deren Raum allerdings durch den mächtig heranwachsenden Cnidoblasten stark verengt wird, sich zur Kapselwand umwandeln, so müfste sie schliefslich ganz schwinden. Das ist jedoch nie der Fall, sondern stets stecken die Kapseln des Nesselknopfes in einer Art von Hülse, aus welcher sie leicht herausfallen. Die Hülse wird von der Nesselzelle selbst gebildet, an deren basalem Abschnitt der Kern, umgeben von Protoplasma, gelegen ist. An den stabförmigen Kapseln rückt jedoch

---

Anm. Nach Niederschrift des obigen Aufsatzes erschien eine Mitteilung von K. C. Schneider: „Einige histologische Befunde an Coelenteraten" (Zool. Anz. 1891, No. 375 und 376), aus der ich entnehme, dafs der Verfasser seine Anschauungen über die Bildung der Nesselkapseln durchaus geändert hat. Während er in seiner sorgfältigen Untersuchung über die Histologie der Hydra eine Entstehung des Nesselfadens innerhalb der Kapsel annimmt, so schliefst er sich nun auf Grund von Untersuchungen an weit günstigeren Objekten, nämlich den Siphonophoren, den Ansichten von Jickeli und Nussbaum an.

Ich bedauere, fast sämtlichen Angaben von Schneider widersprechen zu müssen. Den Ausgangpunkt seiner Untersuchungen bildet die am basalen Ende der Polypen von Forskalea auftretende Ektodermverdickung, in welcher er eine Bildungsstätte von Nesselkapseln gefunden zu haben glaubt. Nach seiner Ansicht soll dieser Wulst die Tentakeln mit Nesselkapseln versorgen. Offenbar hat Schneider hier den Basalwagen der Polypen im Auge, von dem ich es in Abrede stellen mufs, dafs er einen Bildungsherd für die Kapseln der Nesselknöpfe abgiebt. Wenn ich auch gerade Forskalea auf diese Verhältnisse hin nicht genauer prüfte, so kann ich doch weder für die von mir genauer untersuchten Calycophoriden, noch für Rhizophysa, Physalia und Velella zugeben, dafs die Nesselpolster der Polypen Kapseln ausbilden, welche auf die Tentakeln einwandern.

Diese Nesselpolster sind zwar insofern von Interesse, als die Nesselkapseln in ihnen auf frühen Entwicklungsstadien stehen bleiben, bieten aber gerade für das Studium der Entwicklung jener Kapseln, die zur Entladung dienen, nicht die geeigneten Objekte. Hätte Schneider die Batterieen der Nesselknöpfe studiert, so würde er wohl schwerlich in den Irrtum verfallen sein, eine Entwicklung des Fadens aufserhalb der Kapsel anzunehmen. Denn das, was Schneider für die Anlage des Fadens anspricht, sind ganz entschieden die concentrischen Verdickungs-Streifen in der Wandung der Nesselzelle. Die nach meinem bisherigen Erachten richtige Deutung giebt nun weiterhin zu der Anschauung Veranlassung, „dafs nach Fertigstellung der Faden eingestülpt wird und zwar vom äufseren Ende desselben an fortschreitend bis zum verdickten Anfangsteil, so dafs dieser zuletzt in die Kapsel eintritt." Ich bin gespannt darauf, zu vernehmen, welchen Zug- oder Druckkräften die Einstülpung des Fadens zugeschrieben werden wird. Für die Ausstülpung des Fadens sind ja eine Reihe seiner Einrichtungen an den Nesselzellen mafsgebend, für eine Einstülpung, die dazu noch von der Spitze an in rücklaufender Richtung erfolgen soll, fehlte jegliche mechanische Voraussetzung.

der stark abgeplattete Kern nahezu auf die Mitte der Kapsel (Fig. 21). Dadurch, dafs zwischen Hülse und Kapselwandung der helle Inhalt der Vakuole, in welche der Cnidoblast vordrang, sich erhält, wird es ermöglicht, dafs bei der Maceration entwickelter Nesselzellen die Kapsel leicht aus ihrer Bildungszelle herausfällt. An solchen Präparaten lassen sich auch am schönsten die früher von mir für *Physalia* beschriebenen ramificierten quergestreiften Muskelfasern wahrnehmen, welche in der Zellwand entwickelt sind und wie ein Netz die Kapsel umgürten. Der Cnidocil weist nie Beziehungen zu dem Cnidoblasten auf; er wird bei *Physalia* als stiftförmiges Sinneshärchen angelegt, nachdem die Nesselzelle bis zur Oberfläche der Batterie mit fertig entwickelter Kapsel aufgerückt ist.

Auf die Bemerkungen, welche ich an dieser Stelle über die Entwicklung der Nesselkapseln einflocht, werde ich in den späteren Darstellungen noch öfter zurückgreifen. So verschiedenartig auch die Nesselkapseln gebildet sind, so sind doch die Grundzüge ihrer Entstehung ziemlich einheitlicher Natur und im Einklang mit dem hier dargelegten Bildungsmodus.

Die Gonophoren.

Cuboides indumentum ist monoecisch; männliche und weibliche Gonophoren (Genitalschwimmglocken) werden von derselben Urknospe in gesetzmäßiger Reihenfolge abgeschnürt. Das Knospungsgesetz für die Gonophoren, wie ich es gerade für *Cuboides* zuerst nachweisen konnte, betrifft allerdings nicht einen gesetzmäßigen Wechsel des Geschlechts, sondern eine gesetzmäßige Gruppierung der einzelnen Gonophoren — gleichgiltig, ob sie männlich oder weiblich sind — um die Urknospe. Da ich bereits in der Einleitung (p. 101 [77]) das Knospungsgesetz erläuterte und auch die Knospungsverhältnisse der Gonophoren von *Desmonema* auf dasselbe zurückzuführen versuchte (p. 130 [106]), so verweise ich auf die obigen Auseinandersetzungen und wende mich gleich zur speziellen Darlegung der Verhältnisse bei *Cuboides*.

Die Urknospe (g. pr.) liegt sowohl an den jungen, dem Stamme von *Halogorgmis* ansitzenden Gruppen (Taf. XII, Fig. 4, wie an der freien *Cuboides* rechtsseitig dem Magenschlauche an. Sie entspringt vom Distalabschnitt des Magenstieles dicht oberhalb der Grenze des Basalmagens. Auf Schnitten durch die jugendliche Urknospe der sessilen Gruppen (Fig. 25) findet man das Entoderm mehrschichtig und mit zahlreichen größeren und kleineren Kernen erfüllt. Die Zellgrenzen sind nur schwer und undeutlich nachweisbar; deutlicher treten sie erst an der Urknospe des freien *Cuboides* hervor (Fig. 26 und 27). Nach den bekannten Untersuchungen Weismann's, die ich durchaus bestätigen kann, entstehen die Geschlechtszellen im Entoderm der jugendlichen Knospen. Da ihm das Auftreten einer zeit-

— 158 —

lebens persistierenden Urknospe bei den Calycophoriden noch unbekannt war, so können wir die Angaben Weismanns schärfer fassen und das Entoderm der Urknospen als Bildungsheerd für die Geschlechtszellen bezeichnen. Es fällt nun thatsächlich nicht schwer, den Nachweis zu führen, dafs die Urknospe von *Halopyramis (Cuboides)* eine Zwitterdrüse repräsentiert, welche Samenmutterzellen und Eizellen zur Ausbildung bringt. Die verschiedene Bedeutung der Geschlechtszellen ist bereits in der jugendlichen Urknospe durch den Gröfsenunterschied der Kerne angedeutet, welcher in alten Urknospen noch drastischer hervortritt. Die grofs-kernigen Zellen sind die Anlagen der jugendlichen Eizellen, die kleinkörnigen, polyedrisch abgeplatteten sind die Samenmutterzellen. In den älteren Urknospen (Fig. 27) ist weiterhin eine Sonderung in Geschlechtszellen und in Epithelzellen, welche die Leibeshöhle begrenzen, nachweisbar. Hier erreichen die grofsen mit einem unregelmäfsig contourirten Kernkörperchen ausgestatteten Eikerne eine Länge von 0,035 mm, während die von wenig Plasma um-gebenen Spermakerne nur 0,01 – 0,015 mm messen. Die Urknospe des gröfsten Exemplares von *Cuboides* (Taf. X, Fig. 10 und 11) zeigte hauptsächlich an ihrem basalen, stielförmig sich auszichenden Abschnitt die jungen Eier entwickelt, während die distale Partie von Samen-mutterzellen eingenommen war (Taf. XII, Fig. 26).

Über die Abschnürung der Gonophoren von der Urknospe vermochte ich keine Be-obachtungen anzustellen, da an den wenigen Exemplaren, die ich erbeutete, die Gonophoren bereits selbständig geworden waren. Nur die Urknospe des gröfsten Exemplares (Taf. X, Fig. 11) zeigte an ihrer freien Kuppe die Anlage eines Glockenkernes.

Nach dem oben dargelegten Knospungsgesetz wird von der Urknospe zunächst links-seitig eine Gonophore abgeschnürt (Taf. XII, Fig. 4 go ¹), der dann eine jüngere rechtsseitige nachfolgt. Die dritte Gonophore liegt dann wieder linksseitig zwischen der Urknospe und der ältesten Gonophore, die vierte rechtsseitig zwischen der Urknospe und zweitältesten Gonophore. Es ist mir aufgefallen, dafs sowohl an den sessilen Gruppen wie bei dem losge-lösten *Cuboides* die ältesten Gonophoren männliche waren, denen erst späterhin die weiblichen nachfolgten. Dafs indessen aus diesem Verhalten nicht auf eine protandrische Geschlechts-differenzierung geschlossen werden darf, lehrt ein Blick auf die Geschlechtsfolge der Gono-phoren bei dem gröfsten *Cuboides* (Taf. X, Fig. 11), welches nach der drittältesten weiblichen Gonophore (go ²) wiederum eine männliche (go ⁴) zur Ausbildung bringt. Wenn wir eine Formel für die gesetzmäfsige Knospung der Gonophoren unter Berücksichtigung ihres Ge-schlechtes für das erwähnte gröfste Exemplar aufstellen, so erhalten wir die nachstehende Reihenfolge:

$$U$$
$$\text{go}^1 \quad U$$
$$\partial\,\text{go}^1 \quad U \quad \text{go}^2$$
$$\text{go}^1 \quad \text{go}^2 \quad U \quad \text{go}^2$$
$$\text{go}^1 \quad \varphi\,\text{go}^3 \quad U \quad \text{go}^4 \quad \text{go}^2$$

Der Bau der ausgebildeten Gonophore (Genitalschwimmglocke) ist durch die früheren Darstellungen von Huxley und Haeckel nur unzulänglich bekannt geworden. Ihre Exumbrella ist weit komplizierter gestaltet, als es nach den älteren Angaben den Anschein hat. Die Schwimmglocke ist seitlich komprimiert und erreicht eine Länge von 7—8 mm, von denen 4 resp. 5 mm auf die Subumbrella kommen. Die Exumbrella ist ursprünglich vierkantig, wird jedoch zunächst dadurch ziemlich kompliziert, daß von dem oberen, den langen Stielkanal enthaltenden Abschnitt eine dachförmig über die vier Seitenflächen herabragende Duplikatur, als sekundärer Glockenmantel, ihre Entstehung nimmt. Die Anlage derselben ist bereits bei jugendlichen Glocken sessiler Gruppen (Taf. XII, Fig. 6 u. dp.) als schräg über das obere Drittel der Glocke verstreichende Falte nachweisbar. Die seitlichen Abschnitte des sekundären Mantels stehen weit von der Exumbrella ab: sein Dorsalrand liegt höher als der dem Polypen zugekehrte Ventralrand. Auf der Ventralfläche wird er durch einen breiten Pfeiler, welcher mit der Gallerte der Exumbrella verschmilzt, gestützt. Dieser Pfeiler endet oberhalb des Schirmrandes und verläuft asymmetrisch, indem er sich der rechten Ventralkante der Exumbrella anlehnt (Taf. XII, Fig. 12 u. dp.).

Auch die vier flügelförmig vorgezogenen Kanten der Glocke gewinnen am Schirmrand eine komplizierte Gestaltung. Die beiden Ventralkanten ragen weit über den letzteren hinaus (Taf. X, Fig. 10 cr. v.) und enden in scharf zugespitzte dreiseitige Pyramiden. Betrachtet man die Glocke von ihrer Unterseite (Taf. XII, Fig. 12), so konstatiert man, daß die dem Schirmrande zugekehrte basale Fläche der Pyramidenzähne trichterförmig vertieft ist. Sie wird von einem gezähnelten gegen den Schirmrand aufsteigenden Außen- und Innenrand begrenzt. Der letztere springt als ein unpaarer Ventralzahn (Taf. X, Fig. 10 Taf. XII, Fig. 12 d. v.) unterhalb des Schirmrandes vor.

Ebenso wie die beiden Ventralkanten verhalten sich auch die Dorsalkanten (cr. d. l.) in der Nähe des Schirmrandes recht eigenartig. Ihre Dorsalecken stehen weit von ihm ab und liegen fast in gleicher Höhe mit demselben. Wiederum ist die Basalfläche trichterförmig vertieft, insofern aber abweichend von der gleichnamigen Fläche der Ventralprismen gestaltet, als sich eine unpaare Dorsalkante (c. d. m.) auf der Mediane der Exumbrella einschiebt und gemeinsam mit den paarigen Dorsalkanten einen flachen schirmartigen Trichter (inf) bildet, der an seinem Rande in drei Ecken (eine mediane und zwei seitliche Dorsalecken) ausläuft. Fig. 12 auf Taf. XII zeigt diesen Trichter von unten gesehen, Fig. 10 auf Taf. X bei seitlicher Ansicht. Im letzteren Falle fand ich die schirmförmige Vertiefung mit intensiv orange gefärbten Pigmentflecken ausgestattet. Zwei seitliche an ihrem Rande fein gezähnelte und abgerundete Dorsalzahnplatten (d. d.) treten endlich noch als Auszeichnungen des Schirmrandes hinzu.

Unter den gesamten Siphonophoren dürfte kaum eine zweite Gattung vorkommen, deren Genitalschwimmglocken ähnlich kompliziert gestaltet sind. Huxley und Haeckel erwähnen im Texte weder den sekundären Glockenmantel, noch die verwickelte Bildung des Schirmrandes. Aus ihren Abbildungen läfst sich allerdings erschliefsen, dafs sie Andeutungen an diese Verhältnisse wahrgenommen haben. So giebt Huxley's Figur (l. c. Taf. IV, Fig. 5b) die dorsale Mediankante wieder, während Haeckel's Zeichnungen (l. c. Taf. 42, Fig. 11 und 17) vermuten lassen, dafs er den dorsalen in drei Ecken auslaufenden Trichter am Schirmrande andeutet.

Die Gefäfse der Genitalschwimmglocke setzen sich aus dem langen Stielkanal (c. ped.) und aus den bekannten vier Subumbrellargefäfsen, welche an der Basis des Velums in einen Ringkanal einmünden, zusammen. Die Ursprungsstelle der vier Radiärgefäfse liegt ein wenig unterhalb (ventralwärts) des Scheitels der Subumbrella; da aufserdem die Dorsalfläche des Schwimmsackes etwas stärker gewölbt ist, als die Ventralfläche, so ergiebt sich eine geringfügige Gröfsendifferenz zu Gunsten der dorsalen Radiärgefäfse. Haeckel hebt speziell hervor, dafs die unterhalb der Kanten verstreichenden Radiärgefäfse zierlich fiederästig seien durch alternierende blinde Divertikel. Ich habe ein derartiges (übrigens auch ungewöhnliches) Verhalten nie beobachtet, sondern fand an älteren Glocken die Radiärgefäfse gerade verlaufend, bei jüngeren hingegen öfter (Taf. XI. Fig. 5 c. v.) geschlängelt. An älteren Glocken schillerten die Dorsalgefäfse kurz oberhalb ihrer Einmündung in den Ringkanal smaragdgrün.

Mehrfach habe ich bereits Gelegenheit genommen auf die direkte Kernvermehrung und auf die mitunter sehr originellen Kernformen in den Gefäfszellen der Schwimmglocken von Siphonophoren hinzuweisen. Dafs auch die Zellen der Radiärgefäfse von Gonophoren durch ähnlich merkwürdig gestaltete Kerne ausgezeichnet sind, mag die bei stärkerer Vergröfserung dargestellte Partie eines Radiärgefäfses Fig. 13 auf Taf. XII darlegen. In jeder Zelle sind mindestens zwei, häufig drei bis vier unregelmäfsig kontourierte, bald rundlich, bald oval, bald wurstförmig oder hantelförmig gestaltete Kerne gelegen. Glänzende Kernkörperchen, welche ebenfalls in einem und demselben Kerne ganz verschiedene Grofse aufweisen, treten bei kleineren Kernen in der Einzahl, bei gröfseren bis zu sechs auf. Da sie das Licht stark brechen, so fallen um so mehr diejenigen Kerne in das Auge, welche der Kernkörperchen entbehren und dafür eine eigenartige streifige Anordnung der Chromatinsubstanz, wie sie in der Zelle x bei beiden Kernen gleichzeitig bemerkbar ist, erkennen lassen. Es liegt nahe anzunehmen, dafs wir es hier mit Kernen zu thun haben, welche im Begriff stehen, sich zu zerschnüren und welche durch die Auflösung der Substanz der Kernkörperchen eine gleichmäfsige Verteilung derselben auf die beiden Tochterkerne herbeiführen. Eine karyokinetische Figur habe ich indessen nie in derartig veränderten Kernen bemerken können.

Das mit Geschlechtsprodukten erfüllte M a n u b r i u m ist oval oder keulenförmig gestaltet und erstreckt sich bei der Geschlechtsreife durch die beiden oberen Drittel der Subumbrellarhöhle. Bereits an den jüngsten Gonophoren, die sich gerade erst von der Urknospe abschnürten (Taf. X, Fig. 11 go⁴) ist die Auswanderung der Sexualzellen zwischen den Spadix und die dünne äufsere Ektodermlage erfolgt. Das Manubrium der eben erwähnten jungen männlichen Gonophore zeigt auf dem Längsschnitt (Taf. XII, Fig. 29) die cylindrischen Entodermzellen des Spadix (sp.) völlig gesondert von den polyedrisch sich abplattenden Samenmutterzellen. Die letzteren weisen nur wenig Plasma um den 0,01—0,015 mm messenden Kern auf, der mit einem, seltener mit zwei glänzenden Kernkörperchen ausgestattet ist. Hie und da sind die stark abgeplatteten Kerne der äufseren Ektodermlage (ek) nachweisbar.

Die Vorgänge, welche an den weiblichen Manubrien sich abspielen, gleichen so völlig den bei *Stephanophyes* ausführlich von mir geschilderten, dafs ich mich auf einen kurzen Hinweis beschränke. Das weibliche Manubrium (Taf. X, Fig. 10 und 11 go²) enthält etwa 20—30 (im Mittel 25) Eier, welche zwischen Ektoderm und dem entodermalen Spadix gelegen sind. Da jedes Ei eine leichte Auftreibung der Wand des Manubriums bedingt, so erscheint letzteres wie mit zitzenförmigen Warzen besetzt. Auf einem Längsschnitt durch das jugendliche Manubrium der eben erwähnten Gonophore (Taf. XII, Fig. 28) fällt an den schönen kugligen Eiern (ov) der relativ grofse kuglige Kern (ov¹) mit seinem stark lichtbrechenden Kernkörperchen (ov²) auf. Der Spadix hat sich zu einem Follikelepithel umgebildet (sp. f.), welches jedes Ei zu drei Vierteln umwächst und nur an den von Eiern freien Zwischenräumen der dünnen Ektodermlamelle dicht anliegt. Die letztere zieht über jenen peripheren Kugelabschnitt der einzelnen Eier weg, welcher von der Umwachsung durch den Spadix frei bleibt.

21

Schlussbemerkungen.

Die Schilderung, welche ich hier von den Monophyiden der Canarischen Inseln entwarf, mag vielleicht den Leser überzeugt haben, dafs es nur bei gleichzeitiger Berücksichtigung der Mutterkolonieen und ihrer frei lebenden Endoxienabkömmlinge möglich ist, scharfe Diagnosen der Gattungen und Arten zu geben. Stellen wir nach Haeckels Vorgang ein eigenes System der Endoxien auf, welches jenem der Mutterkolonieen parallel geht, so berauben wir uns in praxi — abgesehen von den theoretischen Bedenken, die einer derartigen Classification entgegenstehen — der Möglichkeit, scharfe Diagnosen der Gattungen zu geben. Um an einen speziellen Fall anzuknüpfen, so wäre die Trennung der Gattung *Doramasia* von der Gattung *Muggiaea* bei einseitiger Berücksichtigung der Schwimmglocken kaum aufrecht zu erhalten. Lediglich mit Rücksicht auf die sinnfälligen Unterschiede ihrer Endoxienabkömmlinge, die hier als Eusacen mit Spezialschwimmglocken ausgestattet sind, dort als Endoxien s. str. derselben entbehren, gelingt es leicht, die Gattungsunterschiede prägnant hervorzuheben.

Nachdem ich weiterhin den zuerst an der Gattung *Muggiaea* erbrachten Nachweis führte, dafs zu der von Huxley aufgestellten und von Claus in der Wissenschaft eingeführten Familie der Monophyiden (Sphäronectiden) eine ziemlich reiche Zahl von Formen zu rechnen ist, welche sich durch kantige Schwimmglocken auszeichnen, so möchte ich nicht versäumen, auf die Parallele hinzuweisen, welche das System der Monophyiden mit jenem der Diphyiden darbietet. Auch unter den Diphyiden treten uns Formen entgegen, welche entweder durch abgerundete oder durch kantige Schwimmglocken ausgezeichnet sind; auch bei ihnen sind die Endoxienabkömmlinge bald mit Spezialschwimmglocken ausgestattet, bald steriler Glocken bar. Ich will versuchen, die Gattungen der Monophyiden den entsprechenden Gattungen der Diphyiden tabellarisch geordnet gegenüberzustellen:

Monophyes, Claus	. Amphicaryon, Chun.
Sphaeronectes, Huxley	Praya, Quoy u. Gaim.
Muggiaea, Will .	. Diphyes, Cuv.
Doramasia, Chun . . .	Diphyopsis, Haeck.
Halopyramis, Chun . . .	Abyla, Quoy n. Gaim.

Die Übereinstimmung geht so weit, dafs z. B. die oberen Schwimmglocken von *Diphyes* und *Diphyopsis* den Glocken von *Muggiaea* und *Doramasia* zum Verwechseln ähnlich gestaltet sind. Nicht minder gleichen sich die freien Endoxiengruppen von *Muggiaea* und *Diphyes*. Die Beziehungen zwischen *Halopyramis* und den Abyliden sind ebenfalls sehr auffällige und erstrecken sich nicht nur auf die Endoxienabkömmlinge, sondern selbst auf das feinere histologische Detail. Ich brauche in letzterer Hinsicht nur ein Beispiel herauszugreifen, das ich den Nesselknöpfen entlehne; nicht nur die Gestalt des Knopfes im Ganzen, sondern auch die tauartige Verflechtung der elastischen Schleifenhälften kehrt bei *Halopyramis* ebenso wie bei Abyla wieder. Nicht minder sind für beide Gruppen die prismatische Form der Deckstücke, die monöcische Anordnung der Gonophoren und das Auftreten ungewöhnlich grofser Saftzellen in den Ölbehältern charakteristisch.

Was endlich die geographische Verbreitung der Monophyiden anbelangt, so kennen wir dieselben nur aus dem Mittelmeer und aus den gemäfsigten und tropischen Regionen des Atlantischen und Pacifischen Oceans. In kälteren Meeren scheinen sie durchaus zu fehlen. Von Interesse ist die mehrfach bei den Einzeldarstellungen betonte Thatsache, dass die Pacifischen und Indischen Arten den Atlantischen aufserordentlich nahe stehen und oft nur durch minutiöse Merkmale sich von ihnen unterscheiden. Allerdings sind unsere Kenntnisse über pacifische Arten noch sehr lückenhaft, aber die am genauesten untersuchten bieten eine vollkommene Parallele zu den Atlantischen. Ich gestattete mir dieselbe in folgender Tabelle zum Ausdruck zu bringen.

Atlantische Arten:	Pacifische Arten:
Monophyes irregularis Claus (Med. Atl.)	*Monophyes princeps* Haeck. (Ind.)
Monophyes brevitruncata Chun (Atl.)	
Sphaeronectes gracilis Claus (Med. Atl.)	*Sphaeronectes Köllikeri* Huxl.
	Cymbonectes Huxleyi Haeck. (Ind.)
Muggiaea Kochii Chun (Med. Atl.)	
Doramasia picta Chun (Atl.)	*Doramasia Bojani* Chun.
Halopyramis adamantina Chun (Atl.)	*Halopyramis Vogtii* Huxl.

Neue und eigenartige Typen von Monophyiden, welche auffällig von den atlantischen Formen sich unterschieden, sind bis jetzt im Pacifischen Ocean nicht entdeckt worden. Offenbar deutet die sinnfällige Ähnlichkeit der Pacifischen Arten mit den nächstverwandten Atlantischen darauf hin, dafs die Schranken, welche räumliche Trennung und kalte Strömungen der gemeinsamen Ausbreitung entgegensetzen, erst seit relativ kurzer Zeit bestehen. Ich habe, um die Verwandtschaft der pacifischen Siphonophorenfauna mit der Atlantischen zum Ausdruck zu bringen, mehrfach die Bezeichnung „vikariierende Arten" bei den Detailbeschreibungen angewendet und glaube, dafs dieser für Verbreitung mancher Landtiere eingeführte Begriff sich ebensowohl auf pelagische Organismen ausdehnen läfst. Dafs nicht nur die Monophyiden, sondern auch die übrigen Calycophoriden und die Physophoriden ähnliche verwandtschaftliche Beziehungen in beiden oceanischen Gebieten aufweisen, soll in den folgenden Mitteilungen über Canarische Siphonophoren noch eingehender begründet werden.

Breslau, November 1891.

Uebersicht des Inhalts.*)

*) Die Separata der einzelnen Abhandlungen werden fortlaufend paginirt; ebenso erhalten die Tafeln fortlaufende Numerirung. Die eingeklammerten Zahlen [ ] beziehen sich auf die Seitenzahl des Bd. XVIII der Abhandl. d. Senckenb. naturf. Ges.

Erklärung der Tafeln.

Durchgehende Figurenbezeichnungen.

Stamm und Gewebe.

tr. Stamm (truncus).

g. r. Gastrovaskularraum.

mu. Muskel.

ek. Ektoderm.

en. Entoderm.

l.am. Stützlamelle.

Schwimmglocken (nectocalyces s. nectophoren).

n. Schwimmglocke.

n. sp. Spezialschwimmglocke.

n. Umbrella.

ex. Exumbrella.

su. Subumbrella (Schwimmsack).

c. ol. Oelbehälter (Somatocyst, Saftbehälter).

cr. Firste (crista).

cr. d. Dorsalfirste.

cr. d. s. Linke, cr. d. d. Rechte Seitenfirste.

cr. v. Ventralfirste.

d. Zahn (dens) am Schirmrande.

d. l. Seitenzahn.

hy. Hydröcium (Trichterhöhle oder Stammbehälter.

d. hy. Hydröcialzahn.

ve. Velum.

Gefässe (canales).

c. Gefäss.

c¹ c² c³ c⁴. Radiärgefässe.

c. d. (= c¹). Dorsalgefäss.

c. v. (= c²). Ventralgefäss.

c.l.s.(= c³). Linkes Seitengefäss.

c.l.d.(= c⁴). Rechtes Seitengefäss.

c. c. Ringgefäss canalis circularis.

c. ped. Stielkanal.

c. ol. Oelbehälter (canalis oleophorus).

ol. Oeltropfen resp. terminale Anschwellung des Oelbehälters.

Deckstücke (bracteae s. hydrophyllia).

br. Deckstück.

c. ol. br. Oelbehälter des Deckstückes.

Magenschläuche (polypi s. siphones).

p. Magenschlauch.

p. p. Stiel des Magenschlauches (pedunculus polypi).

bg. Basalmagen (basigaster).

st. Hauptmagen (Stomachus).

pr. Rüssel (proboscis).

v. p. Pylorusklappe (valvula pylorica).

o. Mundöffnung (os).

taen. Magenwülste (Taenioien).

Tentakel (Fangfäden).

t. Tentakel.

t. l. Seitenfäden des Tentakels (Tentillen).

c. t. Gefässkanal des Tentakels.

p. t. Stiel des Seitenfadens (pedunculus tentilli).

n. u. Nesselknopf (nodulus urticans s. cnidosaccus s. sacculus urticans).

n. u. d. Dorsalseite des Nesselknopfes.

n. u. v. Ventralseite des Nesselknopfes.

f. t. Endfaden oder Angelfäden (filum terminale).

t. u. Nesselband (taenia urticans) oder Nesselbatterie.

cn. Nesselkapsel (Cnidocyst oder Nematocyst).

cn. t. Nesselkapseln d. Batterie.
cn. pa. Stabförmige Nesselkapseln (cnidocystae paliformes).
cn. py. Birnförmige Nesselkapseln (cnidocystae pyriformes).
tcct. Gerüstzellen oder Riesenzellen des Nesselknopfes.

Gonophoren (Genitalglocken).

go. Gonophore.
go. ♀ Weibliche Gonophore.
go. ♂ Männliche Gonophore.

go. p. Stiel der Gonophore.
ma. Manubrium (Genitalklöppel).
sp. Spadix.
sp. f. Zum Follikelepithel ungebildeter Spadix.
ov. Ei.
spe. Sperma.
spbl. Spermatoblasten.

Knospen (gemmae).

g. Knospe.
g. pr. Urknospe (gemma primaria).

Tafel VIII.

Stamm und Schwimmglocken.

st. Stamm.
s Schwimmglocke.
n. sp. Spezialschwimmglocke der Ersaea.
ex. Exumbrella (ex. v. Ventralfläche der Exumbrella).
su Subumbrella.
su¹. lichtenförmig ausgezogene obere Partie der Subumbrella.
s. Einschnürung der Subumbrella.
c. d. Oelbehälter (Somatocyst).
cs. Grundehüllende Basalzelle des Oelbehälters.
cr. d. Dorsalfürste.
cr d. d. Rechte seitliche Dorsalfürste.
cr. v. Ventralfürste.
d. d. Dorsalzahn des Schirmrandes.
d v. Ventralzahn des Schirmrandes (d. v. d. Rechter, d. v. s. Linker Ventralzahn).
d. l. d. Seitlicher Zahn.
hy Hydröcinus.
d hy. Hydröcialzahn.
vr. Velum.

Gefässe.

e¹ e² e³ e⁴. Endästgefässe der Schwimmglocken und Gonophoren.
r. d. f. r¹. Dorsalgefäss.

c. v. (= e⁴). Ventralgefäss.
e l s. (= e⁴). Linkes Seitengefäss.
e.l.d.(. r⁴). Rechtes Seitengefäss.
c. e. Ringgefäss.
e. ped. Stielkanal.
r. d. Oelbehälter.
ol. Oeltropfen.

Deckstück.

kr. Deckstück.
r. ol. kr. Oelbehälter des Deckstückes.
ek¹. Verdickter Ektodermring des Oelbehälters.
d. s. Linker Zahn des Deckstückes.
d. d. Rechter Zahn des Deckstückes.
d. m. Medianer Zahn des Deckstückes.

Magenschlauch und Fangfäden.

p. Magenschlauch.
t. Fangfäden.
n. u. Nesselknopf.

Gonophoren.

go. ♂. Männliches Gonophor.
go. ♀. Weibliches Gonophor.
go¹ go² go³. Aeltere und jüngere Gonophoren.
ma. Manubrium (ma. ♂ Männliches Manubrium).

Tafel IX.

Fig. 1–3. Stammgruppen von Monophyes brevitruncata Ch. Fig. 4. Diplophysa codonella Ch. Fig. 5–9. Schwimmglocke und Stammgruppen von Doramasia picta Ch. Fig. 10. Spezialschwimmglocke von Ersaea picta Ch.

Sämmtliche Figuren sind nach dem Leben gezeichnet.

Stamm und Schwimmglocken.

tr Stamm.

n sp. Spezialschwimmglocke der Ersiengruppen.

c d. Gallschälter der Schwimmglocken und des Deckstuckes.

en Grün resp. rosa fluorescirende Basalzelle des Gallschälters.

cr. d. m. Dorsale Medianfirste.

cr. l d. Dorsale Seitenfirste.

cr v. Ventrale Firste.

cr. l v. Ventrale Seitenfirste.

d d. Dorsalzahn des Schirmrandes.

d. v. Ventralzahn des Schirmrandes.

d l. d. Rechter, d. l. s. Linker Seitenzahn des Schirmrandes.

hy. Hydröcialzahn.

ve. Velum.

Deckstück.

br. Deckstück.

d br. Zahn des Deckstuckes.

Gefässe.

c d. Dorsalgefäss.

c v. Ventralgefäss.

c. l. d. Rechtes Seitengefäss.

c. l. s. Linkes Seitengefäss.

c c. Ringgefäss.

c. pd. Stielkanal.

c. cd. Gellbehälter.

Magenschlauch und Fangfaden.

p. Magenschlauch.

p. p. Magenstiel.

b g. Basalmagen.

st Haupttaugen.

pr Proboscis.

t. Fangfaden.

t. l. Seitenfaden.

p. t Stiel des Seitenfadens.

n n. Nesselknopf.

t t. Endfaden (Angelfaden).

Gonophoren.

go. Gonophor (go¹ go² go. Jungere und ältere Gonophoren).

nn. Mauulraum.

Knospen.

g. Knospe.

x. Knospenzone am Anfangstheil des Stammes.

br + go. Gemeinsame Knospe für Deckstück und Gonophoren.

p + t. Gemeinsame Knospe für Magenschlauch, und Fangfaden.

g. pr Urknospe.

Vergr.

Fig. 1. Stamm und Stammgruppen von *Monophyes brevitruncata*. I. Knospe für die jüngste Stammgruppe, II, III, IV ältere Gruppen. Nach 50facher Vergr. gez.

Fig. 2. Letzte Stammgruppe von *M. brevitruncata* vor dem Ablösen. p' Magenschlauch der vorletzten Gruppe. Nach 30facher Vergr. gez.

Fig. 3. Gonophor der letzten Gruppe (Fig. 2) von der Dorsalseite. Nach 30facher Vergr. gezeichnet.

Fig. 4. *Diplophysa codonella* Ch. Deckstück und Gonophoren. go¹ ältestes weibliches Gonophor, go² Ersatzglocke, go²¹ Urknospe der Gonophoren . . . . . . circa 20

Fig. 5–9. *Doramasia picta* Ch.

Fig. 5a 5c. Querschnitte durch die Schwimmglocke 11
5a durch die Spitze, 5b durch die Mitte, 5c durch den Basaltheil.

Tafel X.

Fig. 1–9. Ersaea picta Ch. Fig. 10–11. Cuboides adamantina Ch.

Fig. 1, 2, 4, 5 und 10 nach dem Leben, die übrigen Figuren nach Chromessäurepräparaten gezeichnet

Deckstück.

br. Deckstiel.

e.-el. Zellschälter des Deckstuckes.

id. Oeltropfen.

s. Saftzellen des Zellbehälters.

hy. tr. Trichterförmig eingesenkte Basalfläche (Hydrorium des Deckstuckes).

ga. Optischer Medianschnitt der Gallerte.

cr. ap. Scheitelkante.

cr. d. m. Mittlere Dorsalkante.

cr. b. Basalkante.

cr. b. d. Dorsale Basalkante.

Magenschlauch.

p. Magenschlauch (Polyp).

p. p. Stiel des Magenschlauches.

v. p. Pylorusklappe.

Fangfaden.

t. Fangfaden.

t. n. Nesselband (Batterie)

teri. Gernetzellen des Nesselknopfes.

gl. Drüsenschicht des Nesselknopfes.

cu. pa. Stabförmige Nesselkapseln.

el. Elastisches Band des Nesselknopfes.

e. e. n. Gefässkanal des Nesselknopfes.

enbl. Cnidoblast.

va. Vakuole zwischen Cnidoblast und Wandung der Nesselzelle.

Gonophoren.

go. ♂ männliches, go. ♀ weibliches Gonophor.

go¹ älteste, go², go³ jüngere Gonophoren.

c. ped. Stielkanal der Gonophoren.

ms. ♂ Männliches, ms. ♀ weibliches Manubrium.

ov. Ei, ov.¹ Eikern, ov.² Kernkörperchen.

sp. Spadix.

sp. f. Zum Follikelepithel umgebildeter Spadix.

g. pr. Urknospe.

u. dp. Mantelartige Duplikatur der Exumbrella.

cr. d. Dorsalkante.

cr. d. m. Mediane Dorsalkante.

cr. d. l. Seitliche Dorsalkante.

cr. v. Ventralkante.

d. d. Dorsalzahn.

d. v. Ventralzahn.

inf. Dorsalrichter des Schirmrandes.

d. py. Ventrale Pyramidenzähne.

Tafel XI.

Fig. 1—4. **Halopyramis adamantina** Chun. Fig. 5—7. **Cuboides adamantina** Ch., die freien Eudoxienabkömmlinge von **Halopyramis**.

Sämmtliche Figuren sind nach dem Leben entworfen.

Schwimmglocke.

- a. p. Polecke.
- a. m. Mittelecke.
- a. b. Basalecke.
- cr. p. d. Dorsale Polkante.
- cr. p. v. Ventrale Polkante.
- cr. p. l. Seitliche Polkante.
- cr. m. Mittelkante.
- cr. b. Basalkante.
- su. Subumbrella.
- ve. Velum.
- c. ol. Oelbehälter.
- ol. Oeltropfen.
- s. Saftzellen des Oelbehälters.
- hy. Hydroecium.
- l. l. d. Rechte Seitenlamelle des Hydroeciums.
- l. l. s. Linke Seitenlamelle des Hydroeciums.
- cr. l¹ u. cr. l². Firsten auf der linken Seitenlamelle.
- d. hy.¹ und d. hy.². Hydroecialzähne.
- d. v. Ventralzahn.
- d. l. Seitenzahn.
- x. Durchschimmernde Basalfläche.

Gefässe.

- c. d. Dorsalgefäss.
- c. v. Ventralgefäss.
- c. l. d. Rechtes Seitengefäss.
- c¹. Blinder Ast der Seitengefässe.
- c. ped. Stielkanal.
- r. v. Capillares Gefässnetz.

Deckstück.

- cr. ap. Scheitelkante.
- cr. d. Dorsalkante.
- cr. v. Ventralkante.
- cr. b. Basalkante.
- cr. b. d. Dorsale Basalkante.
- hy. br. Trichterförmig eingesenkte Basalfläche (Hydroecium des Deckstückes.)
- c. ol. br. Oelbehälter des Deckstückes.
- s. Saftzellen des Oelbehälters.

Magenschlauch und Fangfaden.

- p. Magenschlauch.
- t. Fangfaden.

Gonophoren.

- g. pr. Urknospe.
- go. Gonophor.
- go. ♂ Männliches, go. ♀ Weibliches Gonophor.
- go.¹ älteste, go.² go.³ jüngere Gonophoren.
- s. dp. Mantelartige Duplikatur d. Exumbrella.
- inf. Dorsaler Trichter am Schirmrand.
- d. py. Ventrale Pyramidenzähne.

		Vergr.
Fig. 1.	*Halopyramis adamantina* Ch. Grösstes beobachtetes Exemplar, ruhig im Wasser schwebend von der rechten Seite. Lupenvergr.	circa 9/1
Fig. 2.	Dieselbe in der Aufsicht von der Polecke	2/1
Fig. 3.	Dieselbe von der Ventralseite	2/1
Fig. 4.	Etwas jüngeres Exemplar schräg von rechts gesehen	circa 15/1
Fig. 5.	*Cuboides adamantina* Ch., freier Eudoxienabkömmling von *Halop. adam.* Exemplar von mittlerer Grösse	18/1
Fig. 6.	Dieselbe von der Scheitelfläche gesehen	5/1
Fig. 7.	Grösstes Exemplar von *Cuboides* (vergl. Taf. X. Fig. 10) von der Ventralseite	2/1

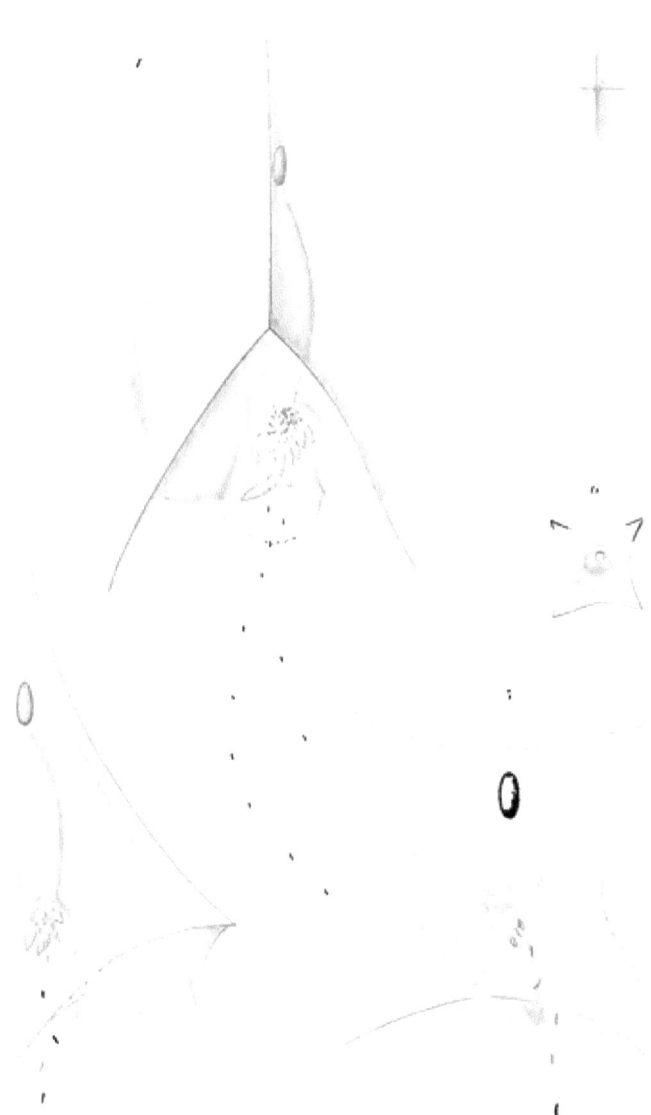

Tafel XII.

Fig. 1—3. **Halopyramis adamantina** Ch.   Fig. 4—20. **Cuboides adamantina**.

Fig. 3—6 nach dem Leben; die übrigen Figuren nach mit Chromosmiumsäure behandelten Präparaten

Stamm und Gewebe.

- *st.* Stamm.
- *g. v.* Gastrovaskularraum.
- *ek.* Ektoderm.
- *en.* Entoderm.
- *t.sm.* Stützlamelle.
- *n.* Kern.

Schwimmglocke.

- *su.* Subumbrella.
- *ve.* Velum.
- *hy.* Hydröcium.
- *l. l. d.* Rechte Seitenlamelle des Hydröciums.
- *l l.s* Linke Seitenlamelle des Hydröciums.
- *l. d.* Dorsallamelle des Hydröciums.
- *l. v.* Ventrallamelle des Hydröciums.
- *cr. d.* Firsten der Dorsallamelle.
- *cr'.* Querfirste der Dorsallamelle.
- *cr'.l'.u.cr.l''.* Firsten der linken Seitenlamelle.
- *cr. l'''* Firste der rechten Seitenlamelle.
- *d. hy'. d. hy'' und d. hy'''.* Hydröcialzähne.
- *d. l.* Seitenzähne des Subumbrellarrandes.
- *d. v.* Ventralzähne des Subumbrellarrandes.

Gefässe.

- *e.* Gefäss.
- *c. r.* Ringkanal.
- *e. ol.* Oelbehälter.
- *c. ped.* Stielkanal.
- *or.* Mündung des Oelbehälters in den Stamm.

Deckstück.

- *br.* Deckstück.
- *pl. d.* Dorsalfläche.
- *cr. d.* Dorsalfirste.
- *cr. v.* Ventralfirste.

- *e. ol. br.* Oelbehälter des Deckstückes.
- *ou'. ou'' und ou'''.* Entodermlagen des Oelbehälters.

Magenschlauch.

- *ps.* Magenschlauch.
- *ped. ps.* Stiel des Magenschlauches.

Fangfaden.

- *p. t.* Stiel des Seitenfadens.
- *p. t'.* Contrahirte Partie desselben.
- *n. n. d.* Dorsalfläche des Nesselknopfes.
- *n. n. v.* Ventralfläche des Nesselknopfes.
- *f. t.* Endfaden.
- *el.* Elastisches Band Angelband
- *t. n.* Nesselbatterie.
- *cn. ps.* Stabförmige Nesselkapseln.
- *cn. py.* Birnförmige Nesselkapseln.
- *cn. bl.* Cnidoblast.
- *va.* Vakuole der Nesselzelle.
- *n.* Kern.
- *ax.* Axentheil des Cnidoblasten.
- *f.* Anlage des Nesselfadens.
- *ga.* Ganglion des Nesselknopfes.

Gonophoren.

- *go.* Gonophor.
- *g. pr.* Ochnospe.
- *sp. f.* Zum Follikelepithel umgebildeter Spadix.
- *ov.* Ei, *ov'* Eikern, *ov''* Kernkörper.
- *sp. bl.* Spermatoblasten.
- *u. dp.* Mantelförmige Duplikatur der Exumbrella.
- *inf.* Dorsaler Trichter des Schirmrandes.
- *a. d. m.* Mediane Ecke des Trichters.
- *a. d. l.* Seitliche Ecken des Trichters.
- *cr. v.* Ventralfirste.

Vergr.

Fig. 1. *Halopyramis adamantina* Ch. Hydröcium und Schirmrand von der Basalfläche gesehen.

Fig. 2. Dasselbe Objekt wie Fig. 1 von der Dorsalseite.

Fig. 3. Einmündung des Oelbehälters in den Anfangstheil des Stammes. Loupenvergr.

Fig. 4. Jugendliche dem Stamm ansitzende Endoknospengruppe *Cuboides* von der Ventralseite. Loupenvergr.

Fig. 5. Distaler Stammabschnitt mit dem Deckstück der letzten Gruppe schräg von oben gesehen. x . . . y Schnittrichtung von Fig. 8. Loupenvergr.